學創新團隊項目『古文字與出土文獻研究』（SWU2009108）

# 出土文獻綜合研究集刊

劉釗題

西南大學出土文獻綜合研究中心
西南大學漢語言文獻研究所
編

第十九輯

巴蜀書社

中文社會科學引文索引（CSSCI）來源集刊
中國人文社會科學集刊AMI綜合評價核心集刊

# 出土文獻綜合研究集刊


## 學術顧問

裘錫圭　王　寧　高嶋謙一　李家浩　黄天樹　喻遂生　張顯成

## 學術委員會

主　任：黄德寬

副主任：吴振武

委　員：（音序排列）

黨懷興　方一新　馮勝利　洪　波　華學誠　蔣冀騁

李國英　劉　利　麥　耘　孟蓬生　錢宗武　孫玉文

唐賢清　汪啓明　汪維輝　吴福祥　楊寶忠　楊亦鳴

楊永龍　趙長才

## 編輯委員會

主　任：劉　釗

副主任：孟蓬生

委　員：（音序排列）

陳　偉　陳偉武　馮勝君　胡　波　李　發　李守奎

李運富　劉樂賢　沈　培　蘇文英　王貴元　王化平

王立軍　王藴智　徐在國　臧克和　張涌泉　張玉金

趙平安　鄭振峰

## 編輯部

主　　編：孟蓬生

副 主 編：李　發（常務）　胡　波

主　　任：王化平

英文編輯：王博暢

執行編輯：王化平

古文字和出土文獻研究的第一要義是求真、務實，亟望你們的刊物能辨出自己的特色，儘可能刊登有價值的文章。

裘錫圭

二〇二〇年一月十八日

# 目　録

# Contents

# 古文字“𠦪”字新論*

王精松

**摘　要**：關於古文字中“𠦪”字的釋讀，學界向來有不同意見。本文同意“𠦪”形應該有月、文部和幽部兩系讀音的看法，認爲其形體爲“本/茇”和“株”共同的表義初文。金文中表示祈求、祭禱義的“𠦪”可讀爲“禱”。在賞賜類銘文中，根據用法可分别讀爲“賁”和“韍”。石鼓文中也應讀爲“賁”，睡虎地秦簡中則應讀爲“敗”或“敝”。同時，金文中的“餴”字應爲月部讀音，含義與飲食有關。

**關鍵词**：𠦪；幽部；月部；一形多用

## 一、“𠦪”的字形整理與前人研究綜述

古文字中有一個常見字“[字形]”，通常被隸定作“𠦪”，前人對此多有討論，但至今未有統一意見。本文擬在前人基礎上，重新討論相關問題。

此字在甲骨文中的寫法前人梳理比較清楚，此處不再贅述①（李宗焜，2012:533-535）。

下面羅列金文中的幾類形體（各辭例會在下文詳細討論，此處只列出代表形體，引文皆用寬式隸定）：

**A：**

唯成王大[字形]在宗周。（獻侯鼎，《集成》02626）

*本文初稿撰寫於2019年11月，寫作期間同顏世鉉先生、劉思亮先生、沈奇石兄討論很多，得到不少啓發。2020年7月定稿，寫成後承蒙黄德寬師、胡敕瑞先生、王子楊先生及王翊、馬尚諸位師友指正。兩位匿名審稿專家亦提出很多寶貴意見，在此一併致謝。2021年5月承蒙曾芬甜同學告知，他在《從新見銅器銘文看册命金文命服中“𠦪”字的釋讀》一文中亦將金文賞賜物相關用例讀爲“韍”。曾文已引用我的部分看法，讀者可以參見。

①陳劍指出，部分甲骨文中的“木”形也應爲此字變體，如“[字形]”（《屯南》2149）、“[字形]”（《合集》32683），等等。此爲“[字形]”形下部有所省略，而與“木”字相混（陳劍，2007a:32）。具體辭例可參看冀小軍（1991）。

在成周[1]。　　　　（叔虞方鼎，《彙編》915）

用；錫令鬯、稌、牛[2]　　　　（夨令方彝，《集成》9901）

清華簡《四告》簡16亦有此形，辭例作“先用芳鬯，遍昭任”（黄德寬主編，2020:34）。

**B:**

伯梡作厥宫室寶簋，用追孝於厥皇考，唯用祈萬年，孫孫子子永寶。

（伯梡簋，《集成》4073）

用壽，匃永命，其萬年永寶用。（杜伯盨，《集成》4448-4452）

**C:**

虡冟、（鞣？）（參看鄔可晶，2021：20-44）、韄面（鞎？）

（九年衛鼎，《集成》2831）

金車、縪較、朱韅面（鞎？）靳　　　　（毛公鼎，《集成》2841）

贈匍于柬（麀？）韋兩　　　　（匍盉，《銘圖》14791）

從上引字形看，金文中此字大致有“/”“”兩類不同寫法，我們將其分别稱爲①和②。

近年來新出的霸伯諸器中還有一類特殊寫法，从“又”：

唯十又一月，井叔來麥鹽，蔑霸伯曆，事伐，用幬二百、丹二量、虎皮二。霸伯拜稽首，對揚井叔休，用作寶簋。其萬年子子孫其永寶用。

（山西考古研究所等，2018）

銘文中“𠦪”字字形作“”“”“”“”，其中霸伯簋蓋銘文字體較爲工整，“”形應爲正體。

石鼓文：

□□鑾車，秫𠦪真（軫？）□。□弓孔碩，彤矢□□

（《鑾車》）

睡虎地秦簡：

人無故而髮撟若蟲及鬚眉，是是恙氣處之，乃煮屨以抵，即止

①參看劉釗（2013a:79-86）。

②參看蔣玉斌（2010）。

矣。　　　　　　　　　　　　　　　　　　　　（《日書》甲篇簡60-61背貳）

以上是目前出土文獻中所見字形辭例。

下面介紹前人的研究成果：以音讀爲分類標準，這個字大致有月、文部和幽部兩種釋讀方向。

龍宇純（1963）最早據《詩經》異文，認爲此形爲“茇”之表義初文，並將甲骨文相關辭例均讀爲“祓”。李孝定（1992:245）同意此説。徐中舒（1989:1174）認爲此字爲“本”之象形初文，在金文賞賜物中音轉讀爲“賁”。董蓮池（2008）贊同龍説，從字音、語法角度出發，認爲甲骨、金文中相關文例仍應讀爲“祓”。張振林（2014）綜合上述觀點，認爲上述①形爲“本”之初文，其②形則爲“拔”之表義字，亦將相關文例讀爲“祓”。以上學者認同此字讀音在月、文部範圍内。

冀小軍（1991）最早從古文字“[illegible]”“曹”相通之例出發，認爲此字當从“夲”聲，在卜辭中均讀爲“禱”，金文賞賜物中讀爲“雕”。陳漢平（1989:52-56）觀點與此類似。陳劍（2007a:20-38）在冀説的基礎上，將何尊的“[illegible]”與“𠦪”聯繫起來，認爲前者爲“𠦪”的分化字，在金文中當讀爲“逑”。今按，“[illegible]”字的問題較爲複雜，我們暫不討論。孟蓬生（2004）以此字从“廾”聲立論，將甲骨辭例均讀爲“求”。李零（2007:98-99）亦將甲骨文中“[illegible]”相關字形都改讀爲“求”。李聰（2019）認爲甲骨文的“𠦪”字有从“由”得聲的異體寫法，可以佐證其字仍當讀爲“禱”。以上學者認同此字讀音在幽部範圍。

也有學者持兩系看法，如陳英傑（2008:467-476）認爲此形最初是幽覺部字，後一部分轉入侯屋部，一部分轉爲物文部，又與月部發生關係。此字在祭祀中可讀爲“禱”，與祈義接近的地方可讀爲“求”，而在賞賜物中仍然讀爲“賁”，“拜”字最初以此爲聲符。葉玉英（2015）則認爲“𠦪”形記録了物部、文部和幽部三個不同的詞。陳劍（2019、2021）對相關問題作了檢討，他指出如下兩點：

1. 甲骨金文表“祈求”類義用法之“𠦪”仍應讀爲“禱”。

2. “𠦪”傳統讀曉母物部“呼骨切”之音，亦可靠有據，金文“捧（拜）”字、“饙（饋、餴）”字即从之得聲，這一現象尚待解釋。

陳劍的看法得到了顔世鉉（2019:208-209）的支持。

要解决這個問題，我們必須先在出土文獻中找到確定無疑的幾處定點，然後以此爲基礎進行討論。

## 二、“𠦪”在出土文獻中的幾處音讀定點

### （一）“𠦪”字的幽部定點

前面已經提到，最早將“𠦪”讀爲“禱”的是冀小軍（1991）。他指出甲骨文中“𠦪雨”“𠦪大甲”等辭例，傳統讀作“祓”不能講通，必須尋找其他解釋。他以金文通作“曹”的“⿰女𠦪”形立論，主張此字以《説文》之“夲”爲聲符，應讀爲舌音幽部之“禱”。

以今天的視角來看，冀説結論可信，但論證環節存在問題。首先，金文中所謂通作“曹”的“⿰女𠦪”形往往寫作“”（杞伯每亡簋，《集成》3901）、“”（杞伯每亡簋，《集成》3898），試以上引金文②“”形比較，可以看出所謂的“⿰女𠦪”字往往中間多了一横，且有兩重“”形，這都與“𠦪”的形體不合。录伯𢦚簋蓋（《集成》4302）的“”形與“”左旁較爲接近，但僅此一例，不能看成當時的通行寫法，以“”形立論上推的思路恐不能成立，“”形的來源還需研究①。其次，董蓮池（2008）已經指出，《説文》之“夲”字事實上並不見於其他古文字形體，很可能是許慎根據已經訛變的字形重新分析的結果，因此“𠦪”从“夲”聲之説應摒棄。

但其他證據仍支持讀爲“禱”的結論，我們來回顧一下上引的A類辭例：

| | |
|---|---|
| 唯王初𠦪于成周。 | （盂爵，《集成》9104） |
| 唯成王大𠦪在成周。 | （獻侯鼎，《集成》2626） |
| 王𠦪于成周。 | （圉甗，《集成》935） |
| 唯王𠦪于宗周。 | （叔簋，《集成》4132） |

這類形體主要是①類寫法。上引銘文可以直接同《逸周書·嘗麥》對應：“維四年孟夏，王初祈禱于宗廟，乃嘗麥于大祖。”《逸周書·嘗麥》篇年代較古，很可能有早期金文語言的遺留（李學勤，1996:87-95），此處“𠦪”顯然直接對應“禱”字。

此外，上引李聰（2019）已指出甲骨文中“𠦪”有从“由”聲的異體，“由”爲幽部字，也可以佐證“𠦪”的幽部讀音。

### （二）“𠦪”字的月、文部定點

金文中“⿰扌𠦪”和“⿰食𠦪”的異體寫法爲我們提供了相關證據，先來看古文字中“⿰扌𠦪”字的形體。

---

①我認爲 ⿰女𠦪 ”所从還當是“棗”形，劉釗（2013b:42-57）認爲“棗”字象酸棗樹之形，與“棘”爲一形多用關係，其説可信。

“捧”常見的寫法如下：

（頌鼎，《集成》2493）　（大克鼎，《集成》2856）
（諫簋，《集成》4258）　（幾父壺，《集成》12438-12439）

近年來新出的老簋（《銘圖》5178）則徑以“”形表示“捧”。

將兩類寫法比較，結合形聲字的構形規律，最自然的看法是②類“”形即爲“捧”的聲符。這可以説明“奉”同“捧”在語音上的密切關係。

金文中記録{饎}這個詞的相關字形也能提供證據：

（秦簋，《銘圖續》407）　（工尹坡盞，《集成》6060）
（彭子仲盆蓋，《集成》10340）　（伯幾父簋，《集成》4717）

我們還會在下面討論這個問題。此處只需指出，這個字从“食”與否，或是否寫作①、②類形體並不影響其表意性。“饎”還有从“捧”的形體，如“”（公胄敦，《集成》4641），其上所从之“”没有問題，是“捧”。鄭井叔鬲（《集成》580）則徑以“捧”的“”形表示此詞。這也説明了“奉”同“捧”讀音接近。

再來看睡虎地秦簡的例子：

> 人無故而髮撟若蟲及鬚眉，是是恙氣處之，乃煮屨以抵，即止矣。
>
> （《日書》甲篇簡60–61背貳）

“”形無疑是金文之“”形演變的自然結果，表示兩手的形體與中間主體粘連在一起，就變成了秦簡中的寫法。此處講的是驅鬼相關的内容，“”作定語，修飾後面的“屨”，整理者（2001:218）將其讀爲“蕡”，並解釋道：“蕡，麻。蕡屨，麻鞋。”古人以麻爲鞋確實是很普遍的狀況。但是《日書》甲篇中已經有了“賁”字：

> 旦爲掫之，包以白茅，裹以賁而遠去之，則止矣。
>
> （《日書》甲篇簡55–56背叁）

整理者（2001:216）原讀爲“奔”，但“裹以奔而遠去之”在語法上並不通。孫剛（轉引自王輝，2015:980）將其讀爲“蕡”，先説將物品外面用白茅包住，即《詩經·召南·野有死麕》説的“野有死麕，白茅包之”，而後再以麻將物品裹住，從而達到驅蟲的目的，此説可從。如此一來，將“”讀爲

“蕡”的看法就不無疑問了。

劉思亮提醒我，“煮𠦬屐”並不一定要從鞋子的材質考慮，煮麻鞋驅鬼的習俗並不見於其他文獻。認爲此處的“𠦬”可能讀爲“敗”，“敗屐”即是我們今天所説的破鞋。我認爲這一看法很合理，古人確實有以破鞋、敗席、月信布等東西來驅邪或是治病的習俗，馬王堆帛書《五十二病方》有下面記載：

> 疣：取敝蒲席若藉之蒻，繩之，即燔其末，以灸疣末，熱，即拔疣去之。（102）
>
> 一，以月晦日之丘井有水者，以敝帚掃疣二七，祝曰：“今日月晦，掃疣北。”入帚井中。（104）
>
> 一，漬女子布，以汁烹肉，歠其汁。（214+201）

從上面的内容看，這裏的“煮𠦬屐”理解成煮破鞋就同《五十二病方》的記載相符。今天仍有一些地方會在特定節日將破鞋扔出户以祈求平安，很可能是這種習俗的遺留。從語音上講，“敗”“𢷎”都是唇音月部字，“敗”與“癶”聲近可通，《詩經・大雅・蕩》“本實先撥”，《列女傳》引作“本實先敗”，“𢷎”“拔”亦與“癶”聲近，《詩經・衛風・碩人》“鱣鮪發發”，《説文》“鮁”字條下引作“鮁鮁”①。

至此，可以看到“𠦬”字兩系讀音的證據都非常明確，下面我們嘗試對這一現象進行文字學上的解釋。

## 三、“𠦬”兩系音讀的文字學解釋

先從“月”“文”一系的讀音開始考慮問題，主張月部的學者往往以“𢷎”的讀音爲綫索，得出的結論比較一致。前引龍宇純、徐中舒、張振林等學者將①類寫法看成是“本（茇）”之初文，認爲其表示的是樹根部分。這一看法很有文字學上的根據，甲骨文中的“𠦬”字有如下一類寫法：

（《合集》00063正）（《合集》22062正）（《合集》22062反）②

從用例看，這類形體釋爲“𠦬”是没有問題的。可值得注意的是，這種寫

---

①另一種考慮思路是讀爲“敝”，“敝”與“𢷎”上古同是唇音月部字，“敝”同“弗”的關係非常密切，《詩經・衛風・碩人》“翟茀以朝”，鄭玄注《周禮・巾車》即引作“翟蔽”。而“弗”與“拔”“𢷎”的關係也很密切，《詩經・召南・甘棠》“勿翦勿拜”，鄭箋：“拜之言拔也。”但是考慮到《日書》同篇已有“敝”字，還是“敗”的意見更好。

②這一點承蒙王子楊先生提示。

法省略了上端的分叉，只保留了下部寫法，説明其下部正是構形的關鍵因素。我們知道，樹木的樹根正位於枝幹下部，這與“本（茇）”的含義完全相符。類似如古文中的“未”字寫作“”（《合集》22093）、“”（《合集》35401）等形體，不少學者認爲“未”字象樹木枝葉繁盛的樣子，强調的是樹枝（季旭昇，2014:981）。

而②類寫法从“廾”會意，當爲“拔”之表意字，所从之“本”亦聲（張振林，2014），裘錫圭（2012a:389-394）指出“象兩手奉物形之字，有時兼以所奉之物爲聲”，則將雙手所拔之物看作是聲符也是自然的。

上面看法的問題在於，郭沫若（《古文字詁林》編纂委員會，1999a:611）已經指出，金文中“”形从“手”从“皋”，當爲“拔”之初文，讀爲“拜”①。如此則認爲B形是“拔”字就不無疑問了。我認爲這並不難解決，从“手”與从“廾”在表義上往往有共通之處，這兩處形體均可看成是“拔”之表義初文，最典型的例子如“擇”字，伯公父瑚（《集成》4628）兩處寫法分别作“”“”，可見兩者的交替並不影響表意。上面“”“”的情况正與此類似，兩字應該同出一源，都是“拔”字的表義初文，只是在演變中職能有所分化，“”被用來假借爲“拜”，“”則主要用來表示同賞賜物相關的詞。上引老簋的“捧”字形作“”，説明了兩字仍有用例上的糾葛。以此來看，鄭大子之孫與兵壺器“”的寫法最好還是看成从“”聲之“捧”。類似的例子如裘錫圭（2012b:467-472）考釋甲骨文中的“王廿祀”相關問題，他指出所謂的“廿”形實爲“口”字，讀爲“曰”，古文字之“曰”字實爲“口”之分化字，兩字大部分情況下都用法有别，但是少數地方仍有用法交叉的情况。

另一個問題在於，古文字系統中已經有了“拔”字，主要見於楚簡，作“”（郭店《性自命出》簡23）、“”（郭店《老子乙》簡15）諸形，象兩手拔木。從“”形出現的時代看，早期的“”很可能因爲多用於假借含義，本義已經被人遺忘，因而需要重新産生新的字形來表示{拔}這個詞。楚簡的“捧”字有作“”（上博《彭祖》簡8）形的寫法，从兩手，説明時人已經分析不清楚“捧”字的結構。秦文字“捧”的寫法則一直保留至今，可能同秦文字風格嚴謹整飾有關。

甲骨文還有作如下形的字：“”（《合集》29395）、“”（《合集》29396），從用法來看，應該都是地名。《甲骨文字編》（李宗焜，2012:214）將

①匿名審稿專家指出，“拜”可以看成是从“手”“皋”聲的字，本義就是“拜”，這一看法也可能成立，附記於此。

其與“”（《英藏》2295）、“”（《合集》28146）列爲一字異體，這是很合理的看法。此外，還有从水的“”（《合集》29207）形，從用例上看，應該也是“”的不同寫法。由於没有其他用例提示，“”的音義皆不可考，未必與我們前面討論的内容有關。

那麽“𡕢”的幽部讀音究竟表示了哪一個詞呢？

我認爲最合適的詞顯然是“株”。先來説讀音上面的證據。“株”上古屬侯部，“禱”屬幽部，但兩聲系字相通證據很多。《莊子·庚桑楚》“南榮趎蹴然正坐”，《經典釋文》：“趎，又作壽，或作儔，《淮南》作幬。”《漢書·古今人表》作“疇”。又“朱”“州”聲近，《説文》：“㖨，呼雞重言之。”《風俗通》作“呼雞朱朱”，段玉裁已經指出“朱”“州”聲近。“壽”“州”亦通，《左傳》成公十八年“晉弑其君州蒲”，《史記·晉世家》作“壽蒲”。又醻、酬二字通用，《説文》以“醻”爲“酬”之或體。又“朱”“舟”古通，《説文》“譸”字條下段注云：“周書曰‘無或譸張爲幻’，《無逸》文。釋訓曰‘侜張，誑也’。《毛詩》作‘侜張’。他書或作‘侏張’，或作‘輈張’，皆本無正字，以雙聲爲形容語。”“壽”“舟”亦通，前引《無逸》文，《尚書大傳》即作“舟”。以上皆是“株”“禱”相通的例證。

從含義上講，“株”指的是樹根露在外面的部分，《説文》：“株，木根也。”徐鍇《繫傳》解釋“入土爲根，在土上曰株”。混言之則“株”與“根”無别，《史記·平準書》“株送徒”，裴駰《集解》引如淳説即釋爲“根蒂”。“株”又可訓爲“本”，《希麟音義》卷四“株杌”條引《考聲》曰：“木本也。”是“株”“本”“根”含義俱近。從文字構形來看，“”形其下“八”形多爲兩重，偶有三重或是四重，其强調含義應爲樹根部分，若以露在地面上的根部立論，則爲“株”字，若以整體的樹根立論，則爲“本”字。類似的例子如金文中的“”形，其下部爲“于”聲，上部則係“華/蕊”一形多用，其形象可以表示花瓣，也可以表示花瓣中間的蕊柱之形（陳劍，2019:110-112）。

我們還需對古文字“朱”字形體作出解釋，其字見於甲骨，作“”（《合集》36743）、“”（《合集》37365），用例都爲地名。金文繼承了這種寫法，多用在賞賜物中。《古文字譜系疏證》（黄德寬主編，2007:1092）提到“其中間加圓點表示根株在土上者，指事”，但加圓點的位置在樹幹上，强調的部位應是樹幹而不是樹根。前人（《古文字詁林》編纂委員會，1999b:824）或引《説文》“赤心木，松柏屬。从木，一在其中”爲説，認爲其强調“赤心木”，或認爲是“珠”之象形。近年來，季旭昇（1998）提出新的看法，認爲“朱”字是“束”字分化出來的字。總之，“朱”的本義仍有待研究，但應同“株”

關係不大。也就是説當前在古文字中尚未見到“株”的表義寫法，從文字系統的角度看，將“”形解釋爲“株”也是很合適的。

## 四、“𠦪”在出土文獻中的用例研究

### （一）金文“餑”字的用例解釋

金文中記録{餑}這個詞相關的字形寫法多樣：

（伯幾父簋，《集成》4717）　（秦簋，《銘圖續》0407）
（工尹坡盞，《集成》6060）　（匽侯盂，《集成》10305）
（伯喜父簋，《集成》3837）　（𩏂鼎，《集成》3934）
（彭子仲盆蓋，《集成》10340）　（郝太宰簠，《集成》4624）
（公胄敦，《集成》4641）　（鄭井叔鬲，《集成》580）

以上字形以“”“”的寫法最爲常見。伯幾父簋“”形即我們在上面討論的①形，只此一見。工尹坡盞“”形已經遲至春秋時期，當從秦簋之“”形演變而來。又公胄敦“”形所从應爲“拜”字，鄭井叔鬲則直接以“拜”字表示這個詞。前人多引用《説文》“餑，滫飯也。从食𠦪聲。饙，餑或从賁，或从奔”爲説。近年來學者往往又以幽部讀音立論，如單育辰（2013）認爲此字以“”形變體爲聲符，讀爲“羞”。但一方面，金文中已有明確的“羞”字來作器物的修飾語，如“仲姞作羞鬲”（仲姞鬲，《集成》550）。另一方面，古文字中幽、月發生關係的例子雖然不少，但畢竟不能視爲通例，這兩字聲母和開合都有距離，未必可以通假。

黄庭頎（2015）也認爲《説文》關於“餑”之訓解不可信，“餑”當讀爲幽部字，从“𠦪”聲，實爲“𠦪”之分化字。從構形上來説，是在“𠦪”的乞求義上强調食物的進獻，“餑”在東周時期吸收了“𠦪”的用法。此説亦有問題。事實上，我們没有見到“餑”“𠦪”交織的例子，金文有如下三例：

用厥孫子，厥丕吉其福。　（敔簋，《集成》3827）
用饗朋友，用王父王母。　（伯康簋，《集成》4160-4161）
余諾恭孔惠，其眉壽用，萬年無期，子子孫孫，永寶用之。
（郝太宰簠，《集成》4624-4625）

從語境看，“眉壽用餑”同我們所説的B類辭例有區别。B類往往作“祈禱”

“禱壽”“禱福”等。“眉壽用䵼”不一定非要解釋成“祈禱眉壽無疆”，考慮到金文中往往“眉壽”“萬年”對舉，“眉壽用䵼”同“萬年永保”的含義可能接近，後者是説希望子孫能够長久保有此器，前者則是説希望子孫長久用此器來“䵼”。敔簋和伯康簋兩例“䵼”的動詞用法也可以佐證我們的看法，從這裏並不能看到有任何“祈禱”的含義，伯康簋銘文尤爲明顯，强調的是此器物在飲食方面的作用，即“用饗朋友，用䵼王父王母”，希望以此器物來宴饗家人、同僚。則敔簋的“用䵼厥孫子”亦應作同解，指希望子孫能够一直以此器物進食。

綜合上面的討論，我們並未找到“䵼”字可以讀爲幽部的積極證據，由公胄敦和鄭井叔鬲的寫法，我認爲此字音讀仍應歸入月部一系。當然了，這樣並不是完全信從《説文》“滫飯也”的解釋，段注在此提到説：“脩之言溲也。水部曰：溲，汏也。飯者，人所飯也。餈飯爲䵼，饙均孰爲餾。《詩》釋文引字書云：饙，一蒸米也。劉熙云：饙，分也。衆粒各自分也。”從青銅器銘文看，“䵼”還可以作盆、盂的修飾語，這同段玉裁的解釋是矛盾的，“䵼”的含義究竟如何，仍有待進一步研究。

（二）金文“𠦪”字在賞賜物中的用法研究

我們在第一節提到“𠦪”字在金文中C類用法又可以分成兩種，一種是用來充當定語，修飾後面的內容，如：

省車、軝（？）、𠦪䩛（鞎？）、虎冪。

（九年衛鼎，《集成》2831）

朱黄（衡）、𠦪親（？）。（王臣簋，《集成》4268）

𠦪朱亢（衡）。（師導簋，《銘圖》5328）

金車、𠦪緟較、朱䩛䩛（鞎？）靳。（毛公鼎，《集成》2841）

石鼓文的用法也與此相同：

□□鑾車，𠦪𣓌真（軫？）□。□弓孔碩，彤矢□□。

另一種當作名詞，表示一種具體的物品：

矩或取赤琥兩、𪊨（麀？）𠦪兩，𠦪韐一。

（裘衛盉，《集成》9456）

錫幾父幵𠦪六、僕四家。（幾父壺，《集成》9721-9722）

而在某些辭例中，“𠦪”字的用法並不好判斷，如：

虡冪、𢒕（䊢？）、𦎫轋𠀃（䩉？）。（九年衛鼎，《集成》2831）

贈匍於柬𠦪（麀？）𠦪韋兩。（匍盉，《銘圖》14791）

先來討論第一類用法。主張月、文部一系讀音的學者，如徐中舒（1989）、張振林（2014）主張讀爲“賁”。“賁”有文飾一類的含義，《説文》：“賁，飾也。”《易·賁》：“白賁，无咎”，王弼解釋爲“以白爲飾而無患憂”。《詩經·小雅·白駒》所説的“皎皎白駒，賁然來思”應該是從“飾”的含義上引申到裝飾光彩的含義。從語音上看，“賁”“捧”可以相通。張振林（2014）已經指出，“賁”與“頒、斑”音通，“賁”“頒”上古爲文部，“斑”則爲元部，兩部爲旁轉關係，“拔”字上古爲幫母月部，與“斑”恰爲對轉關係。沈培（2016）進一步補充清華簡《芮良夫毖》簡20之“民之關閉，如關柭扃管”句，認爲“關柭”可徑讀爲“關門”，其説文從字順，可從。“門”字爲明母文部，是“拔”“賁”音近之證。此外，《説文》“𩚬，滫飯也。从食𠦪聲。饙，𩚬或从賁，或从奔”，也可見“𠦪”“賁”構成異文，因此將其讀爲“賁”在音韻上没有問題。

冀小軍（1991）不同意這種看法，他肯定了這個字同裝飾含義的密切聯繫，在主張幽部讀音的基礎上，將其讀爲“雕”，但這一讀法不能講通所有辭例：

錫汝𠦪朱衡、玄衣、黹純、旂、鋚勒，錫戈琱（雕）胾、彤沙。

（害簋，《集成》4258）

害簋的“琱”字無疑應該讀爲“雕”，這與將“𠦪”字讀爲“雕”的看法構成了消極反證。也有一些學者提出其他合適的幽部字，如孟蓬生（2004）主張讀爲“髹”，含義是“用髹漆裝飾過的”。從《鑾車》的“□□鑾車，𠦪𣜩真（軫？）□”一句看，“𣜩”字仍當從王國維（1983）之説，讀爲“軟”。《周禮·春官·巾車》“駹車，萑蔽，然複，髤飾”，鄭玄注：“故書駹作龍，髤爲軟。杜子春云：‘龍讀爲駹，軟讀爲桼垸之桼，直謂髤桼也。’”以此來看，“軟”的含義應該同“髤”接近，表示漆飾。“𠦪”“軟”應該都是定語，修飾後面具體的車的部件，則兩者含義有别，“𠦪”未必能解釋爲漆飾一類的含義。這一句下面的殘字或可補作“真”，徐寶貴（2008:836）讀爲“軫”，可從。《後漢書·王龔傳》：“故晨門有抱關之夫，柱下無朱文之軫也。”足見車軫上確實可以有文飾，據此我認爲這一類的“𠦪”字仍應按照傳統説法，讀爲“賁”。“𠦪𣜩真（軫？）□”的意思是有文飾和漆飾的車軫等部件。

再來看第二類作爲名詞的用法，幾父壺“錫幾父幵𠦪六、僕四家”的記載説明“[illegible]”應該不是一種很貴重的物品，同時也不可能是車器，否則幾父不可能被一次性賜六件。裘衛盉中“矩”在“[illegible]”的前後又分别取了“琥”和“軨”，説明“[illegible]”的詞義方向應該不出衣服及玉器範圍。“[illegible]”形可能爲“麀”之誤寫，此字含義應同鹿相關。綜合考慮，我認爲傳統讀爲“韍”的看法仍是最合理的。《詩經·小雅·瞻彼洛矣》有“韎韐有奭”，毛傳：“韎韐者，茅蒐染草也。一入曰韎韐，所以代韠也。”鄭箋：“韎韐者，茅蒐染也。茅蒐，韎韐聲也。韎韐，祭服之韠，合韋爲之。其服爵弁，服緇衣纁裳也。”毛傳的“草”字當爲“韋”之訛，《説文》“韎，茅蒐染韋也。一入曰韎。从韋末聲”可證[1]。《儀禮·士冠禮》：“爵弁服，纁裳，純衣，緇帶，韎韐。”鄭玄注：“此與君祭之服。韎韐，緼韍也。士緼韍而幽衡，合韋爲之。士染以茅蒐，因以名焉。今齊人名蒨爲韎韐。”又《説文》：“韠，韍也，所以蔽前，以韋。下廣一尺，上廣一寸，其頸五寸。一命緼韠，再命赤韠。从韋畢聲。”《禮記·玉藻》作“一命緼韍幽衡”，可知“韍”“韠”“韎”“韐”四個字含義密切相關，混言則無别。“麀韍”應該説的是繪有鹿形的韠，而“桒韐”應該是有文飾的韠。

帶着這樣的理解再來看匍盉“贈匍於柬麀桒韋兩”的記載，這裏“韋”應是後置定語，表明韠的材質。前引文獻已經説明了“韠”由韋製成，這種定語後置的例子如金文常見的“玄衣黹屯”，又可以寫作“玄衣屯黹”（參看趙平安，2011:192-202），所以“麀桒韋”應該説的是用韋做成，繪有鹿形的韠[2]。

金文中還有“市”字，此字往往也被前人釋作“韍”。從搭配的定語看，“市”主要被顔色詞修飾，如“緇市”（七年趞曹鼎，《集成》2783）、“赤市”（《集成》2805）、“朱市”（毛公鼎，《集成》2841）。上面已經提到，“[illegible]”形含義同鹿相關，説明“桒”是可以繪動物形象的。從使用場所看，“市”字往往在册命金文中作爲賞賜物出現。而裘衛盉中裘衛將“桒”出售换取土地，匍盉中邢公給匐賜“桒”，幾父壺中則和臣僕一起作爲賞賜物。可見“桒”在禮制中的等級要低於“市”。“市”“桒”與禮書中“韍”“韠”“韎”的對應關係仍然有待研究。唐蘭（1961）認爲：“其實韍和韠，只是時代不同，名稱各異。春秋時代的‘韠’，在形制上跟西周時代的‘韍’，可能略有不同，但大體應該是承襲舊制的。秦漢以後，‘韠’的服制已廢除，漢朝學者對西周

① “韎韐者，茅蒐染草”的内容見於孔穎達《毛詩正義》卷十四，中華書局影印阮元刻《十三經注疏》本，2009年，第1頁，其後校勘記已經指出“草”爲“韋”字之訛。李宗焜先生提醒我，《説文》“韎”字條下段注引作“韎韐者，茅蒐染革”，但此條引文不見於其他版本，未詳段注所出。“韋”“革”意義接近，並不影響我們對文意的理解。

② “麀”也可能説明是鹿皮製成。

時代的‘韍’，就更不清楚了。”但從金文實例看，這幾種事物在早期區别是比較明顯的，在後來才逐漸混同①。

還需要解釋的是九年衛鼎中“麎幂、（鞣？）、韄㔸（韔？）”的記載，“”字舊多釋爲“夒”，唐蘭（2015）據此讀爲“鞣”，認爲含義是“柔軟的皮革”。鄔可晶（2021：20-44）系統梳理了跟“夒”相關字形，贊同唐蘭的意見。將“”連讀爲“鞣幬”。但录伯㦰簋蓋銘文中“𠦪”“幬”同時出現，説明兩者還是不同的物品。結合九年衛鼎前面“省車、軝（？）、㔸（韔？）、虎幂”的内容，“㔸”中“”無疑被用來作“㔸”的修飾語，我們認爲“韄㔸”三字當連讀，“”“韄”都是修飾後面的“㔸”，類似於前引的“緷較”“朱亢（衡）”。關於“韄”字的解釋在此提供一個不成熟的猜想，从“襄”之字往往有“在内”的含義，如“鑲”表述鑄造器物的内模，“瓤”表示瓜内的肉，“欀”表示木器的裏襯。从“襄”从“韋”，也許是説“以皮革爲内”，古人説“象弭魚服”，又講“虎韔鏤膺”，可見箭袋的製作主體確實應該是皮革，但是在皮革之外，應該還有一些别的裝飾。因此“韄㔸”可能指“外面有文飾、裏面用皮革製成的箭袋”②。

至此，關於“𠦪”形在賞賜物中的用法梳理完畢。

（三）山西大河口墓地有關内容解釋

山西冀城大河口西周墓地出土的霸伯簋、霸伯盨有如下銘文：

> 唯十又一月，井叔來𠦪鹽，蔑霸伯曆，事伐，用幬二百、丹二量、虎皮二。霸伯拜稽首，對揚井叔休，用作寶簋。其萬年子子孫其永寶用。

前面已經提到，銘文中相關字形有“”“”“”“”四種寫法，其中霸伯簋蓋銘文字體較爲工整，“”形應爲正體。韓巍（2019）將其讀爲“井叔來求鹽”，此處指井叔到霸氏家族所在的地方，向霸伯求取食鹽。事實上，如果同甲骨中的“禱年”“禱雨”等辭例聯繫起來，將其讀爲“禱鹽”，

①王翊提醒，禮書中韠和韍的區别是，前者配弁服、冠服，後者配冕服。從禮制來説，冕服比較高級，對應金文的市，弁服、冠服比較低級，對應金文的𠦪（韍），這可以將金文和禮書統一起來。

②王翊提醒，《書·堯典》“懷山襄陵”，“懷”和“襄”對文，也都有在内的意思，攘竊的“攘”似乎也是把一個東西拿到懷裏，這可以作爲佐證。類似的例子還可以參考陳劍（2007b:234-242）提到的从“厷”之字在古書中有“束”“縛”一類意義的用法，《廣雅·釋詁三》：“紘，束也。”王念孫疏證：“凡言紘者，皆繫束之義也。”因此金文中的“厷𡧊”也許指釋爲裹束以“鞹”的車軛。

理解爲井叔爲鹽的豐産舉行禱祭要更好一些[①]。

## 五、結論

總結上面的内容，我們認爲：

（一）古文字中的“奉”字有兩類讀音，一類爲幽部，一類爲月、文部，其字形爲一形多用關係，“”形既可看作“本/茇”之表義初文，又可看作“株”之表義初文。

（二）古文字中“”形爲“拔”之表意字，與拜字“”構形接近，兩者爲同源關係，但職能已有分化。金文中表示祈求、祭禱義的“奉”形可讀爲“禱”；在賞賜物中，根據用法的不同，又可以讀爲“賁”或“韍”，石鼓文的“奉”也應該讀爲“賁”；同“饎”相關字形則應爲月部讀音，含義與飲食有關。“奉”在睡虎地秦簡中則應爲“敗”或“敝”。

事實上，从“奉”的①、②類寫法看，其分布還是具有相當的規律性。①類“”“”的形體，釋爲“株”“本（茇）”都没有問題。在必須讀爲“禱”的語境中，其字形主要爲①類，這對應了“株”的詞；而王臣簋的“”形又爲月、文部的用法，這又對應了“本（茇）”的詞。②類寫法从手，只能理解爲“拔”，從我們上文的總結看，這類寫法確實没有讀爲幽部的强烈證據。只有夨令方彝的“”形和瘐鐘的“”形是例外，這可能是偶然的混同。還有霸伯諸器“”“”“”“”的四種寫法，我們已經提到，“”形爲正體寫法，則其爲幽部讀音也就没有問題了。

**引書簡稱表**

| 集成 | 殷周金文集成 | **彙編** | 新收殷周青銅器銘文暨器影彙編 |
|---|---|---|---|
| 銘圖 | 商周青銅器銘文暨圖像集成 | | |

**參考文獻**

陳漢平　1989　《釋夲、檮、擣、禱》，《屠龍絶緒》，黑龍江教育出版社。

陳　劍　2007a　《據郭店簡釋讀西周金文一則》，《甲骨金文考釋論集》，綫裝書局。

陳　劍　2007b　《釋西周金文中的“厷”字》，《甲骨金文考釋論集》，綫裝書局。

陳　劍　2019　《早期古文字“表意字一形多用”綜論資料長編》，臺灣政治大學2019年下半年“古文字形體源流研究”課程講義。

陳　劍　2021　《〈説甲骨金文中表祈求義的奉字——兼談奉字在金文車飾名稱中的用法〉提要》，《傳承中華基因——甲骨文發現一百二十年來甲骨學論文精選及提要》，商務印書館。

①這一點係匿名審稿專家意見。

陳斯鵬等　2012　《新見金文字編》，福建人民出版社。
陳英傑　2008　《西周金文作器用途銘辭研究》，綫裝書局。
董蓮池　2008　《“𠦪”字釋禱説的幾點疑惑》，《古文字研究》（第27輯），中華書局。
韓　巍　2019　《西周王朝與河東鹽池》，北京師範大學“商周國家與社會”國際學術研討會論文集，北京。
黄德寬（主編）　2007　《古文字譜系疏證》，商務印書館。
黄德寬（主編）　2020　《清華大學藏戰國楚竹書（拾）》，中西書局。
黄庭頎　2015　《論金文“𩰫”及“𩰫+器名”》，《東華漢學》第21期。
《古文字詁林》編纂委員會　1999a　《古文字詁林》第9册，上海教育出版社。
《古文字詁林》編纂委員會　1999b　《古文字詁林》第5册，上海教育出版社。
冀小軍　1991　《説甲骨金文中表祈求義的𠦪字——兼談𠦪字在金文車飾名稱中的用法》，《湖北大學學報》第1期。
季旭昇　1998　《説“朱”》，《甲骨文發現一百周年學術研討會論文集》，文史哲出版社有限公司。
季旭昇　2014　《説文新證》，臺灣藝文印書館。
蔣玉斌　2010　《令方尊、令方彝所謂“金小牛”再考》，《中國文字研究》第1期。
李　聰　2019　《甲骨文“𠦪”字補釋》，《甲骨文與殷商史》（新9輯），上海古籍出版社。
李　零　2007　《郭店楚簡校讀記（增訂本）》，中國人民大學出版社。
李孝定　1992　《讀説文記》，“中研院”歷史語言研究所。
李學勤　1996　《〈嘗麥〉篇研究》，《古文獻叢論》，上海遠東出版社。
李宗焜　2012　《甲骨文字編》，中華書局。
劉　釗　2013a　《叔夨方鼎銘文管見》，《書馨集——出土文獻與古文字論叢》，上海古籍出版社。
劉　釗　2013b　《釋甲骨文中的“秉棘”》，《書馨集——出土文獻與古文字論叢》，上海古籍出版社。
龍宇純　1963　《甲骨文金文𣎵及其相關問題》，《“中研院”歷史語言研究所集刊》第34本。
孟蓬生　2004　《釋“𠦪”》，《古文字研究》（第25輯），中華書局。
裘錫圭　2012a　《釋郭店〈緇衣〉的“出言有丨，黎民所訁”》，《裘錫圭學術文集》第2卷，復旦大學出版社。
裘錫圭　2012b　《關於殷墟卜辭中的所謂“廿祀”和“廿司”》，《裘錫圭學術文集》第1卷，復旦大學出版社。
裘錫圭等編　2014　《長沙馬王堆漢墓簡帛集成》，中華書局。
山西省考古研究所等　2018　《山西翼城大河口西周墓地1017號墓發掘》，《考古學報》第1期。
單育辰　2013　《釋“𩟄”》，復旦大學出土文獻與古文字研究中心網站，2013年1月23日，http://www.gwz.fudan.edu.cn/
沈　培　2016　《試説清華簡〈芮良夫毖〉跟“繩准”有關的一段話》，《出土文獻與中國古代文明——李學勤先生八十壽誕紀念論文集》，中西書局。
睡虎地秦墓竹簡整理小組　2001　《睡虎地秦墓竹簡》，文物出版社，1990年，2001年重印。
唐　蘭　1961　《毛公鼎“朱韍、蔥衡、玉環、玉瑹”新解——駁漢人“蔥珩佩玉”説》，《光明日報》1961年5月9日。
唐　蘭　2015　《陝西省岐山縣董家村新出西周重要銅器銘辭的譯文和注釋》，《唐蘭全集》，上海古籍出版社。

王國維　1983　《兩周金石文韻讀》,《王國維遺書》，上海古籍書店。
王　輝　2015　《秦文字編》，中華書局。
鄔可晶　2021　《“嬰”及有關諸字綜理》,《出土文獻與中國古代史》（第1輯），中西書局。
徐寶貴　2008　《石鼓文整理研究》，中華書局。
徐中舒　1989　《甲骨文字典》，四川辭書出版社。
顔世鉉　2019　《從“犮”的古文字與用法談兩則古書的校讀》，“李學勤先生學術成就與學術思想國際研討會”論文集，北京。
葉玉英　2015　《論同形字與上古音研究中的聲系劃分》,《古文字論壇》（第1輯）（曾憲通教授八十慶壽專號）。
張宇衛　2017　《説“述”字及其相關問題》,《臺大文史哲學報》第87期。
張振林　2014　《釋[illegible][illegible]（本）、[illegible][illegible]（拔）之我見》,《古文字研究》（第30輯），中華書局。
趙平安　2011　《兩周金文中的後置定語》,《金文釋讀與文明探索》，上海古籍出版社。

## New Interpretation of the Ancient Character *Hu* (𠦪)

Wang Jingsong

**Abstract:**There have always been different views on the interpretation of the ancient character *hu* (𠦪) in the academia. This article agrees with the view that the character *hu* has two sets of pronunciation, i.e. the rhyme group of You/Wen (月/文) and the rhyme group of You (幽). The article also considers this graphic form as the shared semantic protoform of both *ben/ba* (本/犮) and *zhu* (株). The character in the bronze inscriptions can be read as *dao* (禱), meaning to pray. In the inscriptions about bestowal, the character can be read as *bi* (賁) or *fu* (韍) respectively according to different usage. The character in the inscriptions on the Stone Drums should also be read as *bi*, while in the Shuihudi Qin bamboo slips, it should be read as *bai* (敗) or *bi* (敝). Meanwhile, the pronunciation of the character *ben* (餴) in the bronze inscriptions should belong to the rhyme group of Yue, with a meaning relating to food and drink.

**Key words:** *Hu* (𠦪); Rhyme group of You; Rhyme group of Yue; Single graphic form having multiple uses

（王精松，清華大學出土文獻研究與保護中心　北京　100084）

甲骨、金文中表祈求義的“桒”應讀爲“祈”：17-31，2024（01）

# 甲骨、金文中表祈求義的“桒”應讀爲“祈”*

劉　雲

**摘　要**：甲骨、金文中表祈求義的“桒”，學界多讀爲“禱”。本文認爲這類“桒”應讀爲“祈”。《説文》“饙”字有重文“餴”“𩞁”，可知“桒”與“賁”“奔”語音相近。傳世古書與出土文字資料中的很多證據，都證明《説文》提供的語音綫索是可靠的。而“賁”“奔”與“祈”古音相近。本文還論證了某些傳抄古文“祈”字所从聲旁即爲“桒”。“桒”與古書中“祈”的辭例、賓語使用情況都十分相似。而且“桒”與金文中表祈求義的用爲“祈”的“旛”，在時間上大體呈互補分布，兩者的辭例也比較相似。以上所論都證明將“桒”讀爲“祈”是合理的。另外，本文還利用用字習慣衍文，解釋了伯梡簋中“旛桒連言、芜父簋中“旂櫜”連言的現象。

**關鍵詞**：禱；桒；祈；旛；傳抄古文

“桒”在甲骨、金文中大量出現，一般表祈求之義，學界多從冀小軍（1991:35-44）之説，將其讀爲“禱”。不過將“桒”讀爲“禱”其實是有問題的，劉雲（2022:19-24）有專文論證“桒”不應讀爲“禱”，大家可以參看，此不贅述。

既然將“桒”讀爲“禱”是不合適的，“桒”就應另尋他解。我們認爲表祈求義的“桒”應讀爲“祈”①。下面試加論證。

---

*本文爲“古文字與中華文明傳承發展工程”資助項目“河南古文字資源調查研究”（G1426）、河南省高校中華優秀傳統文化傳承發展專項課題重點項目“戰國文字資料新詞新義研究”（2023-WHZX-22）、國家社科基金重大項目“《漢語大字典》修訂研究”（21&ZD300）、國家社科基金重大項目“‘文字異形’理論構建與戰國文字分域分期及考釋研究”（22&ZD303）的階段性成果。本文蒙蔣玉斌先生、王子楊先生及匿名審稿專家審閲指正，謹致謝忱！

①甲骨、金文中表祈求義的“桒”，饒宗頤（1959:977-978）釋爲“祈”，劉桓（2002:398-403）、何樹環（2005:329-356）都釋爲“桼（漆）”，讀爲“祈”。饒先生的釋讀幾無論證，純粹據文意揣測，可不論。劉、何二先生的考釋也有很多問題，如“桼”有自己的演變脉絡，與“桒”明顯不同，將“桒”釋爲“桼”是錯誤的，那麼在此基礎上所作的破讀，就難以令人信服了。

## 一、“𠦪”與“祈”古音相近

《説文·食部》的“𩞁”有重文“饙”“餴”，可知“𠦪”與“賁”“奔”語音相近。上古音“賁”“奔”屬文部，可知“𠦪”的韻部與文部相近。“𠦪”的這一語音綫索，在很多方面都可以得到印證。

甲骨文中有以合文出現的“𠦪泉”，陳夢家（1988:264–265）、龍宇純（2009:67–69）據《説文》“𩞁”字重文提供的語音綫索，將其讀爲《詩經·邶風·泉水》“我思肥泉”之“肥泉”。此説就地理位置來説，頗爲合理，應該是正確的。

金文中有字作：

（許仲卣，《集成》5369）

該字兩見，還見於許仲尊（《集成》5963），都是許仲的名字。該字右旁爲“𠦪”，左旁與金文中“奔”（，大盂鼎，《集成》2837）、“走”（，令鼎，《集成》2803）的上旁相同，象人奔跑之形。黄德寬（2007:3787–3788）主編的《古文字譜系疏證》將其分析爲从“走”之初文，“𠦪”聲，並據《説文》“𩞁”字重文提供的“𠦪”的語音綫索，將其釋爲“奔”。這一意見顯然十分合理。

我們在一篇待刊小文中，根據傳世古書與出土文獻中“𢷎（拜）”的使用情况，將“𢷎（拜）”的上古韻部定爲物部。“𢷎（拜）”从“𠦪”聲，而據《説文》“𩞁”字重文，“𠦪”的韻部與文部相近。文部與物部是嚴格的對轉關係，兩者恰可互證。

我們在上述待刊小文中，還根據“𠦪”的甲骨文形體、“根”的傳抄古文、《説文》“𩞁”字重文提供的“𠦪”的語音綫索，推斷“𠦪”是“根”的初文，其本義是樹根。這一論斷有多重證據，可以互相印證。

總之，《説文》“𩞁”字重文提供的“𠦪”的語音綫索，是經得起檢驗的，是可靠的。

上古音“賁”“奔”屬幫母文部，“祈”屬群母文部，兩者韻部相同，聲母一爲唇音，一爲牙音。唇音與牙音看似遠隔，但實則可通，傳世古書與出土文字資料中多有相通之例（參看李家浩，1999:339–355；劉釗，2013:38–47），現已爲學界共識，此不贅。可見“賁”“奔”與“祈”語音還是比較相近的。“𠦪”與“賁”“奔”語音相近，那麼將“𠦪”讀爲“祈”就没有語音障礙了。我們推斷“𠦪”是“根”的初文，上古音“根”屬見母文部，與“祈”聲母同屬牙音，韻部相同。此更可見“𠦪”與“祈”語音關係之密切。

春秋金文中頻見一個从“女”，“𠦪”聲之字，用爲邾國之姓“曹”[①]。這是關於“𠦪”的一個比較明確的語音證據。學者多據此認爲“𠦪”與“曹”語音相近，並以此爲定點，對“𠦪”及从“𠦪”之字展開進一步的討論（參看孫詒讓，2005:83-84；冀小軍，1991:35-44；陳劍，2007a:20-38）。根據从“女”，“𠦪”聲之字的用法，説“𠦪”與“曹”語音相近，應該是没有問題的。“曹”的上古音屬幽部，所以學者也多將“𠦪”歸入幽部。我們將“𠦪”讀爲“祈”，而“祈”的上古音屬文部，這與學者將“𠦪”歸入幽部看似矛盾，但其實幽部與文部是可以溝通的。據龍宇純（1998:380-389）、李家浩（2010:5-44）研究，幽部與文部有很多相通的例子。他們的論據大都可靠，結論可信，已爲學界普遍接受，無需重複論證。此處我們僅舉與本文所論密切相關的幾處文字通用現象。

古書中有一種昆蟲叫作“螬蠐”（《釋文》引司馬本《莊子·至樂》），又叫作“蟦蠐”（《本草經·蟲獸三品·中品》），還可以單稱“螬”（《孟子·滕文公下》）或“蟦”（《爾雅·釋蟲》）（參看王念孫，2016:1738）。此可證“螬”與“蟦”可通，也即“曹”與“賁”可通。“曹”及从“曹”聲的“遭”與“造”在傳世古書及出土文獻中常見相通（參看陳劍，2007b:148-149）。據陳劍（2007b:127-176）研究，“造”字的基本聲符是“艸”的初文。可見“曹”與“艸”可通。同樣據陳劍（2007b:144-150）研究，甲骨文中的“遭”字甚至直接以“艸”的初文爲聲。“艸”與“卉”爲一字分化，是一對同源詞。“賁”从“卉”聲。此亦可證“曹”與“賁”可通。“曹”屬幽部，“賁”屬文部，而且“賁”是“饙”的《説文》重文“餴”的聲旁。

## 二、傳抄古文“祈”字或从“𠦪”聲

傳抄古文中的“祈”或作：

（《汗簡》卷一示部引碧落碑）

（《古文四聲韻》卷一微韻引王存乂《切韻》）

“期”或作：

（碧落碑）

①學者或認爲該字从“女”，“棗”聲。該字有異體从“棗”，但絶大部分形體都是从“𠦪”的。而且“棗”就是从“𠦪”分化出來的一個字。詳另文。

（《古文四聲韻》卷一之韻引碧落碑）

這兩類四個字，顯然是一字。這四個字中有三個字明確標示出自碧落碑，有一個出處不詳。碧落碑中該字所在碑文爲："訓等痛纏過隙，感切風枝，泣血攀號，自顛隕。"李春桃（2016:18、21）指出："從文意上説，'祈、期'均通。之所以有'祈'和'期'兩種不同釋法，是因爲'斤、其'關係密切，可以相通。""如'旂'與'旗'相通，《禮記·名堂位》：'旂十有二旒。'釋文：'旂，本又作旗。'又'祺、祈'通用，《史記·仲尼弟子列傳》：'榮旂字子祈。'《孔子家語·七十二弟子》引'子祈'作'子祺'。'旂、祈'从斤聲，而'旗'和'祺'从其聲。"李先生的説法很有道理。同一個字，古人理解爲兩個詞，不過這兩個詞語音相近，這説明古人對該字聲旁的認識是一致的，也就是説古人知道該字的聲旁是與"祈""期"語音相近的一個字。考慮到該字从"示"，我們推測該字有可能爲"祈"字異體。但該字的右旁，也即聲旁，與常見"祈"字的聲旁頗爲不同，絶難牽合。那麽，該字的右旁該如何理解呢？

我們認爲"祈""期"古文的右旁是"𠦪"。

傳抄古文中的"奏"或作：

（《古文四聲韻》卷四候韻引《籀韻》）

（《説文·夲部》）

（《説文·夲部》）

（《汗簡》卷一攴部）

（《古文四聲韻》卷四候韻引古《尚書》）

（《古文四聲韻》卷四候韻引《籀韻》）

鄹鐘（《銘圖》15351）中的"奏"或作：

這種寫法的"奏"與常見的"奏"頗爲不同，是李家浩（2002:68-70）根據"奏"字古文考釋出來的。李先生的考釋不只有傳抄古文形體上的證據，還有相關辭例上的支持，所以結論是可靠的，現已爲學界普遍接受。李先生的考釋證明"奏"字古文是有根據的，其形體是可信的。

學者多認爲上揭獨體的“奏”字古文，以及合體的“奏”字古文的聲旁，還有𪒠鐘中的“奏”都是“𠦪”的變體（參看季旭昇，2010:810-811；陳劍，2007a:36-37）。我們認爲這一意見是正確的。

金文中的“𠦪”或作：

（不指鼎，《集成》2735）

（“拜”所從，恒簋蓋，《集成》4199）

（“饙”所從，叔虎父簠，《集成》4592）

這類“𠦪”有一個共同的特點，就是將比較原始的“𠦪”字下部兩側的斜筆連寫、拉直，變爲横筆。上文所論與“奏”相關的“𠦪”，與這類“𠦪”形體相似，與其中的最爲相似，兩者的主要區别是，後者的上部多了一層“M”形筆畫，而“M”形筆畫在“𠦪”字中本就可多可少。兩者的相似性進一步證明，將上文與“奏”相關的形體釋爲“𠦪”是有道理的。

“祈”“期”古文的右旁，與上文所論與“奏”相關的“𠦪”，顯然爲一字。“祈”字古文的右旁，與𪒠鐘中的“奏”字，及“奏”字古文的左旁十分相似。兩者的主要區别是，左右兩斜筆的位置，前者靠上一點，後者靠下一點，其他區别都是筆勢的差異而已。

弄明白了“祈”“期”古文右旁的來源，它們各個形體之間的演變關係就很明顯了。、是在的基礎上，將右旁中間竪筆下縮形成的。類似演變參上揭“奏”字古文由到的演變。則是在的基礎上筆勢稍變形成的。

這樣看來，“祈”“期”古文是一個从“示”“𠦪”聲之字，應該就是“祈”字的異體。“祈”字古文从“示”“𠦪”聲，我們將“𠦪”讀爲“祈”，兩者恰可以互證。

## 三、“𠦪”與“祈”的辭例極爲相似

表祈求義的“𠦪”多出現於“𠦪年”“𠦪禾”“𠦪雨”“𠦪生”“𠦪壽”“𠦪福”等辭例中，古書中“祈”的辭例與“𠦪”極爲相似。下面根據祈求目的的不同，分類列舉古書中“祈”的相關辭例：

（一）祈年類

（1）祈年孔夙，方社不莫。　　　　（《詩·大雅·雲漢》）

（2）凡國祈年于田祖，龡《豳雅》，擊土鼓，以樂田畯。

（《周礼·春官·籥章》）

（3）是同也，大飲烝，天子乃祈來年于天宗。（《禮記·月令》）

（4）孟冬之月，御玄堂左个，祈年用牲，索祀於乾隅。

（《尚書大傳·洪範五行傳》）

（5）朕以眇身託于王侯之上，德未能綏民，民或飢寒，故巡祭后土以祈豐年。（《漢書·武帝紀》）

（二）祈穀類

（6）乃命百縣雩祀百辟卿士有益于民者，以祈穀實。

（《逸周書·逸文》）

（7）是月也，天子乃以元日祈穀于上帝。

（《吕氏春秋·孟春紀》）

（8）荐鮪于寢廟，乃爲麥祈實。（《吕氏春秋·季春紀》）

（9）《噫嘻》，春夏祈穀于上帝也。（《詩·周頌·噫嘻序》）

（10）至於啓蟄之月，則又祈穀于上帝。（《孔子家語·郊問》）

（三）祈雨類

（11）琴瑟擊鼓，以御田祖，以祈甘雨，以介我稷黍，以穀我士女。

（《詩·小雅·甫田》）

（12）雩，夏祭樂于赤帝以祈甘雨也。（《説文·雨部》）

（13）時歲災旱，祈雨不應。（《後漢書·張純傳子奮》）

（14）周宣祈雨，珪璧斯罄。（《文選·劉孝標〈辨命論〉》）

（四）祈福類

（15）令民無不咸出其力，以共皇天上帝、名山大川、四方之神，以祠宗廟社稷之靈，以爲民祈福。（《禮記·月令》）

（16）以祭祀上帝鬼神，而求祈福於天。（《墨子·天志上》）

（17）弊邑寡君使下臣願藉途而祈福焉。（《吕氏春秋·精諭》）

（18）昔先王遠施不求其報，望祀不祈其福，右賢左戚，先民後己，至明之極也。（《史記·孝文本紀》）

（19）酒者，天之美禄，帝王所以頤養天下，享祀祈福，扶衰養疾。（《漢書·食貨志》）

（20）若言剪髮麗手，自以爲牲，用祈福於帝者，實也。

（《論衡·感虚》）

（五）祈子類

（21）豹妻呼延氏，魏嘉平中，祈子於龍門。
（《十六國春秋·前趙·劉淵》）

（六）其他祈求類

（22）我非敢勤，惟恭奉幣，用供王能祈天永命。（《尚書·召誥》）

（23）夫郊，祀后稷以祈農事也。（《左傳》襄公七年）

（24）儒有不寶金玉，而忠信以爲寶；不祈土地，立義以爲土地；不祈多積，多文以爲富。（《禮記·儒行》）

（25）民日夜祈用而不可得，若得爲上用，民之走之也，若决積水於千仞之溪，其誰能當之？（《吕氏春秋·適威》）

（26）子高適魏，會秦兵將至，信陵君懼，造子高之館，而問祈勝之禮焉。（《孔叢子·儒服》）

## 四、“𠦪”與“祈”的賓語使用情况幾乎完全相同

劉雲（2022:19-24）曾對甲骨、金文中表祈求義的“𠦪”的賓語使用情况進行過歸納，據其文可知“𠦪”後既可以加賓語，也可以不加賓語，所加賓語可分爲三類：目的賓語、對象賓語、原因賓語，其中目的賓語數量最多，原因賓語數量最少。古書中“祈”的賓語使用情况與甲骨、金文中“𠦪”的賓語使用情况幾乎完全相同，而且最重要的是，“祈”的賓語中也是目的賓語數量最多，原因賓語數量最少。下面是古書中“祈”的賓語使用情况：

（一）有賓語類

1.目的賓語（或後加對象賓語）

（27）大祝掌六祝之辭，以事鬼神示，祈福祥，求永貞。
（《周禮·春官·大祝》）

（28）是月也，天子乃以元日祈穀于上帝。（《禮記·月令》）

（29）昔者神農之有天下也，時祀盡敬而不祈喜。（《莊子·讓王》）

（30）憚耕稼采薪之勞，不肯官人事，而祈美衣侈食之樂。
（《吕氏春秋·安死》）

（31）是月也，大飲蒸，天子祈來年于天宗。（《淮南子·時則》）

（32）春祈穀雨，秋祈穀實。（《論衡·明雩》）

（33）及將祀天郊，報地功，祈福乎上玄，思所以爲虔。

（《文選·張衡〈東京賦〉》）

（34）祈年宫，惠公起。（《漢書·地理志上》）

2.對象賓語

（35）禳火于玄冥、回禄，祈于四鄘。（《左傳》昭公十八年）

（36）天子命有司祈祀四海、大川、名源、淵澤、井泉。（《禮記·月令》）

（37）命有司爲民祈祀山川百原，大雩帝，用盛樂。（《吕氏春秋·仲夏紀》）

（38）今富者祈名嶽，望山川，椎牛击鼓，戲倡舞像。（《鹽鐵論·散不足》）

3.原因賓語（或後加對象賓語）

（39）秦伯以璧祈戰于河。（《左傳》文公十二年）

（40）至于夷王，王愆于厥身，諸侯莫不並走其望，以祈王身。（《左傳》昭公二十六年）

（41）發彼有的，以祈爾爵。（《詩·小雅·賓之初筵》）

（二）無賓語類

（42）祭祀不祈，不麾蚤，不樂葆大，不善嘉事，牲不及肥大，薦不美多品。（《禮記·禮器》）

（43）分禱祈請，靡神不禜。（《後漢書·順帝紀》）

由以上論述可知，古書中“祈”的用法，與甲骨、金文中“𠦪”的用法十分相似。

## 五、“𠦪”與“旂”的關係極爲密切

表祈求義的“𠦪”，在商代文字中十分常見，西周早、中、晚期文字中均有出現，但出現頻率都不高（參看武振玉，2008:131–133），西周晚期以後十分罕見。表祈求義的以“𠦪”爲基本聲符之字，商代文字中未見，兩周文字中只有零星出現（參看張桂光，2014:42）。表祈求義的“祈”及其通用字，商代文字中未見，兩周文字中出現，其中西周早期罕見，西周中期漸多，西周晚期至春秋十分豐富，之後衰微（參看張桂光，2014:1384–1387）。這類字多作

“旛”，亦可作“旂”“旜”“祈”等，下文用“旛”代表這類字。這樣看來，“桒”與“旛”在時間上大體呈互補分布，西周早、中期之交是兩者出現明顯過渡迹象的時期。這一現象説明“桒”和“旛”代表的極有可能是同一個詞，將“桒”讀爲“祈”是合理的。

金文中表祈求義的“桒”（偶或作“禣”等）經常和表祈求義的“匄”同時出現：

（1）用禣壽，匄永命、綽綰、祓禄、純魯。（㾬鐘，《集成》246）
（2）用桒壽，匄永福。（衛鼎，《集成》2733）
（3）用桒壽，匄永命。（杜伯盨，《集成》4450）
（4）用桒壽，匄永命。（㝬簋，《集成》4317）

金文中用爲“祈”的“旛”（偶或作“旜”）也經常與“匄”同時出現，而且金文中與“匄”搭配的表祈求義的字，除了“桒”，似僅有“旛”[①]。下面是兩者同時出現但不連用的例子：

（5）用旛純魯、永命，用匄眉壽無疆。（師臾鐘，《集成》141）
（6）用旜多福，用匄永命。（大師盧豆，《集成》4692）

下面是兩者同時出現且連用的例子：

（7）用旛匄眉壽、永命。（追簋，《集成》4220）
（8）用禞（匄）旂眉壽[②]。
（爯簋，《銘圖》5213）
（9）旛匄眉壽。（封仲簋蓋，《集成》4124）
（10）用旛匄眉壽。（史季良父壺，《集成》9713）
（11）用旛匄眉壽、綽綰、永命、霝終。（善夫山鼎，《集成》2825）
（12）用旛匄眉壽、綽綰、永命、彌厥生、霝終。
（蔡姞簋，《集成》4198）
（13）用旛匄康龢、純祐、綽綰、通禄。（梁其鐘，《集成》188.1）
（14）旛匄康龢、純祐、通禄、永命。（虢姜簋蓋，《集成》4182）
（15）用追孝旛匄康龢、純祐、通禄、永命。（頌壺，《集成》9731）

---

①金文中有“賜害”連文的現象，參看左右簋（《銘圖續》449）、伯家父簋蓋（《集成》4156）、曾伯克父簠（《銘圖續》518、519）。其中的“害”，學界多讀爲“匄”。不過，據陳劍（2021:1-22）研究，這類“害”字應讀爲“䂂”。其説可信。

②“禞”讀“匄”參看陳夢兮（2015:80-81）。

（16）乃用旛匄多福。　　　　（遅父鐘，《集成》103）

可見金文中“奉”與“旛”都經常與“匄”搭配，而且“奉”“匄”的賓語與“旛”“匄”的賓語大體相似，都由表示福、禄、壽等内容的成分充當。這一現象進一步説明“奉”和“旛”代表的極有可能是同一個詞，將“奉”讀爲“祈”是合理的。

本文的匿名審稿專家指出，“旛”系字在商文字中就已經出現，但早期表示祈求義的“祈”這個詞，爲何不用音近的“旛”系字，反而要使用語音不是特别密切的“奉”系字。這個問題，我想可能是商周兩代用字習慣不同造成的。古文字中有類似情況，如周文字中用“夫”字記録表示成年男子的“夫”，商文字中用語音不是特别密切的“瓜”字記録表示成年男子的“夫”（陳劍，2020:66-103），而商文字中存在“夫”字。

## 六、相關問題的解釋

將“奉”讀爲“祈”還有一個問題需要解釋。伯梡簋（《集成》4073）云：“伯梡作厥宫室寶簋，用追孝于厥皇考，唯用旛奉萬年，孫孫子子永寶。”其中“旛奉”連言。近年公布的西周晚期的芜父簋（參看李伯謙，2018:251）[①]云：“芜父敢對揚朕天君休命，用作朕皇祖寶簋，用旂櫜眉壽、永命，子子孫孫用享。”其中“旂櫜”連言。“旂”是“旛”的異體字（參看黄德寬，2007:3640-3641），而“櫜”从“奉”聲，與“奉”語音關係極爲密切，所以，“旂櫜”完全可以視爲“旛奉”的變體。“旛”“旂”在金文中一般讀爲表祈求義的“祈”，那麼再將“奉”“櫜”讀爲“祈”似乎就不合適了。其實這是一種因用字習慣衍文而産生的現象，並不能作爲本文論點的反證。下面我們對用字習慣衍文略作討論。

傳世古書及簡帛文字資料中，有一些所謂的“音近衍文”，蔡偉（2019:58）對這種衍文有如下總結：

> 抄寫者所看到的本來是A字，但却寫成了另外的一個與之讀音極近甚至相同的B字，當他發現了這一錯誤後，接着又寫下了A字，而B字又未塗去，就造成了A字B字並存的情況。此類可稱作“兩字音近而衍例”。

其實所謂音近衍文中，大部分音近之字是通用字，而非簡單的音近字，可

①芜父簋的著録情况，蒙謝明文先生賜告，作者十分感謝。

以稱之爲“用字習慣衍文”（馮勝君，2009:422；李松儒，2015:450-451）。

上博七《凡物流形》甲本簡19-20中有如下簡文（參看馬承源，2008:257-259；俞紹宏、張青松，2019:228-231）：

> 是故鼠一，咀之有味，嗅[之有臭]，鼓之有聲，近之可見，操之可操，握之則失，敗之則槁，賊之則滅。

值得注意的是，簡文中“鼠一”連用[①]。我們知道，楚文字中“鼠”與“一”都可以表示“一”這個詞（參看李松儒，2015:151-152），它們是一對通用字。這裏的“鼠一”連用就是因用字習慣衍文而形成的（李松儒，2015:450-451）。類似現象在簡帛文字資料及傳世古書中並不罕見（參看鄔可晶，2013:94；蔡偉，2019:58-59），限於篇幅，我們在這裏就不展開討論了。

商代晚期的小子省卣器銘（《集成》5394.2，圖1）云：

> 甲寅，子商（賞）小子省貝五朋，省玐昜商（賞）君，用乍（作）父己寶彝。

小子省卣蓋銘（《集成》5394.1，圖2）與小子省卣器銘基本相同。小子省卣器銘中的“省玐昜商（賞）君”，蓋銘作“省玐君商（賞）”，可知“商（賞）君”是“君商（賞）”的誤倒（楊樹達，1997:147）。器銘中的“昜”，謝明文（2022:234-235）認爲是在“玐”的基礎上加注的聲符，“玐昜”是“䍩”字的析書。金文中的“揚”常寫作“䍩”，从“玐”从“昜”，且小子省卣器銘有銘文基本相同的蓋銘作對比，而蓋銘中與器銘“玐昜”對應的文字作“玐”，表示的正是“揚”這個詞。考慮到這些因素，謝先生將“玐昜”理解爲“䍩”字析書，似乎是很合適的。

圖 1：小子省卣蓋銘

圖 2：小子省卣器銘

圖 3：寓鼎

①整理者（馬承源主編，2008:258）認爲該“一”是“通欄墨綫標識”。李松儒（2015:450-451）認爲該“一”是“一”字。李先生之説顯然是正確的。

“玔”與“昜”連用不止出現一次，還見於西周早期的寓鼎（《集成》2718，圖3），只不過兩者的前後位置發生了改變，而且“玔”用的是其異體“抓”（謝明文，2019:234-246），其辭云：

唯十又二月丁丑，寓獻佩于王姒，王姒賜寓曼絲，對昜抓王姒休，用作父壬寶尊鼎。

從辭例不難看出，“昜抓”表示的顯然也是“揚”這個詞[①]。

商代金文中“揚”這個詞比較少見，似僅見於商代晚期的小子省卣的器銘和蓋銘，其中小子省卣蓋銘的“揚”寫作“玔”。西周早期金文中“揚”這個詞大量出現，寫法也比較多（參看董蓮池，2011:1604-1606），其中有寫作“昜”的，如貉子卣（《集成》5409）。可見，在商末周初，“玔”“昜”兩字都可以表示“揚”這個詞。也就是説，在商末周初，古人在記録“揚”這個詞時，“玔”“昜”是一對通用字。既然如此，將上揭“玔昜”“昜抓”理解爲簡單的析書，恐怕並不合適。更何况小子省卣器銘中的“玔昜”在蓋銘中不是寫作非析書的“瑒”，而是寫作“玔”，這説明在當時“揚”這個詞並非一定寫作“瑒”。我們認爲小子省卣器銘中的“玔昜”連用，寓鼎中的“昜抓”連用，都是因用字習慣衍文而形成的。

上文指出，“桒”與“旛”在表示“祈”時，在時代上大體呈互補分布，但兩者在兩周時代是有交集的。伯梚簋屬西周中期，芜父簋屬西周晚期，西周中晚期“桒”與“旛”都可以用來表示“祈”，也就是説，西周中晚期金文中表示“祈”這個詞時，“桒”與“旛”是通用字。這樣看來，伯梚簋、芜父簋中表祈求義的“旛桒”“旂櫜”，也應是因用字習慣衍文而形成的。這樣理解之後，“旛桒”“旂櫜”不僅不能構成我們讀“桒”爲“祈”的反證，反而是我們這一意見的積極證據。

## 七、結語

本文認爲甲骨、金文中表祈求義的“桒”應讀爲“祈”。文章從六個方面進行了論證：

一、“桒”與“祈”古音相近。《説文·食部》的“餴”有重文“饙”

①張亞初（2001:45）將“昜”讀爲“揚”，而將“抓”釋爲“掛”，這顯然是不正確的。孫稚雛（1984:410）認爲“昜抓”是“揚”字分書。這一意見有很大合理性，所以學者多將“昜抓”直接釋爲“揚”（參看吴鎮烽，2012：第5卷90）。不過這一意見還不够準確，未達一間，詳下文。

“餴”，可知“𠦪”與“賁”“奔”語音相近。上古音“賁”“奔”屬文部，可知“𠦪”的韻部與文部相近。“𠦪”的這一語音綫索，在傳世古書與出土文獻中都可以得到印證。

二、傳抄古文“祈”字或从“𠦪”聲。傳抄古文中有一類“祈”字，其聲旁素來無善解，本文考證其爲“𠦪”字變體。這很直接地證明了將“𠦪”讀爲“祈”是合理的。

三、“𠦪”與“祈”的辭例極爲相似。表祈求義的“𠦪”多出現於“𠦪年”“𠦪禾”“𠦪雨”“𠦪生”“𠦪壽”“𠦪福”等辭例中，古書中“祈”的辭例與“𠦪”極爲相似。

四、“𠦪”與“祈”的賓語使用情况幾乎完全相同。“𠦪”與“祈”後都既可以加賓語，也可以不加賓語，所加賓語皆可分爲三類：目的賓語、對象賓語、原因賓語，而且兩者都是目的賓語數量最多，原因賓語數量最少。

五、“𠦪”與“旛”的關係極爲密切。表祈求義的“𠦪”與“旛”在時間上大體呈互補分布，而且兩者的辭例也十分相似。

六、相關問題的解釋。伯梡簋中的“旛𠦪”連言，芠父簋中的“旂櫜”連言，似是將“𠦪”讀爲“祈”的反證。其實這一現象是因用字習慣衍文而形成的，不但不是本文觀點的反證，還從用字習慣的角度證明了本文的觀點。

**引書簡稱表**

| 集成 | 殷周金文集成 | 銘圖 | 商周青銅器銘文暨圖像集成 |
|---|---|---|---|
| 銘圖續 | 商周青銅器銘文暨圖像集成續編 | | |

**參考文獻**


蔡　偉　2019　《誤字、衍文與用字習慣——出土簡帛古書與傳世古書校勘的幾個專題研究》，花木蘭文化事業有限公司。

陳　劍　2007a　《據郭店簡釋讀西周金文一例》，《甲骨金文考釋論集》，綫裝書局。

陳　劍　2007b　《釋造》，《甲骨金文考釋論集》，綫裝書局。

陳　劍　2020　《釋“瓜”》，《出土文獻與古文字研究》（第9輯），上海古籍出版社。

陳　劍　2021　《簡談清華簡〈四告〉與金文的“祜福”——附釋唐侯諸器的“佩（賏）”字》，《出土文獻綜合研究集刊》（第13輯），巴蜀書社。

陳夢家　1988　《殷虛卜辭綜述》，中華書局。

陳夢兮　2015　《談遣伯盨銘文中的“匄祈”》，《考古與文物》第6期。

董蓮池　2011　《新金文編》，作家出版社。

馮勝君　2009　《從出土文獻看抄手在先秦文獻傳布過程中所産生的影響》，《簡帛》（第4輯），上海古籍出版社。

何樹環　2005　《𠦪字再探與兼釋[illegible]》，《中山人文學術論叢》（第6輯），澳門出版社。

黄德寬（主編） 2007 《古文字譜系疏證》，商務印書館。
冀小軍 1991 《説甲骨金文中表祈求義的𠦪字——兼談𠦪字在金文車飾名稱中的用法》，《湖北大學學報（哲學社會科學版）》第1期。
季旭昇 2010 《説文新證》，福建人民出版社。
李伯謙（主編） 2018 《中國出土青銅器全集》第10卷，科學出版社。
李春桃 2016 《古文異體關係整理與研究》，中華書局。
李家浩 1999 《讀〈郭店楚墓竹簡〉瑣議》，《郭店楚簡研究》，《中國哲學》（第20輯），遼寧教育出版社。
李家浩 2002 《𪔉鐘銘文考釋》，《著名中年語言學家自選集・李家浩卷》，安徽教育出版社。
李家浩 2010 《楚簡所記楚人祖先“䲨（鬻）熊”與“穴熊”爲一人説——兼説上古音幽部與微、文二部音轉》，《文史》（第3輯），中華書局。
李松儒 2015 《戰國簡帛字迹研究：以上博簡爲中心》，上海古籍出版社。
劉 桓 2002 《釋𠦪》，《甲骨徵史》，黑龍江教育出版社。
劉 雲 2022 《甲骨、金文中的“𠦪”讀“禱”説辨析》，《古文字研究》（第34輯），中華書局。
劉 釗 2013 《談新公布的牛距骨刻辭》，《中國國家博物館館刊》第7期。
龍宇純 1998 《上古音芻議》，《“中研院”歷史語言研究所集刊》第69本第2分。
龍宇純 2009 《甲骨文金文[illegible]字及其相關問題》，《絲竹軒小學論集》，中華書局。
馬承源（主編） 2008 《上海博物館藏戰國楚竹書（七）》，上海古籍出版社。
饒宗頤 1959 《殷代貞卜人物通考》，香港大學出版社。
孫詒讓 2005 《古籀餘論》卷二《杞伯盨》，《金文文獻集成》（劉慶柱、段志洪主編）第13册，綫裝書局。
王念孫（撰） 張靖偉等（校點） 2016 《廣雅疏證》，上海古籍出版社。
鄔可晶 2013 《〈上博（九）・舉治王天下〉“文王訪之於尚父舉治”篇編連小議》，《中國文字》新39期，臺灣藝文印書館。
吴鎮烽 2012 《商周青銅器銘文暨圖像集成》，上海古籍出版社。
吴鎮烽 2016 《商周青銅器銘文暨圖像集成續編》，上海古籍出版社。
武振玉 2008 《兩周金文中的祈求義動詞》，《瀋陽師範大學學報（社會科學版）》第4期。
謝明文 2019 《試論“揚”的一種異體——兼説“圭”字》，《甲骨文與殷商史（新9輯）：紀念殷墟甲骨文發現120周年專輯》，上海古籍出版社。
謝明文 2022 《商代金文研究》，中西書局。
俞紹宏 張青松 2019 《上海博物館藏戰國楚簡集釋》，社會科學文獻出版社。
張桂光（主編） 2014 《商周金文辭類纂》，中華書局。
張亞初 2001 《殷周金文集成引得》，中華書局。
中國社會科學院考古研究所 2007 《殷周金文集成》（修訂增補本），中華書局。

# The Character *Hu* (𠦪) Meaning to Pray Should be Read as *Qi* (祈) in the Oracle Bones and Bronze Inscriptions

Liu Yun

**Abstract:** The character *hu* (𠦪) meaning to pray (for something) in the oracle bones and bronze inscriptions is mostly read as *dao* (禱) by the academia. This article holds that the character *hu* should be read as *qi* (祈). In the *Shuowen Jiezi*, the variant forms of *fen* (饙) are *fen* (餴) and *fen* (䭻) associated with different writing traditions, which proves that the pronunciation of *hu* (𠦪) is similar to that of *ben* (賁/奔). All the relevant evidence from the handed-down ancient books and unearthed textual materials can prove that the phonetic clues provided by the *Shuowen Jiezi* are reliable. The ancient pronunciation of *ben* (賁/奔) is similar to that of *qi* (祈) . This article verifies that the phonetic component of some transcribed ancient scripts of *qi* is *hu*. This article points out that the usage and collocated objects of *hu* is very similar to that of *qi* in the ancient records. *Hu* and *qi* (旂), which is used to mean to pray in the bronze inscriptions instead of *qi* (祈), roughly assume a complementary distribution from the aspect of time, and their usage is also relatively similar. All the above prove that it is reasonable to read *hu* as *qi*. In addition, this article also explains the collocation *qihu* (旂𠦪) in the inscriptions of the Bohao *gui* (伯椃簋) and *qihu* (旂𣋟) in the inscriptions of the Chenfu *gui* (芫父簋) as redundancy due to customary miscopying.

**Key words:** *Dao* (禱); *Hu* (𠦪); *Qi* (祈); *Qi* (旂); Transcribed ancient scripts

（劉雲，河南大學文學院　開封　475001）

# “⿱猌曰”字補釋*

白於藍　王子怡

**摘　要**：本文是對西周金文中的一個疑難字所作的考釋。在梳理以往舊説的基礎上，利用戰國秦系文字中“齒”字的寫法以及清華簡中以該字爲聲符之字的寫法，確定將該字隸定作“⿱猌曰”者爲是。結合清華簡中相關字的用例，指出包山簡中該字當以訓爲“悦”者爲是。

**關鍵詞**：⿱猌曰；齒；臼；悦

西周金文中有一字，學界聚訟累年，迄無定論。本文擬在以往研究的基礎上，對該字構形以及用法談些看法。不當之處，敬請方家指正。

## 一

西周銅器銘文中有一字，均用作人名，共出現三例，字形見下表1（爲行文方便，下文用“△”號代替該字）：

表1

| | | |
|---|---|---|
| ⿱猌曰卣，西周早期<br>《集成》10.5254 | ⿱猌曰作且辛尊，西周中期<br>《集成》11.5892 | 南公有𤔲鼎，西周晚期<br>《集成》05.2631 |

“△”字左上从來，右旁从犬，此二旁組合在一起無疑就是《説文》“猌（猌），犬張齗怒也。从犬來聲。讀又若銀”之“猌”字。關鍵是其左下所从，以往學者對之有不同解釋。

丁佛言（1988:45）最早將上引南公有𤔲鼎之字釋爲“猌”，云：

*本文爲教育部、國家語委甲骨文等古文字研究與應用專項重點項目“戰國秦漢簡帛文獻通假字集成及數據庫建設”（YWZ-J030）、2021年度教育部哲學社會科學研究重大課題攻關項目“出土商周秦漢文獻通假語料的整理與數據庫建設研究”（21JZD043）的階段性研究成果。

> 許氏説“㹞，犬張齗怒也”。案，齗爲齒本，㹞从齒，與許説正合。

可見，丁氏認爲“△”字左下所从即“齒”字，爲追加之表義偏旁，合於《説文》“犬張齗怒也”之“齗”。

林義光（2017:78）亦將上引南公有𤔲鼎之字釋爲“㹞”，云：

> 《説文》云：“㹞，犬張齗怒也。从犬來聲，讀又若銀。”按，“來”非聲。古作[illegible]（憗鼎。引者按，即南公有𤔲鼎），“[illegible]”象犬張齗之形。从犬來（兼會意）。……“㹞”字經傳不見，當與“憗”同字。“憗”从心，即“[illegible]”之譌也。

林氏摹形稍有訛誤，雖未明言“△”字左下所从即“齒”字，但亦云“象犬張齗之形”。同時，林氏還主張“㹞”“憗”同字，而“憗”字所从之“心”旁即“△”字左下之訛變。

在林氏説法的基礎上，馬叙倫（1985:70–71）進而指出南公有𤔲鼎之字就是“憗”字，“△”字左下所从就是“心”之訛變，云：

> 南宫（引者按，當爲“公”字，蓋爲筆誤）鼎[illegible]字，林義光以爲即憗字，而憗从心爲从𠙵（齒），象犬張齒之形。丁佛言亦謂从齒，與許説合。不悟犬自有齒，安得復於犬外增齒乎。況六書會意之文無兼聲之例也。自即憗字。六國時文字多譌變，故寫心成[illegible]耳。

容庚（1959:404；1985:509）認爲“△”字左下所从是“臼”，在其所著《金文編》中將“△”字隸定爲“㬜”，收有上引㬜卣和南公有𤔲鼎的兩例字形，置於卷七“臼”部，云“説文所無”。董蓮池（2011:1412）亦認爲“△”字左下所从是“臼”，在其所著《新金文編》中將該字隸定爲“猌”，置於卷十“犬”部，並將前引“△”字之三例字形全部收入。

陳漢平（1993:380）對容庚的看法提出批判，指出“△”字當釋爲“憗”，云：

> 商周甲骨文、金文心、臼、貝三字形近，易混淆。殷墟卜辭心字作“[illegible]”（《甲編》3510；又《乙編》3204）；金文慕字作“[illegible]”（𤖨盤），可以爲證，由此知正編1177號金文二字（引者按，即㬜卣和南公有𤔲鼎之“㬜”字）从心，而不从臼，此二字當釋爲憗。《説文》：“憗，問也。謹敬也。从心，㹞聲。一曰説也。一曰甘也。《春秋傳》曰：‘旻天不憗。’又曰：‘兩君之士皆未憗。’（魚覲切）。”

陳氏看法與前引馬叙倫的觀點並無本質不同，亦認爲“△”字左下所从即

“心”字之訛變。劉釗師（2011:141）依從陳説，並將之用作“臼”“心”二旁之“訛混”例證。江學旺編著的《西周文字字形表》（2017:447）將“△”字直接釋爲“憖”，置於卷十“心”部。蓋即基於陳説。

黄德寬主編的《古文字譜系疏證》（2007:3669）收有前引𣪘卣和南公有𤔲鼎二形，仍認爲“△”字左下从“齒”，將之釋爲“齾”，注云：“齾，从㓾（初文齒），猌聲，古齾字。……《集韻·諄韻》：‘齾，笑露齒。’”

除此之外，戴家祥（1995:2771）直接將上引𣪘卣之字左下所从摹寫爲从“心”作“憖”，云：

> 憖（憖卣。引者按，即𣪘卣），憖，从犬，从心，从來，來或聲。字書不載。《説文》十篇有猌字。許氏云：“犬張齗怒也。从犬來聲。”憖或猌之别構。加心，謂描述一種憤怒的心理狀態。金文作人名，無義可説。

按，戴氏摹形有誤，認爲“憖”字“字書不載”，亦顯係失察。

“△”字亦見於包山楚簡，作：

圖1　包山簡簡16

包山簡的整理者（1991:18）將之隸定爲“檣”。史傑鵬（2005:63）從之。按，該字與前引金文之“△”顯是一字，包山簡整理者的隸定顯然不確。陳偉（1996:136）將該字隸定爲“𣪘”而未作解釋。劉信芳（1998:616）將該字隸定爲“齾”，認爲“齾从猌从齗省，‘齗’是附加聲符，與‘憖’實爲一字”。林素清（2007:522）、蘇建洲（2014:94）從之。或許亦是受前引陳漢平説法的影響，李零（1998:136）以及後來徐在國、程燕、張振謙編著的《戰國文字字形表》（2017:1463）均將該字直接釋爲“憖”。李守奎、賈連翔和馬楠編著的《包山楚墓文字全編》（2012:311；2012:402）卷七“臼部”雖將該字隸定爲“𣪘”，但仍指出該字“下所从臼旁或爲心之殘形。讀爲憖”，並將該字重收於卷十“憖”字之下。筆者則受丁佛言从“齒”觀點的影響，認爲該字當釋爲“猌”[①]。

## 二

前引諸説，除明顯不確的意見外，主要存在兩方面的争議：第一，“△”

①孔婷琰《戰國楚簡文字編（非古書類）》（2021:798）引筆者説法。

字左下所从是“齒”還是“臼”，亦即該字是否應釋爲“𣀔”“𩡥”或隸定爲“暬”“𢧢”。第二，“齒”（或“臼”）與“心”旁是否發生訛混，亦即該字是否應釋爲“慹”。

關於第一個争議，就現有古文字字形材料來看，“△”字左下所从確是“臼”字。

古文字中“臼”字和“臼”旁十分常見，甲骨文作“”“”“”等形①；西周金文作“”“”“”等形②，字形與前引“△”字左下所从字形相同，而且兩者時代吻合；戰國文字作“”“”“”等形③，字形與西周金文一脉相承，變化不大。

古文字中“齒”字和“齒”旁亦十分常見，甲骨文作“”“”“”等形④，爲“齒”之象形初文。西周金文中目前尚未見到有可資比較的“齒”字和“齒”旁。戰國時期文字異形，秦系文字中“齒”字作“”“”“”等形，其他諸系文字則作“”（晉系）、“”（燕系）、“”（齊系）、“”（楚系）等形⑤。兩類文字中“齒”之上部均追加了“止”（或“之”）爲聲符，但其下部所从則明顯不同。秦系文字“齒”之下部仍保留了較高的象形程度，而其他諸系均發生了訛變，變得與“臼”字形一致甚至完全混同。

衆所周知，相對於六國文字，秦系文字比較保守，故“齒”之下部所从明顯繼承並保留了更早期文字的特徵。由此反推，即便我們目前尚無法確知西周文字中“齒”字的確切寫法，但理論上來講，其字形亦當與秦系文字更爲近似，而不太可能已經演變爲“臼”形。换句話説，假如西周文字中“齒”之下部所从已經演變爲“臼”形，則秦系文字“齒”之下部就不太可能仍舊保留爲相對原始的形態，因爲畢竟秦系文字也是由西周文字發展演變而來的。

---

①劉釗主編《新甲骨文編（增訂本）》（2014:242；2014:438）和黄德寬主編，徐在國副主編，夏大兆編著《商代文字字形表》（2017:154；2017:305）“舊”“舂”字頭下諸字。

②董蓮池《新金文編》“舊”（2011:444）、“舂”、“臽”和“舀”（2011:977）字頭下諸字。黄德寬主編，徐在國副主編，江學旺編著《西周文字字形表》“舊”（2017:157）、“舂”、“臽”（2017:303）字頭下諸字。

③黄德寬主編，徐在國副主編，徐在國、程燕、張振謙編著《戰國文字字形表》（2017:1014–1015）和白於藍主編，段凱、馬繼編著《先秦璽印陶文貨幣石玉文字彙纂》（2021:389）“臼”字頭下諸字。

④劉釗主編《新甲骨文編（增訂本）》（2014:119–120）和黄德寬主編，徐在國副主編，夏大兆編著《商代文字字形表》（2017:76–77）“齒”及从“齒”諸字頭下諸字。

⑤白於藍主編，段凱、馬繼編著《先秦璽印陶文貨幣石玉文字彙纂》（2021:91–92）“齒”字頭和从“齒”諸字頭下諸字。但該書對部分字形的系别歸屬有誤，如將“”誤歸齊系，“”字下注“待考”，現在看來都是不準確的，此二形均應歸秦系。李守奎《楚文字編》（2003:127）“齒”字頭和从“齒”諸字頭下諸字。

“△”字既爲西周文字，其左下所从的寫法既與戰國秦系文字“齒”字下部所从不類，而更接近於“臼”形，則説明將其釋爲“粖”和“䵒”都是不準確的，因爲這兩種釋法都是建立在“△”字左下所从爲“齒”字的基礎之上的。就字形而言，“△”仍當以容庚和董蓮池隸定作“䎽”或“猷”爲宜。

關於第二個争議，就現有古文字字形材料來看，可以肯定的是將“△”釋爲“愁”也是不準確的，這是因爲在楚簡中見有確切無疑的“愁”字。據筆者統計，共計6例，根據其字形特點，大體可以分爲三形（見下表2）。

表2

| | | | |
|---|---|---|---|
| A |  包山楚簡簡15反 |  包山楚簡簡194 |  上博簡九《靈王遂申》簡1 |
| B |  包山楚簡簡172 | | |
| C |  清華簡二《繫年》簡45 |  清華簡三《芮良夫毖》簡15 | |

《説文》“愁”字小篆字形作“[illegible]”，从心秋聲。

A形字與小篆“愁”字字形相合，只是偏旁位置有所不同。其中，第一、二兩例，包山簡的整理者（1991:18；1991:32）均釋爲“愁”，可信。至於第三例上博簡九《靈王遂申》簡1之字，出現在如下文句當中：

霝（靈）王既立，繡（申）、賽（息）不愁。【簡1】[1]

關於簡文之“愁”字，上博簡的整理者（2012:158-159）隸定爲“𢜈”，不確。蘇建洲和清華大學出土文獻讀書會等皆釋爲“愁”[2]，可信。

①“賽（息）”字從曹方向《上博九〈靈王遂申〉通釋》（簡帛網，2013年1月6日，http://www.bsm.org.cn/?chujian/5957.html）、蘇建洲《上博九〈靈王遂申〉釋讀與研究》（2014:92-93）等讀。

②蘇建洲：《初讀〈上博九〉札记（一）》，簡帛網，2013年1月6日，http://www.bsm.org.cn/?chujian/5961.html。清華大學出土文獻讀書會：《〈上博九·靈王遂申〉研讀》，清華大學出土文獻研究與保護中心網，2013年3月29日。

B形字从心瞀聲，可隸定爲“懋”[①]，而“瞀”則又从目敉聲。形聲字之聲符可有繁簡之別，故該形可釋爲“愗”，爲“愗”字之繁體構形。包山楚簡的整理者（1991:52）雖誤將該字隸定爲“懑”（認爲該字从“肉”），但仍指出“簡14反（引者按，當爲簡15反）有愗字，作䆮。疑爲同一字之異體”。李守奎、賈連翔和馬楠編著的《包山楚墓文字全編》（2012:402）和徐在國、程燕和張振謙編著的《戰國文字字形表》（2017:1463）亦均將該形歸在“愗”字下。當屬可信。

至於C形，清華簡的整理者均釋爲“愗”[②]。此二例出現在如下文句當中：

> 《繫年》：“晉文公立七年，秦、晉回（圍）奠₌（鄭，鄭）降秦不降晉₌（晉，晉）人以不憗（愗）。” 【簡45】
>
> 《芮良夫毖》：“褢（懷）忞（慈）學（幼）溺（弱）、羸（鰥）寡、䍐（煢）蜀（獨），萬民具（俱）憗（愗），邦甬（用）昌𥫗（熾）。” 【簡15】[③]

簡文之“憗（愗）”字，整理者均據《説文》“愗，……一曰説（悦）也”而訓爲“悦”（參看李學勤，2011:155；2012:152）[④]。文從字順。

C形字下部从心，其上部所从與前引“△”字字形一致，可隸定爲“憗”，而“猌”則又从臼敉聲（詳下文），故該形亦可釋爲“愗”，亦爲“愗”字之繁體構形。

C形字的出現十分重要，這是因爲該形既从心又从臼，由此可知前引馬叙倫和陳漢平認爲“△”字左下所从是“心”之訛變的看法不確，將“△”直接釋爲“愗”並不可信，而在此基礎上將之用作“臼”“心”二旁之“訛混”例證則更不能成立。事實上，古文字中“齒”（或“臼”）與“心”旁寫法差異明顯，就筆者所見，未有相混之例。

---

①湖北省荊沙鐵路考古隊《包山楚簡》（1991:30；1991:52）將該字隸定爲“懑”，黄德寬主編《古文字譜系疏證》（2007:3670）隸定爲“𦡊”，均認爲該字左側“來”旁下部所从爲“肉”。不確。李守奎、賈連翔、馬楠《包山楚墓文字全編》（2012:402）將該字隸定爲“𥈄”，認爲該字从目。可信。

②其中第一例整理者直接釋爲“愗”，未作隸定（參看李學勤，2011:155）。第二例則隸定爲“憗”，括注爲“愗”（參看李學勤，2012:145）。

③“羸（鰥）”字從白於藍《簡帛古書通假字大系》（2017:456）讀，“䍐（煢）”字從黄傑《初讀清華簡（叁）〈芮良夫毖〉筆記》（簡帛網，2013年1月6日，http://www.bsm.org.cn/?chujian/5963.html）讀。

④《説文》：“愗，問也。謹敬也。从心敉聲。一曰説也。一曰甘也。《春秋傳》曰：‘昊天不愗。’又曰：‘兩君之士皆未愗。’”段玉裁《注》：“一曰説也。説、悦古今字。”

綜上所述，就現有古文字材料來看，前引諸家對“△”字的各種釋法均不可靠。容庚和董蓮池將“△”字隸定“㬪”和“猒”仍是合理可據的處理方式。字書中見有“憖”“猌”“墪”“䕃”等字[①]，上引包山簡還見有“慭”字所从之聲符“㬪”字，這些字都是以“猌”爲聲符，從這方面來考慮，“△”字亦應是一個从臼猌聲的形聲字。故嚴格來講，容、董兩家的兩種隸定方式中又應以容庚隸定成“㬪”爲優，而且確應如容庚將該字置於《説文》卷七“臼”部爲宜，而不應置於卷十“犬”部。“㬪”字字書未見，其構形本義待考。

## 三

下面，筆者對前文所引包山楚簡所見四例字形之字義做些簡單解釋。

簡172之“慭（憖）”字出現在“郲郢少司馬陳慭（憖）”的文句中，簡194之“憖”出現在“如人鹽憖”的文句中，此二例均用作人名。

簡16之“㬪”字和簡15反之“憖”字，情况相對比較複雜。爲論述方便，現將相關文字録寫如下：

> 僕（僕）五帀（師）宵倌之司敗若，敢告視日：邵行之夫＝（大夫）盤𠳋夸（今）執僕（僕）之倌登虜（虩）、登异（期）、登僕（僕）、登臧（𧆨）而無古（故）。僕（僕）以告君＝王＝（君王，君王）諨（屬）僕（僕）【簡15】於子＝左＝尹＝（子左尹，子左尹）諨（屬）之新俈（造）让（卜）尹丹，命爲僕（僕）至（致）典，既皆至（致）典，僕（僕）又（有）典，邵行無典。新俈（造）让（卜）尹不爲僕（僕）剆（斷），僕（僕）裳（勞）倌[②]，頸（經）事牐（將）瀍（廢）[③]。不㬪新俈（造）让（卜）【簡16】尹，不敢不告視日。【簡17】
>
> 五帀（師）宵倌之司敗告胃（謂）：邵行之夫＝（大夫）㝵（今）

①“憖”“猌”二字見於《説文》，“墪”字見於《玉篇》（“垠”字古文），“䕃”字見於《集韻》。

②關於“裳”字，包山楚簡的整理者未做字義方面的具體解釋。陳偉等著《楚地出土戰國簡册（十四種）》（2009:13）云：“《淮南子·精神》‘使人之心裳’，高誘注：‘裳，病。’裳倌，爲倌的短缺而困苦。原釋文連下讀，今斷讀。”按，在“裳倌”之“倌”字下斷讀，可從。但以“病”義解“裳”，則恐未確。“裳”字古有“效勞”之義。《墨子·魯問》：“子之所謂義者，亦有力以裳人，有財以分人乎？”《吕氏春秋·疑似》：“秦襄、晉文之所以裳王，裳而賜地也。”“裳人”即效勞於人，“裳王”即效勞於王，簡文“裳倌”即效勞於倌（五師宵倌）之義。

③“頸（經）”字從文炳淳《包山楚簡官名補釋五則》（2000:4-5）讀。

執其倌人，新借（造）辻（卜）尹不爲其譺（察），不慭。【簡15反】①

肓=（十月）甲申，王逗（屬）。【簡16反】②

左尹。【簡17反】

李零（1998:136）曾對上引簡文的整體内容做過解釋，除個别文字外，其對整體文義的理解和把握都没有問題。

簡16–17“不嗇新借（造）辻（卜）尹”之“嗇”字，包山簡的整理者（1991:41）在將之隸定爲“檖”的基礎上，云：“讀如隊。《廣雅・釋詁二》：‘隊，陳也。’”顯然不確。

李零（1998:136）釋爲“慭”，將之與簡15反之“慭”視爲一字，同時將“不慭”訓爲“不服”。劉信芳（1998:616–617）亦認爲該字即簡15反“慭”之異體，指出“不慭”爲古代常用語，並引典籍中“不慭遺一老”“不慭遺君”“吾慭置之於耳”等相關辭句爲證，認爲簡文“‘不慭新借迅尹’，意謂不願再勉强新借迅尹斷案”③。林素清、蘇建洲從之。林素清（2007:522）指出：“‘新造卜尹不爲其察，不慭’之‘不慭’爲當時司法術語，其義似與《詩》《左傳》‘不慭遺一老’之‘不慭’接近，有‘不肯’‘不甘’‘不願’義，爲‘心不欲，自彊之辭’義，也是下對上，臣對君時用語。簡文大義爲：五師宵倌之司敗若對新造卜尹不爲斷案一事，不願接受，故有再提上告之舉。”蘇建洲（2014:94）則指出楚簡常見“慭”字，“這些‘慭’（引者按，當爲‘不慭’，蓋爲筆誤）大抵有不願、不悦、不甘的意思”。史傑鵬（2005:63）從整理者看法，認爲此字从“豙”得聲，但同時指出此字和簡15反之“慭”字可能是通假字。

上引諸家均將簡16之“嗇”與簡15反“新借（造）辻（卜）尹不爲其譺（察），不慭”之“慭”相關聯，這是十分正確的。但是除史傑鵬外，其他諸家均將簡16之“嗇”亦釋爲“慭”，顯然不確。史傑鵬認爲兩者是通假關係，正確可從，但其認爲簡16之“嗇”字从“豙”得聲，則亦不確。

在字義解釋方面，李零、林素清和蘇建洲等人分别指出簡16之“不嗇（慭）”與簡15反之“不慭”爲“不服”“不肯”“不甘”“不願”“不悦”等義，結合前引清華簡《繫年》和《芮良夫毖》兩處“慭”字的用法來看，包

①陳偉《包山楚簡初探》（1996:29）、周鳳五《包山楚簡〈集箸〉〈集箸言〉析論》（1996:36–37）和李零《李零自選集》（1998:136）均認爲簡15反這段簡文是對上面簡15–17簡文的“摘要”。

②周鳳五《包山楚簡〈集箸〉〈集箸言〉析論》（1996:37）指出簡16反是楚王交辦的記録。

③原文之“迅”字，字形作“[illegible]”，據上博簡和清華簡等新材料，知過去所釋之“迅”當隸定爲“辻”，或即“赴”字異體。

山簡此兩處之“暬（慹）”和“慹”字似亦均當以訓爲“悦”爲是。以“悦”義解之，兩處簡文均文從字順。事實上，最初包山簡的整理者（1991:42）雖未對簡16之“暬”作出正確釋讀，亦未將之與簡15反之“慹”相關聯，但其對簡15反“慹”字的解釋其實是合理可信的，在原書注【50】中云：“慹……《説文》有慹字作□，與簡文形似。《説文》：‘一曰説也’。”可惜並未引起諸家的充分重視。

最後，筆者對“猌”字構形再簡單談點看法。前引《説文》認爲“猌”是“从犬來聲”的形聲字，同時指出該字“讀又若銀”。大小徐本相同。但上古音“來”爲來母之部字，“銀”爲疑母文部字。兩字古音不近，故段玉裁《説文解字注》指出“此从犬來會意。聲字衍。當删”，朱駿聲等亦持有類似觀點①，均認爲“來”不當用作聲符，而以會意字解之。但該字到底會何意或如何會意，諸家均未作出解釋。另外值得注意的是，《説文》原文是“讀又若銀”，有“又”字。段《注》等認爲“又字衍”，但真實情況也許可能“又”字不衍。如果是確實不衍的話，説明許慎原本就認爲該字有兩個讀音，但該字到底如何分析字形，仍需今後進一步思考。

附記：

文章完成後，近日沈奇石同學閲讀本文初稿，提醒筆者在吴鎮烽編著的《商周青銅器銘文暨圖像集成（三編）》（2020:84-86）一書中著録有一件私人收藏的西周晚期銅器申仲暬簋，該器銘文中有一人名用字，共出現六例，字形見下表3：

表3

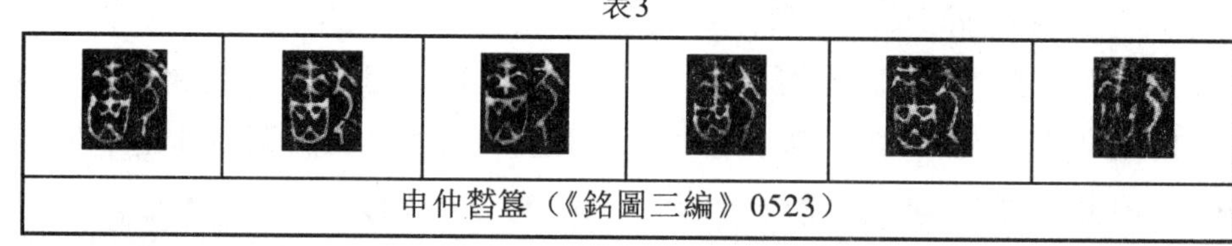

申仲暬簋（《銘圖三編》0523）

該字在西周金文中首次出現，其左下所从正是“齒”字，亦爲西周金文中首次出現。該字的出現十分重要，其“齒”形寫法與前引甲骨文之“齒”字一脉相承，亦爲前引戰國秦系文字“齒”字下部所从所本，且與前引西周金文“△”字左下所从字形明顯不類，亦可證將前引西周金文之“△”字隸定爲“暬”是正確的。該字正是前文黄德寬所釋之“⿱埶齒”字。《玉篇・齒部》：“⿱埶齒，笑也。齒齊也。”《集韻・諄韻》：“⿱埶齒，笑露齒。”《集韻・欣韻》：“⿱埶齒，

①參看丁福保：《説文解字詁林》（1988:9779-9780）。

齒出皃。”《集韻 • 準韻》：“⿱犾齒，《博雅》：‘笑也。’一曰齒齊。”《集韻 • 隱韻》：“⿱犾齒，笑也。”

該字的出現還牽扯到前引包山簡之“ ”字以及清華簡“ ”“ ”二字上部所从是否亦當釋爲“⿱犾齒”。筆者認爲，這種可能性也是存在的，但這並不影響筆者利用“ ”字以及“ ”“ ”二字上部所从與“△”字進行比較，也不影響筆者後面結論的得出。

**引書簡稱表**

| 集成 | 殷周金文集成 | 銘圖三編 | 商周青銅器銘文暨圖像集成（三編） |
|---|---|---|---|

**參考文獻**


白於藍　2017　《簡帛古書通假字大系》，福建人民出版社。

白於藍（主編）　2021　《先秦璽印陶文貨幣石玉文字彙纂》，福建人民出版社。

陳漢平　1993　《金文編訂補》，中國社會科學出版社。

陳　偉　1996　《包山楚簡初探》，武漢大學出版社。

陳偉等　2009　《楚地出土戰國簡册（十四種）》，經濟科學出版社。

戴家祥　1995　《金文大字典》，學林出版社。

丁佛言　1988　《説文古籀補補》，中華書局。

丁福保　1988　《説文解字詁林》，中華書局。

董蓮池　2011　《新金文編》，作家出版社。

湖北省荆沙鐵路考古隊　1991　《包山楚簡》，文物出版社。

黄德寬（主編）　2007　《古文字譜系疏證》，商務印書館。

黄德寬（主編）　2017　《商代文字字形表》，上海古籍出版社。

黄德寬（主編）　2017　《西周文字字形表》，上海古籍出版社。

黄德寬（主編）　2017　《戰國文字字形表》，上海古籍出版社。

孔婷琰　2021　《戰國楚簡文字編（非古書類）》，華東師範大學碩士學位論文。

李　零　1998　《李零自選集》，廣西師範大學出版社。

李守奎　2003　《楚文字編》，華東師範大學出版社。

李守奎　賈連翔　馬　楠　2012　《包山楚墓文字全編》，上海古籍出版社。

李學勤（主編）　2011　《清華大學藏戰國竹簡（貳）》，中西書局。

李學勤（主編）　2012　《清華大學藏戰國竹簡（叁）》，中西書局。

林素清　2007　《説愁》，《古文字與古代史》（第1輯），“中研院”歷史語言研究所。

林義光　2017　《文源》（標點本），林志强標點，上海古籍出版社。

劉信芳　1998　《從夋之字彙釋》，《容庚先生百年誕辰紀念文集》，廣東人民出版社。

劉　釗　2011　《古文字構形學》（修訂本），福建人民出版社。

劉　釗（主編）　2014　《新甲骨文編》（增訂本），福建人民出版社。

馬承源（主編）　2012　《上海博物館藏戰國楚竹書（九）》，上海古籍出版社。

馬叙倫　1985　《説文解字六書疏證》卷十九，上海書店出版社。

容　庚　1959　《金文編》，科學出版社。
容　庚　1985　《金文編》，中華書局。
史傑鵬　2005　《包山楚簡研究四則》，《湖北民族學院學報（哲學社會科學版）》第3期。
蘇建洲　2014　《上博九〈靈王遂申〉釋讀與研究》，《出土文獻》（第五輯），中西書局。
文炳淳　2000　《包山楚簡官名補釋五則》，“第一屆出土文獻學術研討會”論文，“中研院”歷史語言研究所。
吴鎮烽　2020　《商周青銅器銘文暨圖像集成（三編）》，上海古籍出版社。
周鳳五　1996　《包山楚簡〈集箸〉〈集箸言〉析論》，《中國文字》（新21期），臺灣藝文印書館。

## Supplementary Interpretation of the Character *Yin* (朁)

Bai Yulan & Wang Ziyi

**Abstract:** This article interprets a knotty character in the bronze inscriptions of the Western Zhou dynasty. Based on previous studies, the article suggests that this character should be clerically transcribed into *yin* (朁), after analyzing the character *chi* (齒) of the Qin lineage of writing in the Warring State Period and the characters in the Tsinghua Bamboo Slips which take this character as their phonetic component. Also, in combination with the usage of relevant characters in the Tsinghua Bamboo Slips, the article indicates that the character in the Baoshan Bamboo Slips should be interpreted as *yue* (悦).

**Key words:** *Yin* (朁); *Chi* (齒); *Jiu* (臼); *Yue* (悦)

（白於藍、王子怡，華東師範大學中國文字研究與應用中心　上海　201100）

# 説“杯”*

陳斯鵬

**摘　要**：由安大簡《詩經》“杯”爲今本“副”之異文，及銅器自名“䙮”“咅”讀爲“桮”，可以推斷“杯”衍“不”聲。清華簡拾《四告》“杯益增多”應讀“倍益增多”，由此推論西周金文中的“不杯”“不䙮”均應讀爲“丕倍”，是大而多之意，多用作定語以修飾“休”“魯休”“元德”等詞，也可作狀語以修飾動詞或整個句子形式。“杯”字構形即以兩花柎表達雙倍之意。《尚書》中的“丕丕”有可能原本寫作“不杯”，後世轉寫之時因誤讀而寫成“丕丕”。

**關鍵詞**：西周金文；安大簡；清華簡；杯；倍

## 一

西周金文中有“不（丕）杯”一語，至今凡十餘見，其典型文例如下：

（1）敢對揚天子不（丕）杯休。　　　　（長囟盉　《集成》09455）

（2）敢對揚皇不（丕）顯天子不（丕）杯休。（紳鼎　《銘圖》02441）

（3）對揚天子不（丕）杯魯休。　　　　（虎簋蓋甲　《新收》633）

（4）番生不敢弗帥型皇祖考不（丕）杯元德。

（番生簋蓋　《集成》04326）

“不（丕）杯”用作“休”“魯休”“元德”等的修飾語。“杯”字或增繁作“䙮”（例見下）。“不”讀“丕”，訓大，没有疑問。但“杯”却一直未有善解。過去影響較大的主要有兩種意見，一是讀爲“顯”，二是讀爲“丕”。

讀“顯”之説的提出，主要是因爲西周金文中多見“不（丕）顯休”“不（丕）顯魯休”，“杯”之位置與“顯”相當而已，其實並没有任何文字學上的證據。且正如夏宸溥（2021）所指出，許多銘文中“不（丕）杯”“不（丕）

*本文是國家社科基金重大項目“上古漢語字詞關係史研究”（22&ZD300）、古文字與中華文明傳承發展工程規劃項目“《新見金文字編》增訂本”（G3215）和貴州省哲學社會科學規劃國學單列課題“21世紀新見商周金文疑難字詞考釋”（21GZGX06）的階段性成果。本文初稿曾在“紀念陳樂素教授誕辰120周年暨全國高校古委會第四届青年學者學術研討會”（暨南大學，2023年6月17—18日）上宣讀。

顯”同時出現，“㔻”與“顯”應是不同的兩個字；而“不（丕）㔻”和“不（丕）顯”的用法也存在差別，前者一般用以修飾“休”“德”等抽象概念，後者除此之外還常可用以修飾具體的人物稱謂，像上引例（2）“不（丕）顯天子”與“不（丕）㔻休”連用，便是鮮明的對照。

讀“丕”之説主要是將之同《尚書·大誥》“弼我丕丕基”和《立政》“以並受此丕丕基”聯繫起來，把“不㔻”讀爲“丕丕”，訓大。但其實，早就有學者指出“丕丕”寫作“不㔻”不符合古文字中重文的處理方式，夏宸溥（2021）已有引述，可參看。

可見，讀“㔻”爲“顯”或“丕”都是很可疑的。

## 二

近年新出古文字材料爲金文“㔻”字的釋讀提供了新的綫索。先看安大簡《詩經》中的“㔻”：

（5）君子偕壽，㔻幵六加。（安大簡《詩經》簡87）

簡文“㔻幵六加”對應今本《詩經·鄘風·君子偕老》的“副笄六珈”。顯然“㔻”音讀通“副”。這則異文材料明確了“㔻”的語音定位。“㔻”屬於陳偉武（1997）所討論的“同符合體字”。有一部分同符合體字的語音是衍自其基本字符的，如“哥”衍“可”聲，“赫”衍“赤”聲，“所”衍“斤”聲，“兟”衍“先”聲，等等。從“㔻”可通“副”來看，顯然它也應該屬於這種類型，即衍“不”聲。“不”屬幫母之部，“副”屬滂母職部，古音極近，故可通。

其次看新出春秋早期器伯克父盨所見“㔻”之繁體“嚭”：

（6）唯伯克父甘婁，自乍（作）拜嚭，用盛黍稷稻粱，用之征行，其用及百君子宴饗。（伯克父盨　《銘續》0474-0475）

盨銘“嚭”字用爲器物盨的自名無疑。田率（2017）、黄錦前（2019）等主張將“嚭”直接讀爲“盨”。“盨”爲心母侯部字，“不”聲系雖然可與侯部字發生關係（如“不”本爲花柎之“柎”之象形初文，“不”分化出“否”，而“否”又分化出“咅”，“柎”“咅”即屬侯部字），但其聲母爲唇音，却與齒音心母間隔頗遠，故讀“嚭”爲“盨”實有困難。其實，徐中舒（1933:487）早已從實物形制演變的角度，論證了“戰國以下之桮，即盨之遺制”，其説可信。夏宸溥（2021）更在徐説基礎上，結合上述安大簡提供的“㔻”的語音綫索，直接將盨銘“嚭”字讀爲“桮”，顯然是可以成立的。也就是説，至遲在春秋早期，人們已經對盨這種器物用了一個别稱，叫作“桮”；而戰國以下，形制脱胎自盨的橢圓形有對稱雙耳的所謂“耳桮”，即沿襲“桮”這個名稱。

其後新發現的另一件春秋早期器曾太保盨，其自名作“否”①：

（7）唯曾侯賜太保弁雝攸金，廼用自作薦否。（《追回的寶藏》32）

“否”字原作，材料發表者釋作“䝮（肆）”，顯誤。“否”同樣可以看作“砙”的繁體，也應該讀爲“桮”。

由上述新見用字現象，完全可以確定“砙”衍“不”聲，故有研究者循此路綫重新審視金文“不（丕）砙”的釋讀。徐在國（2019）讀“砙”爲“福”，謂“丕福”即大福之意。此説得到抱小②、夏宸溥（2021）等的贊同。

但是，驗諸金文文例，我們却發現徐説在語法和語義上是有問題的。從語法上來看，比照習見的“不（丕）顯休”，不難判斷“不（丕）砙休”中的中心語應該是“休”，“不（丕）砙”和“不（丕）顯”一樣，應是“休”的修飾語。過去許多學者將“砙”同“顯”完全等同起來的意見雖然不對，但對其語法結構的理解却是正確的。徐説將“砙（福）休”分析成同義連用，作中心語，“不（丕）”作“砙（福）休”的修飾語，語法不合。從語義上來看，如將例（1）等的“對揚天子不（丕）砙休”解釋成“答謝頌揚天子的大福”，也頗覺勉强。尤其是例（4），説帥型皇祖考的“元德”没問題，但要是説帥型皇祖考的“大福”，就很難講得通了。

當然，還有一點，就是西周金文中“福”這個詞極爲常見，其記録形式也相當穩定，一般都作“福”。“砙”“福”還可以同見於一篇銘文，如善鼎（《集成》02820）即是。從這個角度來説，“砙”讀作“福”的可能性也是不大的。

所以，金文“不（丕）砙”之確解，尚需别爲探尋。

## 三

新出清華簡拾《四告》也出現“砙”字，語境限定性較强，頗有助於問題的解决：

（8）式俾皇辟有粺，天子賜我林寶、金玉庶器，釐贛饔饑，砙益增多，勿結勿期。（清華簡拾《四告》簡22-23）

①此條材料蒙古廣政君提示，志此申謝。

②參見抱小《釋清華簡〈四告〉篇中的一個同義複詞》，復旦大學出土文獻與古文字研究中心網站，http://www.fdgwz.org.cn/Web/Show/4705，2020年12月1日。

這段簡文的大意是明確的，就是祈願天子對“我”多加賞賜，無窮無盡。黄德寬等（2020:119）援引徐在國（2019）説，讀“坏”爲“福”，意義並不切合。抱小認爲“坏益”應是一個同義複詞[①]，謂“坏”可讀爲“陪”或“培”“附”“坿”，並引《廣雅·釋詁一》“附、坿、陪，益也”爲證。此説顯然是頗有道理的。然循音義以求，似不若讀“倍”更爲妥帖。“倍”與“陪”“培”等同一聲系，且均可訓益，故王力（1982:103-104）以“倍”與“陪”“培”爲同源詞，應是可信的。但“陪”“培”等之訓益，側重於指附益，而不等同於一般意義上的增益，其適用場合與“倍”微有差别。“倍”由加倍、倍增之義，引申可泛指一般的增益。《左傳》僖公三十年：“焉用亡鄭以倍鄰？”杜預注：“倍，益也。”《國語·楚語上》：“子爲我召之，吾倍其室。”韋昭注：“倍其室，益其家也。”《戰國策·齊策三》：“今王不亟入下東國，則太子且倍王之割而使齊奉己。”鮑彪注：“倍，多於前。”《集韻·隊韻》：“倍，加也。”然則“倍益”爲同義複合詞。古書中正有“倍益”聯合之例，如：

聞此消息，倍益憂慮。　　（車永《與陸士龍書》）

又或調换語素順序作“益倍”：

兩主俱幸君，君富貴益倍矣。　　（《史記·酈生陸賈列傳》）
顒軍見澹等無繼，氣益倍。　　（《晉書·劉沉傳》）

用例雖略晚一些，也可資參證。

清華簡《四告》篇連用“倍益”“增多”兩個同義複合詞，包含四個同義語素，是一種强調的表達。

由此反觀金文“不坏”，也應該讀爲“丕倍”。“丕倍休”就是大而多的休賜、休美，“丕倍元德”就是大而多的元德，文意均頗感順洽[②]。

## 四

西周金文“不（丕）坏”“不（丕）䂫”除了用作“休”“魯休”“元德”的定語外，還有一些别的用法，需要略作討論。

---

① 參見抱小《釋清華簡〈四告〉篇中的一個同義複詞》，復旦大學出土文獻與古文字研究中心網站，http://www.fdgwz.org.cn/Web/Show/4705，2020 年 12 月 1 日。

②安大簡《詩經》“坏”與今本“副”爲異文，而《吕氏春秋·過理》：“寡人自去國居衛也，帶益三副矣。”高誘注：“副或作倍。”則“倍”與“副”爲異文，這似也可看作對讀“坏”爲“倍”有利的一條間接旁證。但這兩處文例的具體解釋尚可討論。

（9）唯九月，在炎師。甲午，伯懋父賜召白馬毒（督）黃髮𢼸（？），用黑（牧）。不（丕）𠀚（倍）召多用追于炎。不（丕）𤔲（肆）伯懋父友召萬年永光，用作團宮旅彝。（召尊 《集成》06004）

（10）班拜稽首曰：嗚呼，不（丕）𠀚（倍）丮皇公受京宗懿釐，毓文王、王姒聖孫，登于大服，廣成厥功。（班簋 《集成》04341）

（11）唯正月既生霸乙未，王在周，周師光守宮，使裸。周師不（丕）𠭰（倍）賜守宮絲束、蘆䌰五、蘆冟二、馬匹、毳布三、𦋞㚸三、𨥩朋，守宮對揚周師釐，用作祖乙尊，其世子子孫孫永寶用，勿遂（墜）。

（守宮盤 《集成》10168）

例（9）召尊“不（丕）𠀚”所在的文句，歷來在釋字、斷句和文意理解上均存在分歧。釋字方面，其中“黑”字原作，同銘之召卣（《集成》05416）作、，唐蘭（1986:281）釋“莫”，讀爲“熯”或“戁”，訓敬；王曉鵬（2009）改釋“黑”，又據甲骨文“黑”“莫”通用之例，而仍從唐説讀“熯”或“戁”，訓敬；其他諸家則多以爲不識字。句讀方面，陳夢家（1955=2004:31-32）、唐蘭（1986:279-280）、馬承源等（1988:99）、王輝（2006:86-88）、王曉鵬（2009:71）等均以“用黑不（丕）𠀚”爲句；徐在國（2019:225）則以“用黑不（丕）𠀚召多”爲句。文意理解方面，唐蘭（1986:280）意譯爲“用以大大恭敬”；王曉鵬（2009:71）解釋爲“用敬丕顯（之事）”；其他諸家，包括徐在國（2019），則多未作明確解説。

今按，比較甲骨、金文中大量明確的“黑”字，即可明瞭王曉鵬釋召尊、召卣“黑”字是正確的①。諸家多以“用黑”連“不（丕）𠀚”而讀，文意均難順適。實際上，“用黑”二字應承接上文賜馬之事而言，此二字下應該讀斷。西周金文記賞賜物品之後，常常會接言“用……”來説明所賜之物的用途或受賜者對該物的處理，其例至多。這裏只舉出二例與召器一樣涉及賜馬的，以作參照：

唯八月初吉丁亥，伯氏䞍敳，賜敳弓、矢束、馬匹、貝五朋，敳用從。（敳簋 《集成》04099）

唯十又二月初吉壬午，叔氏使貧安㠱伯，賓貧馬轡乘，公貿用牧，休𩵦（鮮）②。用作寶彝。（公貿鼎 《集成》02719）

敳簋言敳對“馬匹”等物的處理是“用從”，公貿鼎言公貿對“馬轡乘”的處理是“用牧”。召器“用黑”所處地位與“用從”“用牧”相當，我認爲

①近出金文工具書江學旺（2017:429）已采納此説。

②陳英傑（2009:423）訓“𩵦（鮮）”爲“善”，可從；但以“牧休鮮”連讀，謂“牧蓋指所主之事”，則非是。

就應該讀作“用牧”。古“黑”“牧”音近可通。神話傳説人物“力牧”，馬王堆帛書《十六經》多見，寫作“力黑”。郭店楚簡《窮達以時》簡7“爲伯牧牛”之“牧”寫作“𤙭”，以“黑”爲基本聲符。這些都是可以佐證的材料。召器銘文言伯懋父賜召以白馬[①]，召用以牧馭驅使，順理成章。

切割了與“用黑（牧）”的糾纏之後，“不𣆪”顯然須連下而讀。我認爲應該以“不𣆪召多用追于炎”爲句。“不𣆪”仍可讀爲“丕倍”，但這裏不是用作定語，而是用爲整個句子的狀語。“丕倍召多用追于炎”，意思是：召要多多地用此寶馬追擊敵人於炎地。雖然後面已有“多”字修飾“用追于炎”，但整個句子再冠以一個狀語“丕倍”，更加能突出表達受賜者召極願加倍效力的態度。“追于炎”這種“追于”加地名的表述，可參昌鼎（《新收》1445）“追于倗”、五年師旋簋（《集成》04216）“羞追于齊”、多友鼎（《集成》02835）“羞追于京師”等。後面“不（丕）䜌（肆）伯懋父友召萬年永光”一句，“丕肆伯懋父友”與“召”是同位語充當句子的主語，召的身份應是伯懋父的友。過去許多學者以“召多用追于炎不（丕）䜌（肆）伯懋父友”爲句，並把“友”讀爲“賄”，唐蘭（1986:280）翻譯爲“召多用以追着頌揚在𨙸師開展的伯懋父的贈賄”，彆扭難通，殊不可信。

例（10）班簋“不𣆪丮皇公受京宗懿釐”一句，郭沫若（1935=1999:22）、陳夢家（1955=2004:27）、王輝（2006:100）等以“不𣆪”爲“丮皇公”的修飾語，或讀“丕顯”，或讀“丕丕”。本文第一節已談到，在用作人物稱謂修飾語的時候，一般用“丕顯”而不用“不𣆪”，所以此思路恐不可從。唐蘭（1986:347-348）、馬承源等（1988:109-110）則以“不𣆪丮皇公受京宗懿釐”爲句，並釋“丮”爲“揚”之省，唐氏翻譯作：“大大地稱揚皇公受京宗的美福。”以“不𣆪”爲狀語，顯然較以之爲定語合理，但以“丮”爲“揚”之省並無實據，而且，金文“揚……”句式中“揚”的後接成分，基本上都是“天子休”這樣由“主+謂”結構轉化而成的偏正式的動名詞，極少數保留“主+謂+賓”結構，如唐叔虞方鼎（《新收》915）“揚王光厥士”，無論如何，這個後接成分都是一種主動式的表述，從未見有像“皇公受京宗懿釐”這樣的被動式表述的。所以，此思路恐怕也是不行的。

其實，班簋“不𣆪”仍應讀“丕倍”，作“丮皇公受京宗懿釐”的狀語，整句的大意是，毛伯班之先公受周宗室之嘉賜大而且多。

其中“丮”字的具體含義不易确定。過去曾有過多種猜測，均不能令人信服，此不具引，詳細情況可參謝明文（2018）。謝氏則根據甲骨文和金文中“丮”字

---

① “白馬”後之“毒（督）黄髮（？）”是對此白馬毛色的進一步描寫。“毒（督）”字之釋，參看陳劍（2020:212-213）。

形偶可當作“夙”使用的現象①，並參考高鴻縉、陳劍等人意見，認爲“丮”有“夙”音②；再由“夙”音出發，對班簋“丮”提出讀“朕”或讀“淑”兩種可能③。今按，如果此“丮”確實也是被當作“夙”使用的，則似可不必輾轉讀破。“夙”之常訓是早。這裏不妨據此也提出兩種可能的解釋：一是“夙皇公”指毛氏最早受封之先公。二是“夙”同“丕倍”一樣充當句子狀語，强調皇公早年多受周宗室之嘉賜。從後世的語序習慣看，時間狀語“夙”一般應緊接於動詞“受”之前，但早期漢語語序較靈活，“夙”可提至主語之前的可能性似不能完全排除。

例（11）守宫盤文，諸家多在“不𦉜”下點斷，只有唐蘭（1986:380）將“周師不𦉜賜守宫絲束……”作一句讀。當以唐氏斷句爲是。“不𦉜”仍應讀“丕倍”，用作動詞“賜”的狀語，言賞賜之大而多。從所列舉賞賜物品種、數量之多，也可印證“丕倍”的形容。

## 五

綜上所論，清華簡拾《四告》“坏益增多”應讀“倍益增多”，西周金文中的“不坏”“不𦉜”均應讀爲“丕倍”，是大而多之意，多用作定語以修飾“休”“魯休”“元德”等詞，也可作狀語以修飾動詞或整個句子形式。

從“坏”之普遍用爲“倍”，我們似可對其構形理據作一點推測。陳偉武（1997:111）曾指出同符合體字有“表駢偶義”一類，如“雔”“朋”“孖”“雙（雙）”等。又“㼌（偶）”“𣝶（曹）”也屬此類。“坏”之構形表義方式當與此相類似，以兩“不”形並列來表示雙倍之意，疑即爲“倍”這個詞而造的。“不”字作、，蓋上象花之子房，下象花冠，一般聯繫《詩經·小雅·常棣》“常棣之華，鄂不韡韡”，釋爲花柎之“柎”的象形初文，應屬可信。“坏”字即以兩花柎表達雙倍之意④。“坏”字已見於殷墟甲骨文（《甲骨文合集》18782），但辭殘，是否用爲“倍”，無法判斷。但西周金文“不（丕）坏”和清華簡《四告》的“坏益增多”中的“坏”均用爲“倍”，則是

①例如，《合》33413“弜丮”相當於《合》27915“弜夙”；《合》34621“丮祼”相當於《屯》203“枫（夙）祼”；《銘續》981仲旬人盉：“其用丮（夙）夜享于厥宗。”

②謝明文（2018:37）説“‘夙’應是一個從‘夕’，‘丮’聲的形聲字”，謝明文（2018:41）又説“至於這個‘夙’音是‘丮’字本來就有的還是因從‘夙’中割裂出來而繼承其讀音，則有待研究”，立場似尚稍有猶疑。我則更傾向於用作“夙”之“丮”是“夙”字落其“夕”旁的省訛之體。

③謝明文（2022:266）放棄讀“朕”一説。

④盨之異稱“桮”初寫作“𦉜”“㕻”，疑也跟“倍”存在語源聯係，或即取義於其雙耳對稱之形。

可以肯定的。

郭店楚簡《老子》甲1："絶智棄辨，民利百伓（倍）。"這是以往所見古文字資料中確認的較早出現的雙倍之"倍"這個詞，用"伓"字來記録。嶽麓秦簡《數》"倍"這個詞多見，已用"倍"字記録，後逐漸成爲習慣（漢初簡帛還有"負"等不同的記録字形）。"伓"字在古文字中多用爲背膂之"背"，應分析爲从"人"，"不"聲，爲"背"之異體；"倍"字則應是"伓"字的繁體。背膂之"背"與倍反之"倍"音義同源。《説文·人部》云："倍，反也。从人、咅聲。"以"倍"爲倍反本字。倍反之"倍"和雙倍之"倍"是否存在語源聯係，尚待研究。以"伓""倍"表示雙倍之"倍"，或許暫看作假借用法較爲穩妥。如本文所論可信，則可將雙倍之"倍"這個詞在古文字資料中出現的時代上推到西周，並爲它找出一個原始的本用的記録字形，這在字詞關係史上也是有意義的。

最後，談一談我對《尚書》"丕丕"的看法。《大誥》篇云："嗚呼！天明畏，弼我丕丕基。"又《立政》篇云："亦越武王，率惟敉功，不敢替厥義德，率惟謀從容德，以並受此丕丕基。""丕丕"二字，舊注一般以"大大"釋之。《爾雅·釋訓》也説："丕丕，大也。"長期以來，有不少學者將金文"不杯""不䂨"與此"丕丕"加以認同。但讀"不杯"爲"丕丕"之不合理，已見前述。今既讀"不杯""不䂨"爲"丕倍"，倒是有理由懷疑時代相近的《尚書》中的"丕丕"原本也寫作"不杯"，"不（丕）杯（倍）基"指大而多的基業，後世轉寫之時因誤讀而寫成"丕丕"。當然，"丕丕"别爲一詞的可能性也不能完全排除。

**引書簡稱表**

| 安大簡 | 安徽大學藏戰國竹簡 | 集成 | 殷周金文集成 |
|---|---|---|---|
| 銘圖 | 商周青銅器銘文暨圖像集成 | 銘續 | 商周青銅器銘文暨圖像集成續編 |
| 新收 | 新收殷周青銅器銘文暨器影彙編 | 追回的寶藏 | 追回的寶藏：隨州市打擊文物犯罪成果薈萃 |

**參考文獻**

陳　劍　2020　《釋金文"毒"字》，《中國文字》總第3期，萬卷樓圖書股份有限公司。
陳夢家　2004　《西周銅器斷代》，中華書局。
陳偉武　1997　《同符合體字探微》，《中山大學學報（社會科學版）》第4期。
陳英傑　2009　《西周金文作器用途銘辭研究》，綫裝書局。
郭沫若　1999　《兩周金文辭大系圖録考釋》，上海書店出版社。
黄德寬等　2020　《清華大學藏戰國竹書（拾）》，中西書局。
黄錦前　2019　《讀伯克父甘婁盨銘瑣記》，《中國國家博物館館刊》第4期。
江學旺　2017　《西周金文字形表》，上海古籍出版社。

馬承源等　1988　《商周青銅器銘文選》第三卷，上海古籍出版社。
隨州市博物館　隨州市公安局　2019　《追回的寶藏：隨州市打擊文物犯罪成果薈萃》，武漢大學出版社。
唐　蘭　1986　《西周青銅器銘文分代史徵》，中華書局。
田　率　2017　《内史盨與伯克父甘婁盨》，《青銅器與金文》（第1輯），上海古籍出版社。
王　輝　2006　《商周金文》，文物出版社。
王　力　1982　《同源字典》，商務印書館。
王曉鵬　2009　《釋召器銘文中的“[illegible]”字》，《中國歷史文物》第4期。
夏宸溥　2021　《試釋伯克父盨自名“䈂”》，《中國文字學報》（第11輯），商務印書館。
謝明文　2018　《説夙及其相關之字》，《出土文獻與古文字研究》（第7輯），上海古籍出版社。
謝明文　2022　《商周文字論集續編》，上海古籍出版社。
徐在國　2019　《據安大簡考釋銅器銘文一則》，《戰國文字研究》（第1輯），安徽大學出版社。
徐中舒　1933　《陳侯四器考釋》，《中央研究院歷史語言研究所集刊》第三本第四分，京華印書局。

## An Explanation of the Character *Bei* (抔)

Chen Sipeng

**Abstract:** The character *bei* (抔) in the Anhui University bamboo-slip *Classic of Poetry* is a variant of character *fu* (副) in its received version. *Bei* (䈂/㕻), the self name of a bronze, is read as *bei* (棓). From this, we infer that bei (抔) took *bu* (不) as its phonetic component. The phrase *beiyizengduo* (抔益增多) of the *Four Proclamations* (《四告》) in the *Warring States Bamboo Slips in the Collection of Tsinghua University (Vol. 10)* should be read as *beiyizengduo* (倍益增多). From this, we infer that the phrases *bubei* (不抔/不䈂) in the Western Zhou bronze inscriptions should be read as *pibei* (丕倍) , which means to be large and numerous. *Pibei* was often used as an attributive to modify words like *xiu* (休), *luxiu* (鲁休), and *yuande* (元德), and it can also be used as an adverbial to modify a verb or a whole sentence. The structure of character *bei* (抔) comprises two componets of *bu* representing the calyx of flower to express the meaning of double. The phrase *pipi* (丕丕) in the *Book of Documents* may have originally been written as *bubei* (不抔) , but in later times, it was transcribed into the form *pipi* (丕丕) due to misreading.

**Key words:** Bronze inscriptions of the Western Zhou dynasty; Anhui University Bamboo Slips; Tsinghua Bamboo Slips; *Bei* (䈂); *Bei* (倍)

（陳斯鵬，中山大學中文系　廣州　510275）

# 霸國族姓考

## ——兼論周代金文人名中的某生*

謝明文

**摘　要**：近年來，山西翼城大河口西周墓地出土了大量的霸國銅器，引起了學界的廣泛關注。關於其族姓，研究者意見紛紜。或認爲是被中原商周文化同化的狄人，或認爲是媿姓，或認爲可能是文獻所載的春秋時期的赤狄潞國，或認爲霸國就是文獻中所見的姞姓柏國。本文結合格伯簋等相關金文資料，指出霸國的族姓應是妘姓。並且還討論了周代金文中的人名“某生”，指出在學界影響很大的一種觀點認爲“生”字讀作“甥”，“生”前的“某”是舅家氏名的意見是有問題的。人名中的“生”宜看作是一個單純的私名，“生”既可以單獨作私名，也可以組成“生某”作雙字私名，還可以組成“某生”。“某生”者情形比較複雜，有的例子是作雙字私名，有的例子則是本人族氏+私名“生”。

**關鍵詞**：霸國；金文；格伯簋；妘姓；生

近年來，山西翼城大河口西周墓地出土了大量的霸國銅器，引起了學界的廣泛關注。關於其族姓，研究者的意見頗有分歧。或認爲是被中原商周文化同化的狄人（謝堯亭，2011:65-73；山西省考古研究所大河口墓地聯合考古隊，2011:9-18）。或認爲可能是媿姓，至遲在晚商時期倗、霸這兩個媿姓族群可能屬於商王朝的封國，他們與商王朝可能屬於同盟關係（謝堯亭，2021:7）。或認爲是“懷姓九宗”之一，媿姓（張天恩，2010:54-55；田偉，2012:6-11；劉緒，2013:126；韓巍，2014:388-406；張海，2018:207）。或認爲不是“懷姓九宗”，而是被分封的媿姓狄人族群（謝堯亭，2012:100-102；楊曉麗，2017:23-27）。或認爲可能是文獻所載的春秋時期的赤狄潞國（黃錦前、張新

*本文爲國家社科基金冷門絶學研究專項學術團隊項目“中國出土典籍的分類整理與綜合研究”（20VJXT018）、國家社科基金一般項目“商周甲骨文、金文字詞關係研究”（21BYY133）、教育部人文社會科學重點研究基地重大項目“基於先秦、秦、漢出土文獻的漢語字詞關係綜合研究”（22JJD740031）、上海市曙光計劃項目“周代金文構形研究與疑難字詞考釋”（22SG03）的階段性研究成果。本文曾宣讀於上海大學歷史系、上海市歷史學會、上海市社會科學聯合會舉辦的第二屆“出土文獻與古史史料學研究”學術研討會（2021年11月12-14日）。拙文蒙匿名審稿專家批評指正，謹此致謝。

俊，2015:105-111；李零，2018:45-46）。或認爲霸國有可能就是《左傳》僖公五年所見之柏國，姞姓[①]。戈

我們認爲探討霸國的族姓，應該從周代金文本身提供的内證入手。上述意見中，認爲霸是媿姓，完全没有金文方面的内證。認爲霸國是姞姓的主要證據是傳世的霸姞鼎（《集成》02184，《銘圖》01603，西周早期）、霸姞簋（《集成》03565，《銘圖》04329，西周早期）"霸姞作寶尊彝"之"霸姞"。周代金文女子稱謂中，姓前既可以冠以父家族氏，也可以冠以夫家族氏，"霸姞"如果屬於前者，那自可證實霸是姞姓。但它也完全有可能屬於後者，即"夫家族氏+姓"的格式，"霸姞"則是姞姓女子嫁往霸國者，就好比霸姬盤（《考古學報》2018年第2期第239頁，《銘三》1220，西周中期）的"霸姬"是姬姓女子嫁往霸國者，因此"霸"是否爲姞姓還有待進一步驗證。下面我們先來探討與霸國相關的四件傳世的格伯簋銘文：

> 唯正月初吉癸巳，王在成周，格伯A良馬乘于倗[②]生，厥賈卅田，則析，格伯履，殹妊彶佁厥從格伯按彶甸：殷厥剢雩谷杜木、邍谷旅桑，涉東門，厥書史戠武，立盉成壂，鑄寶簋，用典格伯田，其萬年子子孫孫永保用，𠁁。
>
> （格伯簋[③]，西周中期，《集成》04262-04265，《銘圖》05307-05310）

關於上引格伯簋銘文，我們重點討論兩個問題，一是器主到底是格伯還是倗生，二是關於倗生的稱名問題。

## 一、格伯簋器主揭示

關於這四件簋的定名，研究者意見頗分歧。如郭沫若（1999:82）、楊樹達（2004:10-11）、李學勤（1990:108；2005:356）等皆稱爲格伯簋。唐蘭（1976:31）、張亞初（1983:83-89）、連劭名（1986:78-81）、馬承源（1988:143-144）、劉桓（1993:258-262）、吴鎮烽（2006:251、259；

①馮時，2014:379-387。參看朱繼平：《翼城大河口霸國族屬初探》，復旦大學出土文獻與古文字研究中心網站，2012年3月1日，http://www.gwz.fudan.edu.cn/Web/Show/1791。

②此字舊釋一般作"倗"，實應徑釋爲"朋"（參看黄文傑，2000:278-281；李家浩，2013:366-369），本文爲了討論的方便以及與朋貝之朋相區别，仍按一般習慣將此字釋寫爲"倗"。

③《集成》04264、《銘圖》05307器銘脱"乎剢雩"3字，蓋銘脱"保"字。《集成》04262、《銘圖》05308器銘奪"涉"字，"子孫"下似無重文號。《集成》04263、《銘圖》05309奪"白（伯）履"至"雩"17個字。《集成》04265、《銘圖》05310）"孫"下無重文號。

2012a:461、464、467、469）、丁孟（2007:120-121）、董珊（2013:62）、謝堯亭（2013:289）等皆稱倗生簋。裘錫圭（2012a:31-32）先贊成將此器稱作倗生簋，後來（2012b:77-82；2012c:194）又認爲受田作器者是格伯，從而改稱格伯簋。研究者在定名問題上争論不已的一個重要原因就是對銘文中A的釋讀不同。A在四件簋銘中作如下之形：

A1 《集成》04264 蓋銘

A2 《集成》04262 器銘

A3 《集成》04262 蓋銘

《集成》04264 器銘

《集成》04265

A4 《集成》04263

關於A的釋讀，舊有“受”“假”“取”“叉”“爰”等不同釋法（參看裘錫圭，2012b:77-82；劉桓，1993:258-262；王晶，2012:59）。這些不同的釋法從語義上可分爲取類動詞或予類動詞，而“受”則包含施受兩個方面。贊同釋“取”或“接受”之“受”者，自然會將簋名稱作倗生簋。贊同釋“叉”或“授予”之“受”者，自然會將簋名稱作格伯簋。金文中另與A可能有關的有如下諸形：

它們所處文例如下：

（1）唯卅又一年三月初吉壬辰，王在周康宫夷太室，㗊比以攸衛牧告于王，曰：汝B我田，牧弗能許㗊比。王令眚史南以即虢旅，虢旅乃使攸衛牧誓，曰：敢弗俱付比，其沮斁分田邑，則殺，攸衛牧則誓。比作朕皇祖丁公、皇考惠公尊鼎，㗊攸比其萬年子子孫孫永寶用。

（㗊比鼎，西周晚期，《集成》02818，《銘圖》02483）

（2）唯卅又[一]年三月初吉壬辰，王在周康宫夷太室，㗊比以攸衛牧告于王，曰：汝C我田，牧弗能許㗊比。王令眚史南以即虢旅，虢旅乃使攸衛牧誓，曰：敢弗俱付㗊比，其沮斁分田邑，則殺，攸衛牧則誓。比作朕皇祖丁公、皇考惠公尊簋，比其萬年子子孫孫永寶用。
襄。 （㝬比簋蓋，西周晚期，《集成》04278，《銘圖》05335）

（3）唯王二十又五年七月既□□□，〔王在〕永師田宫。令小臣成友逆里[尹]□、内史無忌、太史旟。曰：章厥䝱夫D1㝬比田，其邑旃、쓰、䣝。復賄㝬比其田，其邑复歃、言二邑，畀㝬比。复厥小宫D2㝬比田，其邑彶眔句、商、兒，眔讎、弋。復限舍㝬比田，其邑競、楙、甲三邑，州、瀘二邑。凡復賄復付㝬比田十又三邑。厥右㝬比膳夫克。㝬比作朕皇祖丁公，文考惠公盨，其子子孫孫永寶用。襄。

（㝬比盨，西周晚期，《集成》04466，《銘圖》05679）

㝬比鼎、㝬比簋蓋銘文幾乎相同，完全可以肯定B、C是一字異體。D則是將上部的“爪”形省寫作兩指形“ㅅ”，又結合用法，可知它與B、C顯係一字異體。B-D皆是作上下各一手形，中間則是一曲筆形。B-D舊有“孚”“敵”“覓”“受”“寽”“釣[①]”“吒[②]”等釋法。裘錫圭（2012b：77-82）指出釋此字爲“孚”“敵”“覓”或“釣”，於字形、文義皆不合。釋“受”於文義勉强可通，但與字形不合。釋“寽”在字形上可以説是合理的，但與文義不合。裘錫圭（2012b：77-82）接着考釋了此字，他根據金文中“寽/寽”後來演變爲“寽”之例，認爲B-D也有可能演變作“𠬪”。還根據銘文中B-D是一個有付與之意的動詞以及前人關於“𠬪”象兩人手相付形，本義是付的意見主張B-D是“𠬪”字，並贊成郭沫若（1999：82）將格伯簋A釋作“𠬪”，認爲A-D這些“𠬪”，也許就可以讀爲訓“致”和“授”的“效”，至少可以看作它的一個音義皆近的同源詞。同時還認爲卯簋蓋（《集成》04327，《銘圖》05389，西周中期）“𠬪”以及所謂䱷尊（《銘圖》11807，《集成》06008，西周中期前段）“䱷”應該釋作“𠬪”或“寽”。裘錫圭（2012b：77-82）還認爲“𠬪”和“寽”這兩個詞應曾混用過相同的字形。

A3與C的聯繫是顯而易見的，因此裘錫圭（2012b：77-82）將他們聯繫起來是正確的。從字形看，它們皆作兩手形，中間一般作一直筆或一曲筆。前引諸説中，“受”“假”“孚”“敵”“覓”“釣”“吒”的釋法顯然與形不合。影響很大的釋“取”之説，只有A4左邊勉强有點接近耳形，比較可知，不難發現其左側所謂耳形只不過是中間的竪筆稍微接近左邊的爪形所致，因此釋“取”一説是應該徹底摒棄的。裘錫圭（2012b：77-82）根據金文中“寽/寽”後來演變爲“寽”即兩手形中間的部分後來丢失的現象認爲A-D演變作“𠬪”是合理的，

①前引諸家説法參看裘錫圭（2012b：77-82）。
②此説參看吴鎮烽（2012b：464）。

而且將它們釋作“叉”也非常符合文義。從字形與文義兩方面看，“叉”是目前諸説中最合理的，我以前一直堅信此説。但問題是，商代文字中有“”（父辛爵，《集成》08951，《銘圖》08337，商代晚期）、“”（叉聑觚，《集成》06934，《銘圖》09433，商代晚期）、“”（叉聑觚，《集成》06935，《銘圖》09434，商代晚期）等形（前一形如果只保留雙手部分，那麼它與後兩形的關係就猶如C與A3的關係，即上下竪置與左右横置之别），研究者一般亦釋作“叉”。如果僅從形體表意以及與小篆“叉”的偏旁對應來看，將上述商代族名金文釋作“叉”也是合理的。如此一來，就會産生一個問題，那就是爲何商代金文與小篆的“叉”雙手間皆無交付之物，而西周金文皆畫出交付之物呢？這是需要回答的。而且東周文字也缺乏“叉”的相關資料，A-D這些字形與小篆“叉”之間還缺乏字形演變的過渡環節，因此“叉”的釋法是否正確還有待進一步驗證。

如果僅從字形看，將A-D釋作“寽”是最有根據的①。A2中間作圓點狀，仔細分辨，A1中間亦有一小筆，黄德寬（2007:904）將它摹作“”，並認爲係小篆字形所本，這是不正確的。A2“”之於A3“”，猶如“（寽）”之於“（寽）”，A2竪置（順時針旋轉九十度）則與“”同，A3竪置（順時針旋轉九十度）則與“”同。A2“”之於“”、A3“”之於“（寽）”，猶如“”之於“”②。B“”、D2“”中間作類似“乙”形，可能即小徐本从乙聲的“”［大徐本从“己”作“（㲋）”］。《説文》此字與从“寽”聲的“鋝”等字讀音同。如果A-D確是“寽”字，據金文，“寽”“”本係一字異體，《説文》則分爲兩字。A-D釋作“寽”，雖從字形方面看最爲合理，但讀爲哪一個詞則還有待進一步的研究。

暫且拋開A-D的具體釋讀，僅從語義的角度看，裘錫圭（2012b:77-82）已指出B-D有付與的意思，可從。特别是㪤比盨“凡復賄復付㪤比田十又三邑”，十又三邑是指㪤比先後從貴族“章”和貴族“复”處總共得到十三個邑③。“復賄”之“賄”指的是銘文中“復賄㪤比其田，其邑复㱃、言二邑，畀㪤比”之

①前引劉桓（1993:258-262）據舊將甲骨文、金文中的“”類形釋作“爰”字的意見，將A釋作“爰”，字形方面似乎有一定道理。但A2中間作圓點狀，由圓點狀演變爲一横或一竪筆皆很自然，反之，由一竪筆演變爲圓點則不自然。更何况金文中確定的“爰”字，如虢季子白盤（《集成》10173，《銘圖》14538，西周晚期）作“”、曾侯與鐘（《銘續》1034，春秋晚期）作“”，兩手形中間皆作類似“帀”類形。“”與“”之間還缺乏字形演變的相關資料，前者能否釋作“爰”還有待進一步認定。因此，我們不贊成將A釋作“爰”的意見。

②參看李宗焜（2012:1231-1243）。

③參看吴闓生（1963:5）；裘錫圭（2012b:77-82）；黄天樹（2006:464-470）。

“賄”，“復付”之“付”則包括銘文中的D、“畀”“舍”，這是D有付與義的强證。又B、C，據文義，用的也是付與義。既然B-D是付與義，那與它們是一字異體且詞例與D基本相同的A表示付與義是非常自然的。研究者或將A所在之簋稱倗生簋，以爲受田作器者是倗生，但“格伯A良馬乘于倗生”這一句後，倗生不再出現，而格伯反復出現，明顯不合情理。既知A是付與義，那整篇銘文講述的就是格伯給予了倗生價格相當於三十田的良馬，倗生用田交换，格伯帶人勘定田界，並且作寶簋用來記録自己受田一事，這都是順理成章的。受田作器者是格伯，器名當稱格伯簋。善夫克盨（《集成》04465，《銘圖》05678，西周晚期）、大克鼎（《集成》02836，《銘圖》02513，西周晚期）出自同一窖藏，盨銘“王令尹氏友史趛典膳夫克田人”的“田人”指的可能是鼎銘周王所賜的各種田與人，典是記録一類意思。周王所賜的各種田與人已歸克所有，因此盨銘可稱“膳夫克田人”。“用典格伯田”與“典膳夫克田人”可合觀，由後者可知前者的“典”也應是記録一類意思，作器時“田”應歸屬格伯，也就是説“田”原不屬於格伯而是屬於倗生，這也能反推出A是給予一類意思。如果A是取類動詞，那是格伯從倗生那獲取良馬後，格伯用田交换，作器者應是倗生，作器時“田”應歸屬倗生，以“典膳夫克田人”例之，應説成“用典倗生田”才合理。因此，據“用典格伯田”“典膳夫克田人”也可推出A是給予一類意思，作器者應是格伯。

## 二、倗生及金文某生的分析

金文人名中的“某生”之“生”，林澐（1980:124；1998:159；2019:23）在考釋琱生簋銘文時，根據琱生與召伯虎同宗，指出“金文人名中‘某生’之‘生’，均當讀如典籍所見人名中‘某甥’之‘甥’。琱生當是其母爲琱氏之女而得名”。張亞初（1983:83-89）搜集了金文人名中的“某生”資料共48例（同人所作的數器皆重複計算），並作了詳細討論，同樣認爲這種“生”字當讀作“甥”，“生”前的“某”是舅家氏名。張亞初（1983:83-89）的論證過程先是指出翏生、周生、陳生、蔡生、虢生等某生的“生”前一字都是比較明顯的族氏名。接着又論證某生之某氏與其本人的族氏並不相同。論證材料有番生簋之“番生”、倗生簋（即我們所稱的格伯簋）之“倗生”、琱生簋之“琱生”三例。張亞初（1983:83-89）根據銘文所述，番生既要管理西周王朝的公族，擔任相當於後世的公族大夫的職務，同時還要管理卿事僚、太史僚所掌管的政務、軍務、財務、宗教、文化等事務，而周王朝的公族大夫的職位一般只能由與周王同姓的貴族來擔任，番生本人當是周王的同姓顯貴。而國族名“番”

據金文是妃姓，因此番生之番氏與番生本人的姓氏顯然是不同的。倗生簋作器者是倗生，銘末有族氏徽號“𠁩”，“𠁩”可能是周字的原始字，應是周氏特有的徽識。倗生本人是姬姓的周氏的人［引者按，張亞初（1983:83-89）此處將本屬於妘姓的周混同於姬姓的周］，而國族名“倗”據金文是媿姓，因此倗生之倗就不是倗生本人的族氏名。琱生簋中琱生與召伯虎同宗，琱生是姬姓的召氏的人。而族名琱是妘姓，因此琱生之琱也並不是琱生本人的族氏名。張亞初（1983:83-89）據此推論既然某生之某氏與其本人的族氏並不相同，那麼，唯一合理的解釋，某生應該理解爲某甥，即某族氏之甥。某氏之某，是用來説明生（甥）的。某族氏之甥，這是表示某種社會親緣關係的稱呼，是廣義的人名，而不是一種狹義的私名。並根據“某生某”即“陳生寉”一類的結構，認爲某生之後附以私名，這清楚地表明，某生只能看作是廣義的人名。李學勤（1985:31-34；1999:302-308；2005:360-366）則認爲金文某生哪些可讀爲甥，需具體分析，並以“某生某”即“齊生魯”這一類爲例，認爲這類“生”前面的“某”是本人的氏，非舅家氏名，“齊生魯”應爲齊氏。張亞初（1983:83-89）的意見影響很大，因此研究者一般認爲倗生之生讀作甥，倗是舅家族名，倗生係倗族之外甥①。這種看法是否正確呢？下面我們將金文中人名含“生”字者揭示如下：

（一）生

（1）生。　　（生爵，商代晚期，《銘圖》06435）

（2）王令生辨事于公宗，小子生錫金、鬱鬯，用作簋寶尊彝。

（小子生尊，西周早期後段，《集成》06001，《銘圖》11799）

（二）排行+生

（1）伯生作彝，曾。　　（伯生盉，西周早期，《銘圖》14705）

（三）排行+生+父

（1）仲生父作井孟姬寶鬲，其萬年子子孫孫永寶用。

（仲生父鬲，西周晚期，《集成》00729，《銘圖》03005）

（四）某生

（1）宜生賞腦，用作父辛尊彝，奄。

（腦卣，西周早期，《集成》05361，《銘圖》13269）

①參看謝堯亭（2012:110；2014:440）；山西省考古研究所、山西博物院、首都博物館（2014:14）；黃錦前（2014:417-438）。

（2）彭生作厥文考日辛寶尊彝，夀册臣辰[1]。

（彭生鼎，西周早期，《集成》02483，《銘圖》01956；彭生盤，西周早期，《銘續》0933）

（3）京生賞厥臣善貝十朋又一朋，善用作厥父乙寶尊彝，子子孫永寶。（善鼎，西周早期，《銘三》0269；善鼎，《霸金集萃》099）

（4）伊生作公母尊彝。

（伊生簋，西周早期，《集成》03631，《銘圖》04439）

（5）康生作文考癸公寶尊彝。

（康生豆，西周早期，《集成》04685，《銘圖》06139）

（6）異仲作倗生飲壺，匃三壽、懿德萬年。

（異仲飲壺，西周中期前段，《集成》06511，《銘圖》10863）

（7）髠生蔑再曆，用作季日乙妻，子子孫孫永寶用。

（再簋，西周中期，《集成》03912-03913，《銘圖》04869-04870）

（8）牛生作湟妊寶簋，子子孫孫其萬年永寶用。

（牛生簋，西周中期，《銘三》0470-0471）

（9）番生不敢弗帥型皇祖考不丕元德……番生敢對天子休，用作簋，永寶。（番生簋，西周中期，《集成》04326，《銘圖》05383）

（10）琱生作文考寏仲尊鬻，琱生其萬年，子子孫孫永寶用享。

（琱生鬲，西周中期後段，《集成》00744，《銘圖》03013）

（11）彭生作寶尊簋，彭生其壽考萬年，子孫永寶用。

（彭生簋，西周晚期，《銘續》0402）

（12）[吴]生拜手稽首，敢對揚王休，吴生用作穆公大林鐘。

（吴生殘鐘，西周晚期，《集成》00105，《銘圖》15288）

（13）叔湈父作商生寶鼎，孫孫子子永寶用。𠃌。

（叔湈父鼎，西周晚期，《銘三》0237）

（14）王征南淮夷，伐角津，伐桐遹，翏生從……翏生眔大妘其百男、百女、千孫，其萬年眉壽，永寶用。

（翏生盨，西周晚期，《銘圖》05667-05669，《集成》04459-04461）

（15）召生作祰嬖媵鼎簋，其用佐君，祰叔祰嬖其萬年子子孫孫永寶用。（召生簋，西周晚期，《銘圖》05064-05065）

（16）周生作尊豆，用享于宗室。

（周生豆，西周晚期，《集成》04682-04683，《銘圖》06141-06142期）

（17）唯五年正月己丑，琱生有事，召來合事……琱生則覲圭。

（五年琱生簋，西周晚期，《集成》04292，《銘圖》05340）

[1]鼎銘“厥”“臣辰”與盤銘“臣辰”舊多漏釋。

（18）琱生奉揚朕宗君其休，用作朕烈祖召公嘗簋，其萬年子子孫孫寶，用享于宗。

（六年琱生簋，西周晚期，《集成》04293，《銘圖》05341）

（19）琱生奉揚朕宗君休，用作召公尊盧。

（琱生尊，西周晚期，《銘圖》11816-11817）

（20）厥具履封：豐生、雍毅、伯導内司土寺攸。

（吴虎鼎，西周晚期，《銘圖》02446）

（21）唯十又一月乙亥，戎生曰：休台皇祖憲公，桓桓趩趩，啓厥明心，廣經其猷……（戎生鐘，春秋早期，《銘圖》15239）

（22）右庫工師垩（埶、廉）生。

（王褱劍，戰國時期，《集成》11660，《銘圖》17975）

（五）身份+某生

（1）□子後生曰：不□天威□朕□考寬伯，作念□彝，其永既□□子用福。（後生盉，西周中期，《銘續》0980）

（2）唯十又一年九月初吉丁亥，王在周，格于太室，即位，宰琱生入右師嫠，王呼尹氏册命師嫠……

（師嫠簋，西周中期後段，《銘圖》05381-05382，《集成》04324-04325）

（3）唯十又八年十又三月既生霸丙戌，王在周康宫夷宫，導入右吴虎，王命膳夫豐生、司工雍毅，申厲王命……

（吴虎鼎，西周晚期，《銘圖》02446）

（4）魯内小臣侯生作䵼。

（魯内小臣侯生鼎，西周晚期，《集成》02354，《銘圖》01834）

（5）唯有伯君堇生自作匜，其萬年，子子孫孫永寶用之。

（堇生匜，西周晚期，《集成》10262，《銘圖》14969）

（6）唯三年五月既死霸甲戌，王在周康昭宫，旦，王格太室，即位，宰引右頌入門，立中廷，尹氏授王命書，王呼史虢生册命頌……

（頌鼎，西周晚期，《集成》02827-02829；
頌簋，西周晚期，《集成》04332-04339；
頌壺，西周晚期，《集成》09731-09732；
頌盤，西周晚期，《銘圖》14540）

（7）……作爲大子敔生鈴鐘，用燕用樂。

（敔生鐘，春秋早期，《銘三》1267）

（六）生某+姓氏

（1）唯正月初吉丁亥，應侯作生杙姜尊簋，其萬年子子孫孫永寶用。（應侯簋，西周中期，《集成》04045，《銘圖》05024）

（七）某生+某

（1）唯八年十又二月初吉丁亥，齊生魯肇貫，休多贏，唯朕文考乙公永啓余魯，用作朕文考乙公寶尊彝。

（齊生魯方彝蓋，西周中期前段，《集成》09896，《銘圖》13543）

（2）陳生寉作飤鼎，子子孫孫其永寶用。

（陳生寉鼎，西周晚期，《集成》02468，《銘圖》01970）

（3）𨑻生鈶作寶簋，子子孫孫其萬年用享，[illegible]。

（𨑻生鈶簋，西周晚期，《集成》03935，《銘圖》04803）

（4）武生檝旁作其羞鼎，子子孫孫永寶用之。

（武生檝旁鼎，春秋早期，《集成》02522-02523，《銘圖》02091-02092）

（5）蝨生不作戎械。

（蝨生戈，戰國早期，《集成》11383，《銘圖》17323）

（八）某生+父

（1）䣄生父自作寶簋，其萬年子子孫孫永用享，舟。

（䣄生父簋，春秋早期，《銘續》0405）

（九）某生+某父+身份+某

（1）麋生智父師害效仲智，以詔其辟，休厥〈又（有）〉成事，師害作文考尊簋，子子孫孫永寶用。

（師害簋，西周晚期，《集成》04116-04117，《銘圖》05108-05109）

（十）排行+某生

（1）唯正月初吉，伯晉生肇作寶尊鼎，其萬年永寶，其用享。

（伯晉生鼎，西周晚期，《銘續》0181）

（2）伯晉生作尊鼎。（伯晉生鼎，西周晚期，《銘續》0106）

（十一）某+排行+某生

（1）單伯昊生曰：丕顯皇祖、烈考，逨匹先王，庸勤大命。

（單伯昊生鐘，西周中期，《集成》00082，《銘圖》15265）

（2）宼伯巽生作旅壺，其永寶用。

（宼伯巽生壺蓋，西周晚期，《集成》09615，《銘圖》12269）

（3）江小仲母生自作用鬲。

（江小仲母生鼎，春秋早期，《集成》02391，《銘圖》01882）

（十二）某+排行+生某

（1）吕仲生𢓊作旅匿，其萬年，子孫永寶用。

（吕仲生匿，西周晚期，《銘圖》14931）

（十三）某生+身份+某

（1）唯食生走馬谷自作吉金用尊簋，用錫其眉壽，萬年子孫永寶用享。（食生走馬谷簋[①]，西周晚期，《集成》04095，《銘圖》05063）

（十四）某+某生

（1）昷弗生作旅甗。

（昷弗生甗，西周早期，《集成》00887，《銘圖》03270）

（2）周𩟍生作楷妘媅媵簋，其孫孫子子永寶用，𠀠。

（周𩟍生簋，西周中期，《集成》03915，《銘圖》04876）

（3）唯廿又六年十月初吉己卯，番匊生鑄媵壺，用媵厥元子孟改乖，子子孫孫永寶用。

（番匊生壺[②]，西周中期後段，《集成》09705，《銘圖》12416）

（4）殳僪生作尹姞尊簋，其萬年無疆，子子孫孫永寶，用享孝。

（殳僪生簋，西周晚期，《集成》04010，《銘圖》04969）

（5）陽飤生自作寶匿，用錫眉壽，用享。

（陽飤生匿，西周晚期，《集成》10227，《銘圖》14915）

（6）陽飤生自作尊簋，用錫眉壽，萬年子子孫孫永寶用享。

（陽飤生簋蓋，西周晚期，《集成》03984-03985，《銘圖》04947-04948）

（7）單昊生作羞豆，用享。

（單昊生鋪，西周晚期，《集成》04672，《銘圖》06129）

（8）倗弃生作成媿媵鼎，其子子孫孫永寶用。

（倗弃生鼎，西周晚期，《集成》02524，《銘圖》02036）

（9）倗番生作□媿媵簋。（倗番生簋，西周晚期，《銘續》0370）

---

①張亞初（1983:83-89）認爲此銘係僞刻。

②《銘三》0279、施建中、周啓迪（2002:23）著録一件番匊生鼎，除了自名“鼎”外，其餘與壺銘同，但從字形看，銘文疑僞。

（10）城虢遣生作旅簋，其萬年子孫永寶用。

（城虢遣生簋，西周晚期，《集成》03866，《銘圖》04761）

（11）曩妟生之子孫哀爲改善會鼎，用征用行，萬年無疆，子子孫孫，永保用之。（哀鼎，春秋早期，《銘圖》02311）

（12）許奓魯生作壽母媵鼎，其萬年眉壽永寶用。

（許奓魯生鼎，春秋早期，《集成》02605，《銘圖》02127）

（13）唯鄧桀生吉酬鄧公金，自作盥匜。

（鄧公匜，春秋时期，《銘圖》14919）

（14）句吴季生作其盥會匜。

（句吴季生匜，春秋晚期，《集成》10212，《銘圖》14901）

（15）須柔生之飤鼎。

（須柔生鼎蓋，戰國時期，《集成》02238，《銘圖》01675）

（十五）某+某生+某

（1）[illegible]蔡生[illegible]作其鼎，子子孫孫萬年永寶用。

（蔡生鼎，西周晚期，《集成》02518，《銘圖》02084）

（2）唯曾㿝生甾自作寶鼎，用匄眉壽，其萬年令終，子子孫孫永寶用享。（曾㿝生甾鼎，春秋早期，《銘三》0270）

（3）戒偖生旅[illegible]用吉金，作寶鼎，其萬年子子孫孫永寶用享。

（戒偖生鼎，春秋早期，《集成》02632-02633，《銘圖》02234-02235）

我們認爲將兩周金文人名的"某生"之"生"皆讀作"甥"，並没有積極的證據。張亞初（1983:83-89）用番生簋之"番生"、倗生簋之"倗生"、琱生簋之"琱生"三例來論證某生之某氏與其本人的族氏並不相同，並不可信。其中倗生簋，按上文的意見，作器者是格伯，銘末"[illegible]"是格伯家的徽號，因此"倗生"這一論據無效。在周代，人名私名可以使用國族名用字①，人名私名亦往往可用雙字，因此"番生""琱生"完全可能是雙字私名（詳見下文），因此不能據此得出某生之某氏與其本人的族氏並不相同的意見。此推論既然没有確鑿證據，更得不出相關"生"皆讀作"甥"的結論。

張亞初（1983:83-89）文發表後至今，又有不少關於"某生"的新資料，可以對這個問題作進一步的討論。上引不少銘文中的人名"生"，可以肯定是不能讀作"甥"的，如生爵"生"、小子生尊"王令生辦事于公宗，小子生錫金"之"生"顯然是單純的私名，並不能讀作"甥"。出土於湖北隨州市葉家山墓地、西周早期的伯生盉銘文作"伯生作彝，曾"，還保留着商代晚期常將

①參看謝明文（2017:53-61）。𨷾仲盉（崎川隆，2020:279-280）人名"𨷾仲晉"，即是以國族名用字"晉"作爲私名。

族名置於銘末的習慣，“伯生”即“曾伯生”，其中“生”顯然也是單純的私名。“伯生”與“伯矢”（伯矢戟，西周早期，《集成》10886，《銘圖》16388）、“伯艿”（伯艿簋，西周中期前段，《集成》03792，《銘圖》04749）等同例。仲生父鬲“仲生父作井孟姬寶鬲”之“仲生父”與人名“仲殷父”（仲殷父鼎，西周中期，《銘圖》01999）、“伯艿父”（妊小簋，西周晚期，《集成》04123，《銘圖》05118）、“仲義父”（仲義父鼎，西周晚期，《銘圖》02113-02117）、“仲宦父”（仲宦父鼎，西周晚期，《集成》02442，《銘圖》01968）、“仲其父”（仲其父簠，西周晚期，《集成》04482-04483，《銘圖》05767-05768）等同例，可知“仲生父”之“生”顯然是單純的私名。句吴季生匜“句吴季生”之“句吴”，即“吴”，國族名。“季”是排行而非族氏，其後的“生”顯然也不能讀爲“甥”，“季生”與伯生盉銘“伯生”同例。比較華季嗌盨（西周晚期，《集成》04412，《銘圖》05596）“華季嗌”、井季𡴖尊（西周中期前段，《集成》05859，《銘圖》11603）“井季𡴖”、吴季大簠（春秋早期，《銘續》0490）“吴季大”、奚季寬車壺（春秋早期，《集成》09658，《銘圖》12326）“奚季寬”、曾季关臣盤（戰國早期，《銘圖》14496）“曾季关臣”等“國族名+排行（季）+私名”的格式，“句吴季生”的“生”顯然也是單純的私名。戰國時期的須盂生鼎蓋的“須盂生”與金文中一般的“某某生”稍微有别，“須盂”當如金文中的“孤竹”“句須”“無終”一樣是複式族名（不排除金文中其他例的“某某生”，有的也屬於此類）。湖北荆州市荆州區紀南鎮棗林村棗林鋪墓地的唐維寺M126時代爲戰國中期後段，墓主爲“樂尹須盂産”（參看趙曉斌，2019:21-28；2021:74）。“須盂生”與“須盂産”顯然當聯繫起來考慮，“産”“生”語義關係密切，它們是否係一人，待考。但可以肯定，“須盂生”之“生”是單純的私名①。從以上這些例子中的“生”字可單純作私名來看，完全可合理地推測其他諸例的“生”也可能是單純的私名，不一定要讀作舅甥之甥。金文男子人名稱謂中“族氏名+單字私名”的格式習見，而“生”可用作單純的私名而非舅甥之甥（參看上文），因此完全可以合理地推論所謂“某生”者，其中有一部分應該就是“族氏名+私名（生）”的結構，其例與静簋（西周中期前段，《集成》04273，《銘圖》05320）“吴𠦪”“吕犁”，五祀衛鼎（西周中期前段，《集成》02832，《銘圖》02497）“寺芻”，吴虎鼎（西周晚期，《銘圖》02446）“寺仅”②，周乎卣（西周中期前段，《集成》05406，《銘圖》13317）“周乎”，周爹壺（西周中期後段，《集成》09690-09691，《銘圖》12392-12393）“周爹”，周窀匜（西周晚期，《集成》

①研究者或認爲簡中的“須盂”是複姓，我們認爲即便將它看作複姓，也應當看作是由複式族名演變而來的複姓。

②此字舊多誤釋作“㚔”，參看謝明文（2022:51-58）。

10218，《銘圖》14914）“周宅”，周雒盨（西周晚期，《集成》04380，《銘圖》05566）“周雒”等同，其前的族名是本人的族氏。

又金文中人名常見雙字私名，如伯六辪鼎（西周早期，《集成》02337，《銘圖》01783）“伯六辪”、伯妻俯簋（西周早期，《集成》03537，《銘圖》04355）“伯妻俯”、北伯邑辛簋（西周早期，《集成》03672，《銘圖》04507）“北伯邑辛”、伯玉敨盉（西周中期，《集成》09441，《銘圖》14770）“伯玉敨”、伯碩奡盤（西周晚期，《集成》10112，《銘圖》14447）“伯碩奡”、史酰敖尊（西周中期前段，《銘圖》11737）“史酰敖”、晉侯僰馬壺（西周中期，《銘圖》12276-12277）“晉侯僰馬”、吕服余盤（西周早期，《集成》10169，《銘圖》14530）“吕服余”、吕雔𪗕鬲（西周晚期，《集成》00636，《銘圖》02878）“吕雔𪗕”、鄂侯馭方鼎（西周晚期，《集成》02810，《銘圖》02464）“鄂侯馭方”等，前引兩件伯晉生鼎“伯晉生”結構與“伯妻俯”“伯玉敨”等相類，皆是排行後面加雙字，“生”既然能用作單字私名，那它出現在雙字私名中也是可以的。因此可以合理地推測“某生”者，其中也有一部分應該就是單純的雙字私名。

從“生”前或有排行之字“伯”“季”，後或有“父”字來看，人名私名中的“生”大部分可能是用作人名的“字”，當然也不排除有的例子中用作“名”的可能。金文人名中含“生”者，一般見於男性，但亦有見於女性者。應侯簋“應侯作生杙姜尊簋”，“應”是周武王之後，爲姬姓，“生杙姜”當爲應侯之妻。周代女子稱謂中，姓前既可以冠以夫家族名，也可以冠以父家族名，還可以冠以女子私名[1]。“生杙”不見於其他金文，似與國族名無關，應是此姜姓女子的私名。西周晚期的召仲鬲（西周晚期，《集成》00672-00673，《銘圖》02911-02912）“召仲作生妣尊鬲”，或認爲“生”是“㞷”之誤，讀作“皇”。其實聯繫私名“生杙”來看，“生妣”也完全可能是私名。前引吕仲生匜“吕仲生𢆶”，吕是國族名，仲是排行，“生𢆶”與“生杙”“生妣”同，亦是私名。現代人名中，如著名翻譯家“朱生豪”之“生豪”亦是近似的例子。

“齊生魯”“陳生寉”“𢓊生𩰫”“武生𣟭旁”“𧊒生不”這類“某生某”的結構大概有兩種可能的分析，以“齊生魯”爲例，有“齊/生魯”與“齊生/魯”兩種可能，前者係本人族氏+私名“生魯”的結構（“生魯”既可能與“生𢆶”“生杙”同例，也可能進一步分成名與字兩部分），後者係“字（齊生）+名（魯）”的結構（古人名與字連用時，一般字在名前）。

張亞初（1983:83-89）將前文的倗芥生、殳僭生、單昊生、周䵼生、番匊生、㿻弗生（張文多處釋文與我們不同，此不一一指出）等例子歸入“某生前

①參看謝明文（2017:53-61）。

冠以自己的私名”一項，意即這些“某某生”的第一字是私名，但在討論時，又認爲“倗弃生”“城虢遣生”是“本人氏名+某生”的情況，這是自相矛盾的。䵼虢仲簋（西周晚期，《集成》03551，《銘圖》04375）有人名“䵼虢仲”，或認爲是班簋（西周中期，《集成》04341，《銘圖》05401）虢城公的後人，表示出自虢國的城公，是以祖先的謚號爲族。䵼虢遣生簋“䵼虢遣生”比較“䵼虢仲”，“䵼虢”確應是族氏名而非私名。據金文，妘姓之周屬於[illegible]族，番爲改姓，倗爲媿姓。又據上引金文“周䜌生作楷妘媅媵簋，其孫孫子子永寶用，[illegible]”“番匊生鑄媵壺，用媵厥元子孟改乖”“倗弃生作成媿媵鼎”“倗番生作□媿媵簋”“唯鄧桨生吉酬鄧公金，自作盥匜”等例子，可知周䜌生、番匊生、倗弃生、倗番生、鄧桨生這些人名的首字一定是本人的族氏名。據上述這些比較確定的例子，我們可以推論其他“某某生”的第一字一般也應是本人的族氏名，後面的“某生”即是其私名（“須孟生”一類除外，參看上文），以周䜌生爲例，周是其本人的族氏名，䜌生則是私名。現當代名人中，常見“姓氏+某生”者，如“史鐵生”“陳寶生”“許寧生”等，與之有相類之處。只不過古人男子稱名，一般在私名前加氏，今人則加姓而已。

“江小仲母生”，江小仲，江是族氏，江小仲猶如鄧小仲鼎（西周早期後段，《銘圖》02246-02247）之“鄧小仲”[①]，“母生”係私名。“單伯昊生”“宬伯買生”省去“伯”後，則與周䜌生、番匊生、倗弃生、倗番生、買旻生、鄧桨生同例，“昊生”“買生”也係私名。

“[illegible]蔡生[illegible]”“曾㽙生甾”一類係在周䜌生、番匊生、倗弃生、倗番生、買旻生一類的基礎上再添加一私名，以“曾㽙生甾”爲例，曾是族氏，“㽙生”與“甾”，一是字，一是名，係名與字連用之例。“許奓魯生”，許是族氏，“奓”與“魯生”亦是名與字連用，“奓魯生”既可能是“名+字”，也可能是“字+名”。從某生一般用作字來看，前一種可能性似較大。金文中名、字連稱，一般是字在名前，但亦偶見反例，如叔旅魚父鐘（西周晚期，《集成》00039，《銘圖》15156）“叔旅魚父”、伯旃魚父簠（春秋早期，《集成》04525，《銘圖》05824）“伯旃魚父”。

師害簋“麇生曶父師害效仲曶，以詔其辟，休厥〈又（有）〉成事，師害作文考尊簋，子子孫孫永寶用”中，“麇生曶父師害”的稱謂需略加解釋，舊或在曶父後面加頓號，以爲麇生曶父與師害係兩人，我們認爲這是不對的。“麇生曶父師害”應是一人。金文男子稱謂中“父”前往往是字，又比較“生

① “小中（仲）”亦見於衛鼎（西周中期後段，《集成》02616，《銘圖》02206）“衛作文考小中（仲）、姜氏盂鼎”。盠尊（西周中期前段，《集成》06011，《銘圖》11812）“余用作朕文考大中（仲）寶尊彝”、大簋（西周中期，《集成》04165，《銘圖》05170）“大拜稽首，對揚王休，用作朕皇考大中（仲）尊簋”等銘文有“大中（仲）”一語，“小”“大”皆是修飾語。

𠂤中”“生杙”等例，我們認爲麋是族名，生智是字，師是其官職，害則是其名。師害之父可能是仲智，其字“生智”之“智”可能是源於其父之字。食生走馬谷簋銘文如果不僞的話，“食生走馬谷”之“食生”既可能是“族名+字（生）”的結構，也可能整個是男子之字，走馬是官職名，谷是名。它與“麋生智父師害”相比，共同點都是在私名的字與名兩部分間加入職官名[①]。

傳世先秦古書中亦多見“某生”之例，下面我們僅以先秦有名的“蘇忿生”、鄭莊公“寤生”以及晉國太子“申生”爲例來探討一下相關問題。

蘇忿生，即周司寇蘇公。蘇，國族名，妃姓。先秦資料中，未見“忿”用作族氏之例，忿生當是蘇公之名，蘇忿生與前引金文中的單昊生、番匊生、昷弗生等應同例[②]。

鄭莊公，名寤生。現一般認爲寤生即牾生，意謂逆生，産子時足先出，“寤”顯然不是其舅家族氏。

《左傳》莊公二十八年：“晉獻公娶于賈，無子。烝于齊姜，生秦穆夫人及大子申生。”《史記•晉世家》：“太子申生，其母齊桓公女也，曰齊姜，早死。申生同母女弟爲秦穆公夫人。”申生母是否爲齊桓之女，暫且不論，但出自齊國公族應無疑問。“齊姜”這一女性稱謂明顯是“父家姓氏+父姓”的格式。

“太子申生”即前引金文“身份+某生”的格式。“申生”舅家是“齊”，如按“某生”之“生”讀作“甥”的意見，“申生”應該稱作“齊生”才對。但“齊姜”之子並未稱作“齊生”而稱作“申生”，這可證明將周代人名“某生”之“生”讀作“甥”未必可信，“某生”之“某”也未必是舅家族氏。“申生”明顯應該是單純的私名。

漢代劉向《新序•節士》晉獻公太子之至靈臺章：“晉獻公太子之至靈臺也，蚍繞左輪。御曰：‘太子下拜。吾聞國君之子，蚍繞左輪者，速得國。’太子遂不行，返乎舍……遂伏劍而死。”《論衡•虛異》“晉”作“衛”。石

①師害簋“效”原作从卩、爻聲，楊樹達（2004:98）讀作“教”，並認爲麋生智即中智，是師害之子，銘文大意是“師害教其子麋生智相導其君，美有成功，故作文考器以記其事爾”。楊樹達（2004:98）是將“父”理解爲“父親”之“父”，麋生智父師害即麋生智的父親師害。如據楊説，則“麋生智”應與“齊生魯”“陳生寉”等歸爲一類。

②隸變過程中，“生”“王/㞢”常有混同。《史記•晉世家》：“獻侯十一年卒，子穆侯費王立。”索隱：“鄒誕本作‘弗生’，或作‘潰王’，並音祕。”《史記•十二諸侯年表》：“穆侯弗生。”索隱：“晉穆公生。案:《系家》名‘費生’，或作‘潰生’。《系本》名‘弗生’，則‘生’是穆公名。”“費”“弗”“潰”係音近通假，“生”“王”則必有一誤。《史記•魯周公世家》：“二十七年，孝公卒，子弗湟立，是爲惠公。”集解：“徐廣曰：‘《表》云弗生也。’”索隱：“《系本》作‘弗皇’。《年表》作‘弗生’。”《史記•十二諸侯年表》：“魯惠公弗涅。”索隱：“魯惠公弗生。《系家》作‘弗湟’，《系本》作‘弗皇’。”“王/㞢”“皇”音近相通，魯惠公之名的異文實際上也反映了“生”與“王/㞢”形近混同。據兩周金文人名常見“某生”以及前引“昷弗生”中人名作“弗生”，晉穆侯、魯惠公之名很可能最初應作“弗生”。

光瑛（2017:886）認爲：

《書鈔》一百四十一引作“晉獻公太子至靈臺”，《事賦類》二十八、《御覽》九百三十三俱作“太子申生至靈臺”，則晉字似不誤。衛獻之太子即襄公，亦未聞有此。但申生死事，詳《左傳》《國語》《史記》《檀弓》諸書，與此不同。或轉録别書，傳聞異説，以迹涉荒誕，不爲《内、外傳》所采，亦未可知。

石光瑛的説法可從，上引故事的主人公當爲晉獻公太子而非衛獻公太子。至於與《左傳》《國語》等記載不同，一種可能是前代傳聞異説，還有一種可能是後人根據申生重孝行而將故事託名於他。

隋代麴慶墓出土石屏風一塊，正面左側刻有樓臺等圖案，右下角刻有四駕出行、蛇繞左輪、車主人執劍等圖案。胡玉君、焦鵬、孔德銘（2021:126）已指出所刻圖案與《新序·節士》所記載内容相吻合。屏風正面上方有題記：

蘇太子者，獻公之太子也。行至靈臺，虵繞左輪。御僕曰：“太子下拜，吾聞國君之子，虵繞左輪，必逮得其國。”太子泣曰：“若得國，是無吾君，豈可以生！”遂伏釰而死[①]。

按正常的語法，“蘇太子”應看作偏正結構，“蘇”則是國族名，但蘇國世系不可考，古書亦未見蘇獻公以及蘇國太子蛇繞左輪之事。此處我們爲了與前引古書記載相聯繫，將“蘇”看作人名，“蘇太子”看作同位語結構。

《廣雅·釋詁》：“穌，生也。”字又作“蘇”。《小爾雅·廣名》：“死而復生謂之蘇。”《一切經音義》十八引《聲類》：“更生曰蘇。”《顔氏家訓·雜藝》：“更生爲蘇。”《周易·震卦》：“震蘇蘇。”虞翻注：“死而復生稱蘇。”[②]

更生曰蘇，因此“蘇”的後起會意字或作“甦”。麴慶墓出土屏風題記雖未明言獻公是晉獻公還是衛獻公，但從“蘇”與“生”的密切關係來看，獻公應是指申生之父晉獻公。蘇與太子是同位語關係，蘇太子是指太子申生。由於“蘇”與“生”在意義上關係非常密切，申生與蘇很可能是一字、一名的關係。還有一種可能是由於古書中“申”常訓“重”，有的人將“申生”的“申”也如此理解，並進一步將“申生”换作義近的“更生”之“蘇”。不管哪一種情況，這都能進一步説明“申生”之“生”是單純的私名[③]，與“甥”無關。

根據上文的論述，舊或將周代金文“某生”等稱謂中的“生”全部讀作

①參看胡玉君、焦鵬、孔德銘（2021:129）。

②此段内容參看王力（1982:168）。

③“生”本指植物生長，後引申爲“出生”“生育”“生成”“生命”“活”等比較積極的意義，周代人以“生”爲名，雖然具體所指可能有别，但大都應該是取義於“生”這類比較積極的意義。這與漢代以來儒者常稱“生”稍有别。前人指出儒者稱“生”之“生”是“先生”的省稱，此“生”實亦是源於“生”的引申義。

“甥”是缺乏根據的，由此可知以往有不少研究者根據“生”讀作“甥”的意見去討論族氏之間的聯姻關係是不正確的。這些“生”大都宜看作是一個單純的私名（“生”“甥”音近相通自無問題，金文中亦有“生”用作“甥”的例子，不排除金文中極個别的“某生”之“生”讀作“甥”，但需要有其他堅實的證據去加以證實），“生”既可以單獨作私名，也可以組成“生某”作雙字私名，還可以組成“某生”，“某生”者情形比較複雜，或是作雙字私名，或是本人族氏+私名“生”。因此即便“生”前之字是同一個字的幾個“某生”，在没有確鑿的證據前不宜遽然認定它們爲同一人。格伯簋的“倗生”既可能是一個雙字私名，與“倗”族無關，也可能是“本人族氏+私名（生）”的結構，到底哪一種可能性更高呢？我們還要從“格伯”説起。傳世周代金文中，除去前文討論的四件格伯簋，另還有一件格伯簋（西周中期前段，《集成》03952，《銘圖》04923），其銘作“唯三月初吉，格伯作晉姬寶簋，子子孫孫其永寶用”，晉屬姬姓，晉姬是來自晉的姬姓女子，應是格伯之妻子，説明格、晉關係密切。大河口霸國銅器出土後，研究者一般認爲傳世的五件格伯簋的格伯之格即霸國之霸[①]。四件衛簋（西周中期前段，《銘圖》05368-05369、《銘續》0462、《銘三》0524）銘文中“既生霸”之“霸”从“各”聲。大河口出土銅器中，“霸”字或常从“各”聲，見於霸伯方簋（西周中期，《考古學報》2018年第1期第108頁）、霸姬盤（西周中期，《考古學報》2018年第2期第239頁）、霸仲盉（西周中期後段，《銘續》0963）等，或借“洛”字表示（洛仲卣，西周早期，《考古學報》2018年1期118頁）。M2002爲霸仲之墓，所出銅器銘文中，其中族名“霸”，霸仲鼎（西周中期後段，M2002.34）、霸仲甗（西周中期後段，M2002.52）作“霸”，格仲鼎（西周中期後段，M2002.9）、格仲簋（西周中期後段，M2002.8；M2002.33）等器中作“格”（參看《考古學報》2018年第2期第230-236頁）。M2所出霸伯甗，“霸”亦作“格”（西周晚期，《銘圖》03311）[②]。從霸國墓地來看，霸與晉國相鄰，又山西曲沃縣天馬—曲村晉侯墓地曾出土一件霸伯簋（西周早期，《銘圖》04296），説明霸、晉關係密切[③]。山西曲沃縣天馬—曲村晉侯墓地另出土一件格公鼎（西周早期後段，《銘三》0216），格

①參看黄錦前、張新俊（2015:105-111）；謝堯亭（2012:108、110；2014：439-442；2021:7）。

②霸與各、格韻部同爲鐸部（霸，研究者或歸魚部，或歸鐸部，從古文字資料看，當以後者爲是），聲母則反映了唇音與牙音的交替，類似現象在古文字中多見（參看蔡一峰，2018:77-93）。近年公布的嬭加編鐘（《江漢考古》，2019年第3期，第9-19頁）銘文中“歌”作“[illegible]”，它應是在“歌”的異體“訶”上加注了“皮”聲，這爲牙音與唇音交替現象又提供了新的例子。

③研究者或認爲這反映了霸與晉有婚姻關係（參看劉緒，2013:126），或認爲這反映了晉國與霸國的往來關係（參看陳昭容，2014:439-442）。

公顯然即霸公。而格公鼎與前引格伯簋“格伯作晉姬寶簋”反映了格、晉關係密切[①]。這些皆説明研究者認爲傳世的五件格伯簋的格伯之格即霸國之霸是非常合理的[②]。

霸國墓地所處的翼城縣與倗國墓地所處的绛縣相鄰，又山西翼城縣大河口霸國墓地M1017的墓主爲一代霸國國君霸伯，該墓出土了兩件倗伯盆（西周中期前段，《銘三》0616、0617，《考古學報》2018年1期113頁圖28.1–2），銘文皆作“倗伯肇作旅盆，其萬年永用”，可見“霸”“倗”應關係比較密切。若將格伯簋的“格（霸）”以及“倗生”之“倗”皆看作族名，亦反映了“霸”“倗”的密切關係，彼此恰可互證。“倗”既爲族名，那“倗生”就是“本人族氏+私名（生）”的結構而非雙字私名。近年來山西横水倗國墓地出土了大量的倗族銅器，傳世青銅器中亦有倗族器。熟悉金文的研究者都知道，倗國應爲媿姓，即典籍中的懷姓。金文中有如下諸例：

（1）倗仲作畢媿媵鼎，其萬年寶用。

（倗仲鼎，西周中期，《集成》02462，《銘圖》01961）

（2）搠（倗）弃（？）生作成媿媵鼎，其子孫孫永寶用。

（搠弃生鼎，西周晚期，《集成》02524，《銘圖》02036）

（3）倗番生作□媿媵簋。（倗番生簋，西周晚期，《銘續》0370）

以上三器皆是倗族人爲女子所作媵器，畢媿、成媿之畢、成，皆爲文王之後，是姬姓。畢媿、成媿皆是“夫家國族名+父姓”的格式，由此可證“倗”爲媿姓。本文所論格伯簋銘末有族名⊞，金文中，它又見於以下銘文：

（1）⊞作父己。（⊞鼎，西周早期，《銘圖》01314）

（2）⊞，族作祖己旅彝，其永用。

（族卣，西周早期後段，《銘圖》13257）

（3）唯九月既生霸乙亥，周乎鑄旅宗彝，用享于文考庚仲，用匄永福，孫孫子子，其永寶用，⊞。

（周乎卣，西周中期前段，《集成》05406，《銘圖》13317）

（4）周䵼生作楷妘媅媵簋，其孫孫子子永寶用，⊞。

（周䵼生簋，西周中期，《集成》03915，《銘圖》04876）

（5）周䵼生作楷妘媵盤，□金用[迮]邦，其孫孫子子永寶用，[⊞]。（周䵼生盤，西周中期，《集成》10120，《銘圖》14464）

①或認爲晉侯銅人（西周晚期，《銘圖》19343）的“格”亦即“霸”，銘文反映了晉救霸難（參看謝堯亭，2012:108–109；2014:440）。

②新鄭鄭韓兵器銘文中的“格氏”與滎陽市張樓村出土的印陶文字“格氏”之“格”，在没有確鑿的證據之前，似不宜與西周中期的“格伯”之“格”相聯繫。

（6）唯九月初吉辛亥，周㫚早喪厥胡考辛仲。有曰：早喪厥胡考，不敢視厥身。鑄寶盤鎣，用享于□宗，用匄永福，子子孫孫永寶用。[illegible]。

（周㫚盉，西周中期，《銘圖》14793；周㫚盤，西周中期，《銘續》0950）

（7）箪作父丁寶尊簋，其子孫萬年永用，[illegible]。

（箪簋，西周中期後段，《銘圖》04734）

（8）周𡠧作公日己尊壺，其用享于宗，其子子孫孫萬年永寶用，[illegible]。

（周𡠧壺[1]，西周中期後段，《集成》09690-09691，《銘圖》12392-12393）

（9）[illegible]，周宅作救姜寶匜，子孫永寶用。

（周宅匜，西周晚期，《集成》10218，《銘圖》14914）

（10）周雒作旅盨，子子孫孫永寶用，[illegible]。

（周雒盨，西周晚期，《集成》04380，《銘圖》05566）

[illegible]，族名。由上引例（3）-（6）、（8）-（10），可知有一個屬於[illegible]族的周。例（4）、（5）是周䜌生爲楷妘所作的媵器。“楷”即文獻之“黎”，姬姓[2]。“楷妘”是“夫家國族名+父姓”的格式，媅則是女子私名。周䜌生簋、盤是周䜌生爲出嫁到楷國的周族妘姓女子所作的媵器。上述周䜌生簋、盤銘文中等銘文中的“周”非姬周之周，而是妘姓之周。也就是説，此周族所屬的[illegible]是妘姓族徽。函皇父諸器[3]中的“琱妘”之“琱”即上述諸器之“周”，“琱妘”是“父家氏名+父姓”的格式。倗是媿姓，“倗生”是“本人族氏+私名（生）”的结构（参看上文），而格伯簋銘末標有妘姓的族名“[illegible]”，這亦可反證格伯簋的器主肯定不會是倗生而應是格伯。

通過上文的分析，可知格伯簋的器主應是格伯。其銘末尾所屬的“[illegible]”自然是格伯家族所屬的族名。而“[illegible]”的族姓是妘姓，因此格伯之格亦是妘姓。格即霸，因此我們認爲霸國的族姓也是妘姓，霸國應該是[illegible]族的某一分支所建。研究者或將格伯簋稱作倗生簋，以爲器主是倗生，又認爲倗生之生讀作甥，倗是舅家氏名，於是只能將妘姓的“[illegible]”看作是其舅家係倗族的某個人所屬的族

[1]兩壺器銘皆作“孫孫子子”。

[2]參看李學勤（2001:1-3；2010:1-5）。

[3]包括函皇父鼎（西周晚期，《集成》02548，《銘圖》02111）、函皇父鼎（西周晚期，《集成》02745，《銘圖》02380）、函皇父簋（西周晚期，《集成》04141-04143，《銘圖》05144-05146）、函皇父簋（西周晚期，《銘三》0500）、函皇父盤（西周晚期，《集成》10164，《銘圖》14523）、函皇父匜（西周晚期，《集成》10225，《銘圖》14921）。

名，從而錯過了一條反映霸族族姓的好材料①。

2020年初稿

2021年7月修改

**引書簡稱表**

| 集成 | 殷周金文集成 | 銘圖 | 商周青銅器銘文暨圖像集成 |
|---|---|---|---|
| 銘三 | 商周青銅器銘文暨圖像集成三編 | 銘續 | 商周青銅器銘文暨圖像集成續編 |

**參考文獻**

蔡一峰　2018　《出土文獻與上古音若干問題探研》，中山大學博士學位論文。

陳昭容　2014　《西周夷夏族群融合中的婚姻關係——以姬姓芮國與媿姓倗氏婚嫁往來爲例》，

①琱生簋與琱生尊的“琱生”，按照本文的意見，它既可能是雙字私名，也可能是“本人族氏+私名生”的結構。山西省垣曲縣英言鄉北白鵝春秋早期墓地出土一批燕國器，又墓中出土兩件周射方壺，銘文皆作“周（琱）射作尊壺，其子子孫孫永寶用享于仲辛。□”。整理者認爲此燕屬於召公之後的北燕，周射方壺的中辛應爲燕仲辛，辛爲日名（山西省考古研究院，2021:127）。如果整理者關於北白鵝之燕屬於召公之後的北燕以及周射方壺的中辛應爲燕仲辛的意見都正確的話，則琱氏與召公之後的燕有血緣關係。又據琱生簋與琱生尊銘文，琱生是召氏的小宗。合而觀之，琱生之琱只能理解爲族氏，且據周射方壺知它即妘姓之琱。由此反推燕、召皆應爲妘姓。但據古書所記，召公奭與周同姓，召與召公之後的北燕是姬姓。目前金文中説明召與召公之後的北燕是姬姓的有這樣幾則材料，即燕侯簋（西周早期，《集成》03614，《銘圖》04440）“匽（燕）侯作姬承尊彝”、燕侯簋（西周早期，《銘續》0322）“匽（燕）侯作姬嬹”、伩隹尊（西周早期，《銘三》1011）“伩隹作厥姑召姬尊彝”，遣盄父盨（西周晚期，《銘續》0466）“遣盄父作召姬旅薔，其萬年寶用”，前二則材料如撇開文獻記載的話，單從金文本身判斷，它既可能是燕侯爲女作器，也可能是爲妻子作器，如是前者，才能説明燕爲姬姓。如是後者，則是燕非姬姓。而女子稱謂，姓前既可以冠以父家族氏，也可以冠以夫家族氏。因此前三則材料證明召與北燕是姬姓的可能性爲百分之五十。真正能説明召爲姬姓的是第四則材料即遣盄父盨“遣盄父作召姬旅薔”。據遣叔吉父盨（西周晚期，《集成》04416-04418，《銘圖》05602-05604）“遣叔吉父作虢王姞旅盨”，虢爲姬姓，則姞是遣氏之姓[衍簋（西周中期後段，《銘續》0455）“遣姞”則是父家族氏+姓]。遣盄父盨則是遣氏爲來自召族的姬姓女子作器。如何處理上述矛盾呢？解釋方案有數種。遣盄父盨係私人收藏，字形又有可疑之處，不能完全排除是僞銘的可能。如是僞銘，則金文中没有召與北燕是姬姓的確定證據，它們是妘姓，而文獻中關於它們屬於姬姓的記載有誤。另一種可能，據研究者認爲召氏是被周王“賜予”姬姓的異族的意見（參看韓巍，2007:84-103），則召本屬於妘姓□族，後來被周賜予姬姓，召氏大宗就一直延續被賜予的姬姓，而其小宗琱氏則延續其本來的族姓“妘”。還有一種可能，就是北白鵝出土的周射方壺與燕無關，是外族所作器，此燕或如研究者所論非北燕而是南燕（參看韓巍：《也談垣曲北白鵝墓地的族姓問題（草稿）》，“先秦秦漢史”微信公衆號，2021年7月30日，https://mp.weixin.qq.com/s/RB9fZbC0TxZcXCX8mpehaA），琱生簋與琱生尊的“琱生”是雙字私名，召仍應據古書的記載爲姬姓。如果是前兩種情況，那麽爲何大河口M1霸伯墓出土多件燕侯旨所作器也就很好理解了，因爲它們都是從妘姓□族分化而來的。至於具體爲哪一種情況，還有待將來的新資料出現以作進一步的研究。

《兩周封國論衡　　陝西韓城出土芮國文物暨周代封國考古學研究國際學術研討會論文集》，上海古籍出版社。

丁　孟　2007　《你應該知道的200件青銅器》，紫禁城出版社。

董　珊　2013　《試論殷墟卜辭之“周”爲金文中的妘姓之琱》，《中國國家博物館館刊》第7期。

馮　時　2014　《霸國考》，《兩周封國論衡——陝西韓城出土芮國文物暨周代封國考古學研究國際學術研討會論文集》，上海古籍出版社。

郭沫若　1999　《兩周金文辭大系圖録考釋》，上海書店出版社。

韓　巍　2014　《橫水、大河口西周墓地若干問題的探討》，《兩周封國論衡——陝西韓城出土芮國文物暨周代封國考古學研究國際學術研討會論文集》，上海古籍出版社。

胡玉君　焦　鵬　孔德銘　2021　《河南安陽隨代麴慶夫婦墓》，《2020中國重要考古發現》，文物出版社。

黄德寬　2007　《古文字譜系疏證》，商務印書館。

黄錦前　2014　《金文所見霸國對外關係考察》，《兩周封國論衡——陝西韓城出土芮國文物暨周代封國考古學研究國際學術研討會論文集》，上海古籍出版社。

黄錦前　張新俊　2015　《説西周金文中的“霸”與“格”——兼論兩周時期霸國的地望》，《考古與文物》第5期。

黄天樹　2006　《䵼比盨銘文補釋》，《黄天樹古文字論集》，學苑出版社。

黄文傑　2000　《説朋》，《古文字研究》（第22輯），中華書局。

李家浩　2013　《〈説文〉篆文有漢代小學家篡改和虛造的字形》，《安徽大學漢語言文字研究叢書・李家浩卷》，安徽大學出版社。

李　零　2018　《太行東西與燕山南北——説京津冀地區及其周邊的古代戎狄》，《青銅器與金文》（第2輯），上海古籍出版社。

李學勤　1985　《魯方彝與西周商賈》，《史學月刊》第1期。

李學勤　1990　《西周金文中的土地轉讓》，《新出青銅器研究》，文物出版社。

李學勤　1999　《當代學者自選文庫・李學勤卷》，安徽教育出版社。

李學勤　2001　《䔲簋銘文考釋》，《故宫博物院院刊》第1期。

李學勤　2005　《魯方彝》，《青銅器與古代史》，臺灣聯經出版事業股份有限公司。

李學勤　2010　《從清華簡談到周代黎國》，《出土文獻》（第1輯），中西書局。

李宗焜　2012　《甲骨文字編》，中華書局。

連劭名　1986　《〈倗生簋〉銘文新釋》，《人文雜誌》第3期。

林　澐　1980　《琱生簋新釋》，《古文字研究》（第3輯），中華書局。

林　澐　1998　《林澐學術文集》，中國大百科全書出版社。

林　澐　2019　《林澐文集・古史卷》，上海古籍出版社。

劉　桓　1993　《倗生𣪕試解》，《西周史論文集》，陝西人民教育出版社。

劉　緒　2013　《近年發現的重要兩周墓葬評述》，《梁帶村裏的墓葬 —— 一份公共考古學報告》，北京大學出版社。

馬承源　1988　《商周青銅器銘文選》（三），文物出版社。

崎川隆　2020　《日本泉屋博物館所藏“𦉢仲晉盉”銘文淺釋》，《古文字研究》（第33輯），中華書局。

裘錫圭　2012a　《西周銅器銘文中的“履”》，《裘錫圭學術文集》第3卷，復旦大學出版社。

裘錫圭　2012b　《釋“受”》，《裘錫圭學術文集》第3卷，復旦大學出版社。

裘錫圭　2012c　《西周糧田考》，《裘錫圭學術文集》第5卷，復旦大學出版社。
山西省考古研究所　山西博物院　首都博物館編　2014　《呦呦鹿鳴：燕國公主眼裏的霸國》，科學出版社。
山西省考古研究所大河口墓地聯合考古隊　2011　《山西翼城縣大河口西周墓地》，《考古》第7期。
山西省考古研究院　2021　《山西垣曲北白鵝墓地M5出土有銘銅器》，《考古與文物》第3期。
石光瑛　2017　《新序校釋》，中華書局。
施建中　周啓迪　2002　《北京師範大學文物博物館藏品選》，北京師範大學出版社。
唐　蘭　1976　《用青銅器銘文來研究西周史——綜論寶雞市近年發現的一批青銅器的重要歷史價值》，《文物》第6期。
田　偉　2012　《試論絳縣横水、翼城大河口墓地的性質》，《中國國家博物館館刊》第5期。
王　晶　2012　《倗生簋銘文集釋及西周時期土地轉讓程序窺探》，《農業考古》第1期。
王　力　1982　《同源字典》，商務印書館。
吴闓生　1963　《吉金文録》第4卷，中華書局。
吴鎮烽　2006　《金文人名彙編》（修訂本），中華書局。
吴鎮烽　2012a　《商周青銅器銘文暨圖像集成》第11卷，上海古籍出版社。
吴鎮烽　2012b　《商周青銅器銘文暨圖像集成》第12卷，上海古籍出版社。
謝明文　2017　《談談周代金文女子稱謂研究中應該注意的幾個問題》，《出土文獻》（第10輯），中西書局。
謝明文　2022　《吴虎鼎銘補釋》，《出土文獻》第2期。
謝堯亭　2011　《山西翼城大河口西周霸國墓地》，《2010中國重要考古發現》，文物出版社。
謝堯亭　2012　《發現霸國：講述大河口墓地考古發掘的故事》，山西人民出版社。
謝堯亭　2013　《倗、霸及其聯姻的國族初探》，《金玉交輝——商周考古、藝術與文化論文集》，“中研院”歷史語言研究所會議論文集之十三，“中研院”歷史語言研究所。
謝堯亭　2014　《“格”與“霸”及晉侯銅人》，《兩周封國論衡——陝西韓城出土芮國文物暨周代封國考古學研究國際學術研討會論文集》，上海古籍出版社。
謝堯亭　2021　《翼城大河口西周墓地考古發現與研究論述》，《霸金集萃——山西翼城大河口西周墓地出土青銅器》，上海古籍出版社。
楊樹達　2004　《積微居金文説》（增訂本），中華書局。
楊曉麗　2017　《西周狄族初探》，華中師範大學碩士學位論文。
張　海　2018　《倗伯、霸伯諸器與西周政權結構問題》，《青銅器與金文》（第2輯），上海古籍出版社。
張天恩　2010　《晉南已發現的西周國族初析》，《考古與文物》第1期。
張亞初　1983　《兩周銘文所見某生考》，《考古與文物》第5期。
趙曉斌　2019　《荆州棗林鋪楚墓出土卜筮祭禱簡》，《簡帛》（第19輯），上海古籍出版社。
趙曉斌　2021　《湖北荆州棗林鋪戰國楚墓》，《2020中國重要考古發現》，文物出版社。

# A Study of the Clan Name of the State of Ba (霸) with a Discussion of the Appellation X sheng(某生) in the Bronze Inscriptions of the Zhou Dynasty

Xie Mingwen

**Abstract:** In recent years, a large number of bronzes of the state of Ba (霸) were excavated from the cemetery of the Western Zhou Dynasty at Dahekou in Yicheng County, Shanxi Province, which has attracted widespread attention from the academia. Researchers disagree over the clan name of the state of Ba. Some think they were the Di (狄) tribes assimilated into the Shang and Zhou cultures of the Central Plains. Some think their clan name was Kui (媿). Some think they belonged to the state of Lu (潞) from the Red Di (赤狄) recorded in the texts of Spring and Autumn Period. And some think the state of Ba was the state of Bai (柏) whose clan name was Ji (姞). In combination of the inscriptions of Ge Bo *gui* (格伯簋) and other related bronzes, this article points out that the clan name of the state of Ba should be Yun (妘). This article also discusses the personal name X *Sheng* (某生) in the bronze inscriptions of the Zhou Dynasty, and points out that the influential theory among the academia, that *Sheng* (生) can be read as *Sheng* (甥) and X stands for the name of his maternal uncle's family name, is dubious. This article holds that *Sheng* should be simply regarded as a private name. It can be used as a private name on its own, or it can compose *Sheng* X (生某) as a two-character private name, or it can compose X *Sheng*. The case of X *Sheng* is complicated. Sometimes it can be a two-character private name, and sometimes it is a combination of one's own clan name and the private name *Sheng*.

**Key words:** State of Ba (霸); Bronze inscriptions; Ge Bo *gui* (格伯簋); Clan name Yun (妘); *Sheng* (生)

（謝明文，“古文字與中華文明傳承發展工程”協同攻關創新平臺/復旦大學出土文獻與古文字研究中心　上海　200433）

# 清華大學藏楚簡《禱辭》研讀札記*

陳　偉

**摘　要**：《清華大學藏戰國竹簡（玖）》刊布的《禱辭》，涉及禱祀制度。其中“明”與“群明”應讀爲“民”與“群萌（氓）”；“伻=”應看作合文，即“邦人”；“邑人”的“人”讀爲“仞”，“充實”的意思；“爲尚”的“尚”讀爲“黨”，“聚居”的意思；“歐”疑應讀爲“咎”，發語辭；“支”疑是“攴”字，“支人”大概相當於古書中的“支子”。

**關鍵詞**：清華大學藏戰國竹簡；禱辭；群明；邦人；支人

《清華大學藏戰國竹簡（玖）》（黃德寬主編，2019）有一篇整理者擬題爲《禱辭》的竹書，用簡23枚，分八章，記述對社、后稷、士正等神祇的祈禱之辭。整理者提供的釋文、注釋，爲解讀奠定了重要基礎。該篇整理的執筆者程浩撰有《清華簡〈禱辭〉與戰國禱祀制度》（2019）一文，與注釋相表裏，可進一步幫助理解。其後，有多位學者以不同方式發表意見，推進了對於這篇文獻的認識。我們在拜讀中，也有一些想法。謹條叙於次，希望得到指正。爲便於行文，引述簡文時一般使用通行字。

## 一、明　群明

“群明”四見，分别在第一（簡2）、第二（簡5，“明”誤作“旬”）和第三章（簡7-9）。“明”三見，皆在第五章（簡13-15）。整理者均未加注釋。程浩（2019）以第二章（簡5-6）爲例指出：“簡文向‘某邑之社’禱告城邑繁盛，具體的訴求則是‘使四方之群明遷諸於邑之於處’。這裏的‘群明’應指神明，與之相應的，第七、八節又有‘使四方之民人遷諸於邑之於處’。”簡15“四方之明”，或許也得到同樣理解。

2019年11月23日，孟蓬生在安大簡詩經讀書班微信群中發表《清華簡〈禱

*本文爲國家社會科學基金重大項目“雲夢睡虎地77號西漢墓出土簡牘整理與研究”（16ZDA115）階段性成果。

辭〉“群明”試釋》一文①，指出：

> 愚以爲所謂“群明”可試讀爲“群萌”，亦即“群氓（甿）”。《墨子·非攻中》：“於是退不能賞孤，施捨群萌。”孫詒讓《墨子閒詁》：“畢云：‘此氓字之假音。’詒讓案：《尚賢》中篇云：‘四鄙之萌人。’”《文選·張協〈七命〉》：“群氓反素，時文載郁。”《賈子·大政》：“夫民之爲言也瞑也，萌之爲言也盲也。”《説文·民部》：“氓，民也。从民，亡聲。讀若盲。”又《田部》：“甿，田民也。从田，亡聲。”明、亡古音相通，故明（萌）可假借爲氓（甿）。

孟先生文中雖然將簡15的“四方之明”與四處“四方之群明”一併列出，但討論時只涉及“群明”，對簡15的“明”則未直接説到。稍後，王寧引述孟先生意見，認爲簡13–15中的“明”均當讀爲“萌”，同“氓”②。

傳世古書中單獨用“明”指稱神祇的例證，似難以確認。《漢書·五行志中之下》：“史記魯襄公二十三年，穀、洛水鬭，將毀王宮。……周靈王將擁之，有司諫曰：‘不可。長民者不崇藪，不墮山，不防川，不竇澤。今吾執政毋乃有所辟，而滑夫二川之神，使至于争明，以防王宮室，王而飾之，毋乃不可乎！……’”顔師古注：“臣瓚曰：‘明，水道也。’師古曰：‘明謂神靈。’”《國語·周語下》“靈王二十二年”章記作太子晉諫曰，“使至於争明以防王宮”句下，韋昭注：“明，精氣也。”俞樾（2010:461–462）云：“《爾雅·釋詁》曰：‘明，成也。’古成、盛二字通用，明訓成，故亦訓盛。《淮南子·説林篇》‘長而愈明’高注曰：‘明猶盛也。’《禮記·明堂位》孔穎達正義曰：‘明堂，盛貌。’然則争明猶争盛也。《吕氏春秋·悔過篇》曰：‘此其備必已盛矣’，高誘訓盛爲强。然則争盛猶争强也。韋氏以精氣釋之，義轉迂矣。哀十六年《左傳》：‘與不仁人争明無不勝’，‘争明’蓋古人常語，後人不達古語，故失其解。”俞樾這一論斷應可憑信。對《漢書·五行志中之下》“争明”的注釋，顔師古引臣瓚説是指其實際含義，顔師古注“神靈”則似實指神的威力，與俞樾之説並無原則性歧異。

簡5説“苟使四方之群明遷者於邑之於處”，簡2、7–9三處則均作“苟使四方之群明歸曾孫某之邑者”。古人祭祀時，有所謂“降神”“下神”之事。屈原《離騷》：“巫咸將夕降兮，懷椒糈而要之。”王逸注：“椒，香物，所以降神。糈，精米，所以享神。言巫咸將夕從天上來下，願懷椒糈要之，使占

①微信群交流文稿承孟先生賜示。

②參看：“清華九《禱辭》初讀”主題帖，簡帛網簡帛論壇，2019年11月25日第13層王寧先生發言，http://www.bsm.org.cn/forum/forum.php?mod=viewthread&tid=12420&highlight。

茲吉凶也。”（參看洪興祖，1983:37）《史記 · 孝武本紀》：“于是五利常夜祠其家，欲以下神。神未至而百鬼集矣，然頗能使之。”《漢書 · 禮樂志》：“高祖時，叔孫通因秦樂人制宗廟樂。大祝迎神于廟門，奏《嘉至》，猶古降神之樂也。”至於要群神遷至或歸至某邑則未之聞。《國語 · 周語上》“十五年有神降于莘”章記内史過説：“夫神壹，不遠徙遷。”[①]則似乎是遷神一説的否定性證據。

在將簡文“明”指神的可能性排除之後，益可見孟先生意見之可憑信。四處“群明”，皆當讀作“群萌”，亦即“群氓（甿）”。

至於第五章中的三處“明”字，似不如讀爲“民”。雖然“民”與“萌”“氓”音義可通，都用來指民衆，但“民”的泛指色彩似乎更突出。《説文》：“民，衆萌也。”《左傳》昭公十三年“有謀而無民”，杜預注：“民，衆也。”《楚辭 · 離騷》“終不察夫民心”，朱熹集注：“民，謂衆人也。”傳世古書中有“群萌”“群氓”，却不見“群民”，蓋即由此。

孟蓬生在上揭文章中還指出：“民、氓統言不别，析言有異。‘氓’从亡得聲，亦兼其義，指‘流亡’或‘逃亡’來的民衆。《説文 · 民部》：‘氓，民也。从民，亡聲。讀若盲。’清段玉裁《説文解字注》：‘民氓異者，析言之也。以萌釋民者，渾言之也。……蓋自他歸往之民則謂之氓，故字从民亡。’……”文末還抄録楊慎《升庵集 · 氓字訓》作爲參考。然而就簡文而言，“四方之群明”“四方之明”與“四方之民人”，應該都是指本邑以外的民衆，彼此只是行文有别，内涵似並無差異。

## 二、父= 佯=

二者並見於簡4。整理者釋文作：“皇=（皇皇）之父=（父，父）余茲佯=（邦，邦）與夫=（大夫），歲獻者（諸）女（汝）。”

“父”字重文析書後，整理者在其間斷讀而未作説明。這樣處理，上下文（“皇皇之父”和“父余”）都不好理解。父，恐當讀爲“甫”，二字連屬。《詩 · 大雅 · 韓奕》：“孔樂韓土，川澤訏訏。魴鱮甫甫，麀鹿噳噳。”毛傳：“訏訏，大也。甫甫然，大也。噳噳然，衆也。”《廣雅 · 釋訓》：“甫甫，衆也。”“甫甫”與“皇皇”義近，可能都是用來贊美神靈[②]。

①韋昭注：“言神壹心依憑于人，不遠遷也。”

②“皇皇”後“之”字，或許用同“而”或者“兮”，參看解惠全等（2008:1142-1144）。

伻，注釋説："見於包山簡，劉釗讀爲'邦'。"①包山簡簡5、67中有字與此字近似，蓋爲一字。包山簡中這種寫法的字，存在不同看法②。看《禱辭》此處，劉釗的釋讀可從。不過，整理者的釋讀，上下文都很費解。頗疑這是一處合文，應析讀爲"邦人"，含義與"國人"近似。《書·金縢》："二公命邦人，凡大木所偃，盡起而築之。"《史記·魯世家》作"國人"。古書中見有"國人"與"大夫"並舉。如《孟子·梁惠王下》："左右皆曰賢，未可也。諸大夫皆曰賢，未可也。國人皆曰賢，然後察之。見賢焉，然後用之。"《孟子·公孫丑下》："我欲中國而授孟子室，養弟子以萬鐘，使諸大夫、國人皆有所矜式。"

這樣，相關簡文似當讀作："皇皇之甫甫，余、兹邦人與大夫歲獻諸汝。"

## 三、邑人　爲尚

簡9-10："苟使四方之群明（萌）歸曾孫之邑者，如雲之内，如星之西行，如河伯之富，如北海之昌，使曾孫某之邑人，以邑之爲尚。"

人，似當讀爲"仞"。睡虎地秦簡《爲吏之道》簡6叁"根田人邑"，整理小組讀作"墾田仞邑"，注釋説："使城邑人口充實。《吕氏春秋·勿躬》：'墾田大邑。'"（睡虎地秦墓竹簡整理小組，1990:171）劉嬌（2012）進一步收集類似表述有《管子·小匡》"墾草入邑"，《韓非子·外儲説左下》"墾草仞邑"，《新序·雜事四》"墾田創邑"。簡文通篇都是講從外面招來民衆，本句開頭説"苟使四方之群明（萌）歸曾孫之邑者"，可見"邑人"不當如字讀。

以邑之爲尚，整理者釋文連上讀。在將"人"讀爲"仞"之後，顯然應自爲一句。尚，疑可讀爲"黨"。《廣雅·釋詁二》："鄘，凥也。"王念孫疏證（2016:257、260）："鄘，古通作黨。《大司徒》：'四閭爲族，五族爲黨。''閭''族''黨'皆聚居之義。《唐風·葛生篇》云：'歸于其居。'《齊策》云：'歸于其黨。''黨'亦'居'也。《淮南子·道應訓》云：'我南游乎罔㝗之野，北息乎沈墨之鄉，西窮冥冥之黨。'"本篇簡5-6説"使四方之群旬〈明（萌）〉遷者於邑之於凥（處）"，簡21、23均説"使四方之民人遷者於邑之於凥（處）"，將"以邑之爲尚"理解爲類似説法，應該是適宜的③。

網友"ee"認爲其中"於邑之於處"，在最終使用時可以在"於"字處填

①參看劉釗（2004:4）。

②參看陳偉等（1992:7、33）。

③"使曾孫某之邑人（仞）"和"以邑之爲尚"的主體均爲上文"四方之群明（萌）歸曾孫之邑者"。

入實際的某邑或某處，這是一種少見的替代方式[①]。沈培則讀作“遷諸於邑，之於處”，認爲即“遷之於邑，處於之”[②]。王引之《經傳釋詞》卷一“於”字條云：“於，犹‘爲’也（此“爲”讀平聲)。《禮記·郊特牲》曰：‘埽地而祭，於其質也。’又曰：‘祭天，埽地而祭焉，於其質而已矣。’皆謂爲其質、不爲其文也。《大戴禮·曾子本孝篇》曰：‘如此而成於孝子也。’言如此而後成爲孝子也。《曾子事父母篇》曰：‘未成於弟也。’言未成爲弟也（“弟”讀“孝弟”之“弟”）。文六年《穀梁傳》曰：‘閏月者，附月之餘日也，積分而成於月者也。’言成爲月也。《孟子·離婁篇》曰：‘寇至則先去以爲民望，寇退則反，殆於不可。’言殆爲不可也。《荀子·正論篇》曰：‘是特奸人之誤於亂説以欺愚者而潪陷之。’誤，謬也。於，爲也。潪，溺也。言奸人謬爲亂説，以欺愚者而溺陷之也。‘於’與‘爲’同義，故姚本《東周策》‘夫秦之爲無道也’，《秦策》‘楚亦何以軫爲忠乎’，鮑本‘爲’並作‘於’。《史記·張儀傳》‘韓、梁稱爲東藩之臣’，《趙策》‘爲’作‘於’。”如果把三處“之於尻”的“於”訓作“爲”，則“遷者”的“者”應如字讀，其下“於”字應是“以”的意思。在這種情形下，“於邑之於尻”與“以邑之爲尚”更爲近似。

## 四、歐

見於簡11之首。整理者釋文括注“謳”，注釋説：“歐，讀爲‘謳’，《説文》：‘齊歌也。’”上古音中，“區”屬侯部溪紐，“咎”屬幽部群紐（參看唐作藩，2013:77、129），或可音近通假。《左傳》哀公二年：“吾伏弢嘔血。”《經典釋文》：“嘔，本又作咯。”簡文“歐”疑當讀爲“咎”，與同篇其他多章開頭用“咎（皋）”發語相當。

## 五、支人

簡13-14寫道：“始明（民）以某邑之不宜，明（民）家及其支人、諸母、小童、諸婦、婢子、豎子，病者於我於（乎）思（息），飢者於我於（乎）食。”

①參看：“清華九《禱辭》初讀”主題帖，簡帛網簡帛論壇，2019年11月22日第2層“ee”發言，http://www.bsm.org.cn/forum/forum.php?mod=viewthread&tid=12420&highlight。

②參看沈培：《談談語法觀念和知識在研讀戰國竹書中的作用》，厦門大學中文系2020年暑期課程，2020年7月16日。講義文檔承沈先生賜示。

“不宜”的“不”，疑當讀爲“丕”，《説文》：“大也。”

支，整理者注釋：“疑是‘丈’的訛字。丈人，義爲一家之長。《史記·刺客列傳》‘家丈人召使前擊築’，司馬貞索隱引劉氏云：‘謂主人翁也。’‘支’字亦可讀‘僕’，朱駿聲《説文通訓定聲》有説，但‘僕人’放在此處與下文的‘諸母、小童、諸婦、婢子、豎子’不諧。”值得注意的是，簡文用“及其”將“明（民）家”與“支人”等加以區分，“支人”與明顯屬於奴僕的“小童”“婢子”“豎子”等並列，一同處于“明（民）家”的附屬地位，“支人”以及相關稱述的涵義，均應從這一語境考慮。

諸母，通常指庶母。《禮記·曲禮上》“諸母不漱裳”，鄭玄注：“諸母，庶母也。”孔穎達疏：“諸母，謂父之諸妾有子者。”《禮記·内則》“擇於諸母與可者”，鄭玄注：“諸母，衆妾也。”簡文“諸母”蓋即此義，指嫡母之外的庶母。

“童”有奴隸義。《説文》：“童，男有辠曰奴，奴曰童，女曰妾。”《漢書·貨殖傳》“童手指千”，顔師古注引孟康曰：“童，奴婢也。”通作“僮”。《史記·貨殖列傳》“僮手指千”，集解引《漢書音義》：“僮，奴婢也。”《急就篇》卷三“妻婦聘嫁齎媵僮”，顔師古注：“僮謂僕使之未冠笄者也。”鑒於下文有“婢子”，簡文“小童（僮）”似專指男性小奴。

《禮記·内則》“子師辯告諸婦、諸母名”，孔穎達疏：“諸婦，謂同族卑者之妻。”《禮記·昏義》“和於室人”，鄭玄注：“室人，謂女妐、女叔、諸婦也。”孔穎達疏：“女妐，謂壻之姊也。女叔，謂壻之妹。諸婦，謂娣姒之屬。”《後漢書·獨行列傳·繆肜》（1965:2685-2686）：“少孤，兄弟四人，皆同財業。及各娶妻，諸婦遂求分異，又數有鬬争之言。肜深懷憤嘆，乃掩户自撾曰：‘繆肜，汝修身謹行，學聖人之法，將以齊整風俗，奈何不能正其家乎。’弟及諸婦聞之，悉叩頭謝罪，遂更爲敦睦之行。”簡文“諸婦”，疑指庶子之妻。

婢子，指女奴或妾。《説文》：“婢，女之卑者也。”張家山漢簡《二年律令》簡162-163：“奴婢爲善而主欲免者，許之，奴命曰私屬，婢爲庶人，皆復使及算事之如奴婢。主死若有罪，以私屬爲庶人，刑者以爲隱官。所免不善，身免者得復入奴婢之。其亡，有它罪，以奴婢律論之。”《禮記·檀弓下》：“如我死，則必大爲我棺，使吾二婢子夾我。”鄭玄注：“婢子，妾也。”

豎子，童僕。《莊子·山木》：“故人喜，命豎子殺雁而烹之。”郭慶藩集釋：“豎子，童僕也。”《荀子·仲尼篇》云：“仲尼之門人，五尺之豎子，言羞稱乎五伯。”王天海（2005:237）案：“門人指生徒，豎子指僮僕。”豎子與小童並見，大概前者是庶人，後者是奴隸。

“攴人”與“諸母、小童”等並列，附屬於“明（民）家”，顯然難以讀作“丈人”，以爲一家之長。讀爲“僕人”反而比較近似。不過，這裏還有一種情形可供考慮，即“攴”實爲“支”字。在秦漢文字中，支、丈二字近似，作手執“十”形或半竹形。簡文此字上部从“卜”，缺少左邊的橫畫。順着整理者的思路①，也應可視爲“支”的訛字。楚文字中的从“支”之字均寫作从“只”（參看禤健聰，2017:427-428）。不過，楚文字“列”字通常寫作“𠟭”或“𢾅”（參看禤健聰，2017:200），而《禱辭》簡18“列（厲）疾”的“列”，却使用常見的寫法。這可能是因爲本篇從楚國之外傳入，保留有一些非楚文字的因素。

如果“攴人”即“支人”，大概相當於古書中的“支子”。《儀禮・喪服》：“何如而可以爲人後？支子可也。”賈公彦疏：“支子則第二已下庶子也。不言庶子云‘支子’者，若言庶子，妾子之稱，言謂妾子得後人，適妻第二已下子不得後人，是以變庶言‘支’。支者，取支條之義，不限妾子而已。”《禮記・曲禮下》：“支子不祭，祭必告于宗子。”孔穎達疏：“支子，庶子也。祖禰廟在適子之家，而庶子賤，不敢輒祭之也。”支子與諸母、諸婦地位類似，並且與諸婦對應，用來解釋“支子”，應該是適宜的。相應地，“明（民）家”的“家”只包括男性家長與其嫡子孫以及他們的正妻，範圍相當狹小。

**參考文獻**

陳偉等　1992　《楚地出土戰國簡册（十四種）》，經濟科學出版社。
程　浩　2019　《清華簡〈禱辭〉與戰國禱祀制度》，《文物》第9期。
范　曄　1965　《後漢書》，中華書局。
洪興祖　1983　《楚辭補注》，中華書局。
黄德寬（主編）　2019　《清華大學藏戰國竹簡（玖）》，中西書局。
李松儒　2020　《清華九〈廼命〉〈禱辭〉字迹研究》，《出土文獻研究》（第19輯），中西書局。
劉　嬌　2012　《言公與剿説》，綫裝書局。
劉　釗　2004　《包山楚簡文字考釋》，《出土簡帛文字叢考》，臺灣古籍出版有限公司。
睡虎地秦墓竹簡整理小組　1990　《睡虎地秦墓竹簡》，文物出版社。
唐作藩　2013　《上古音手册（增訂本）》，中華書局。
王念孫　2016　《廣雅疏證》，上海古籍出版社。
王天海　2005　《荀子校釋》，上海古籍出版社。
解惠全等　2008　《古書虚詞通解》，中華書局。
禤健聰　2017　《戰國楚系簡帛用字習慣研究》，科學出版社。
俞　樾　2010　《群經平議・春秋外傳國語平議》，《春在堂全書》，鳳凰出版社。

①李松儒（2020）也認爲“攴”爲“丈”的訛寫。

# Reading Notes of the *Prayers* (《禱辭》) in the Chu Bamboo Slips in the Collection of Tsinghua University

Chen Wei

**Abstract:** The *Prayers* (《禱辭》) published in the *Warring States Bamboo Slips in the Collection of Tsinghua University (Vol. 9)* is concerned with the system of prayers and rituals. The character *ming* (明) and phrase *qunming* (群明) in the text should be read as *min* (民) and *qunmeng* (群萌/群氓). The phrase *bangbang* (丰=) should be taken as a ligature for the phrase *bangren* (邦人); the character *ren* (人) in the phrase *yiren* (邑人) should be read as *ren* (仞), meaning to be filled up; the character *shang* (尚) in the phrase *weishang* (爲尚) should be read as *dang* (黨), meaning dwelling; the character *ou* (歐) might be read as *gao* (咎), a sentence-initial particle; the character *pu* (攴) might be the character *zhi* (支), and the word *zhiren* 支人 is probably equivalent to a son other than the eldest son of the legal wife (支子) in the handed-down documents.

**Key words:** Warring States bamboo slips in the collection of Tsinghua University; *Prayers* (《禱辭》); *Qunming* (群明); *Bangren* (邦人); *Zhiren* (支人)

（陳偉，武漢大學簡帛研究中心/“古文字與中華文明傳承發展工程”協同攻關創新平臺　武漢　430072）

# 清華簡《厚父》“如丹之在桼”新釋*

石從斌

**摘　要**：清華簡《厚父》字形複雜、文辭古奧、内容豐富，是一篇失傳已久的書類文獻。文章在整理者釋文及前人研究的基礎上，認爲整理報告中“如丹之在朱”的“朱”應爲“桼”字，“丹”“桼”均爲顏料。簡文的“如丹之在桼”應與前面的“如玉之在石”呼應，即以“玉”在“石”中難以被發現，“丹”在“桼”下難以被顯現來比喻“民心”之難測。

**關鍵詞**：清華簡；厚父；新釋

清華簡《厚父》通篇以“王”與“厚父”對話的形式展開，包含了“勤政”“用人”“畏天命”“司民”等内容。整理者釋讀嚴謹、考證深入，絶大部分内容詳實可信。我們在學習整理報告及前人研究成果的基礎上，對簡12中“如丹之在朱”的理解與釋讀産生了一些不成熟的想法，故不揣鄙陋，草此小文，以求教於方家。

## 一、諸家觀點綜論

《厚父》簡12有下面這樣的話：

> 若山厥高，若水厥㴱（深），如玉之在石，如丹之在朱，廼是惟人①。

整理者認爲簡文中的“厥”相當於句中助詞“之”，“㴱”用爲“罙”，後世寫作“深”，“是”當“寔”講，“惟人”與《詩經》“宣哲維人”的用法相當（李學勤，2015:115）。但整理者未對“如丹之在朱”進行解釋。簡文中整理者釋作“朱”的字作如下形：

關於此形的釋讀，目前有兩種觀點。一種同整理者所釋，如網友“明珍”

*本文承蒙黄德寬師審閲指正，在參加清華大學第二届語言文字學青年學術論壇的過程中，黄天樹、王子楊、賈連翔、張頑等多位先生均提出了寶貴意見，特此致謝。

①文章援引簡文除個别字外，一律采用寬式釋文。

（2015）認爲"如丹之在朱"的"丹"爲"石之精"，故"丹"在"朱（硃）"中最爲精良[①]。子居（2015）引鄭玄注"丹淺於赤"，認爲"丹"比"朱"的顔色更爲鮮明著目，此句話自然是將"司民"比作"丹"，將"民"比作"朱"[②]。另一種認爲此形應爲"桼"字，如單育辰（2017:209）認爲簡12中釋作"朱"的形體從右起筆斜寫，古文字中"朱"未有此種寫法，實應是"桼（漆）"字，其形應象漆木上刻劃以取漆之意。古代從漆樹上提取的漆本是乳白色汁液，接觸空氣後變成偏紅的棕褐色，疑《厚父》句意指此。高佑仁（2018:236）同意單説，認爲"朱"作"[字形]"（信陽2. 016），"桼"作"[字形]"（天卜），其差異在於"朱"中間是兩道平直的筆劃，筆勢由左至右，"桼"是兩道斜筆，筆勢從右上至左下，二字運筆方向截然不同，可作爲區别標準。漢代文獻常提及"丹漆"（朱紅色的漆），明代黄成《髹飾録》"水積"條，楊明注云："漆之爲體，其色黑。"色澤偏暗的"漆"，却能提煉出"丹"（朱紅）色。此處簡文是説：美玉潛藏在璞石中，色澤暗黑的"漆"能提煉出鮮艷的紅色，就如同人的本質一樣，深藏在心中，若透過一定啓發，便能顯現人内心的貞良。我們認爲解决簡文中字形釋讀問題的關鍵在於兩點：首先要系統搜集楚系出土文字材料中"朱"與"桼"的字形，排比出二字的區分特徵，並與簡12的形體進行比對，確定其究竟爲何字；其次要將釋讀的結果代入具體辭例之中，並疏通上下文意，確保暢通連貫。

## 二、楚系出土文字材料"朱"與"桼"的區分特徵分析

我們在全面梳理楚系出土文字材料的基礎上，剔除殘損與漫漶不清的字形，共搜集"朱""桼"及从其偏旁之字69例，兹將特徵字形列舉如下：

（一）"朱"及从"朱"之字[③]

1. A類：

[字形]清華簡《封許》[④]簡6　[字形]長臺關2-016　[字形]清華簡《繫年》簡113

①參看ee：《清華五〈厚父〉初讀》，簡帛網，2015年4月16日第27樓"明珍"的發言，http://www.bsm.org.cn/forum/forum.php?mod=viewthread&tid=3245&extra=&highlight=%E5%8E%9A%E7%88%B6&page=3。

②參看子居：《清華簡〈厚父〉解析》，清華大學出土文獻研究與保護中心網站，2015年4月28日，https://www.ctwx.tsinghua.edu.cn/info/1081/2221.htm。

③匿名審稿專家指出將朱字改釋爲桼，文中已經引到學者的有關看法，説明不是本文的創見，後面大量篇幅二字字形的對比論證，似可相應删减。我們認爲專家的意見十分正確，因此删去了原稿中羅列的大部分字形，同時還删去了引用的諸家有關"朱""桼"的構形闡釋，僅保留了幾個特徵字形與一處"朱"作偏旁訛成"桼"的例證，以補充之前學者的論述。

2. B類：

安大簡104 　　　　　　安大簡104 　　　　安大簡72

（二）“桼”及从“桼”之字

1. A類：

清華簡《子産》簡6

2. B類：

清華簡《越公》簡6 　　　　長臺關2-03

3. C類：

清華簡《四告》簡19 　　　清華簡《四告》簡1

4. D類：

安大簡93 　　　　　　　包山簡253

由上可知，楚文字的“朱”“桼”及以其爲偏旁之字形體較爲穩定。“朱”形大致可分爲兩類：A類形體从“木”，中間有兩横筆，且中部竪筆穿過兩横筆，如“”（清華簡《封許》簡6）；B類形體亦从“木”，但中部竪筆不穿過横筆，如“”（安大簡104）。“桼”形大致可分爲四類：A類如清華簡《子産》簡6的“”，中部爲四短横，此類形體與曾伯桼簠的“桼”字所从“桼”近似，遠有所承；B類如清華簡《越公》簡6等所从作“”，从“木”，中間爲兩斜筆，且“木”形中部的竪筆穿過兩斜筆；C類中間的筆劃仍爲兩斜筆，但中部竪筆不穿過兩斜筆；D類如安大簡93作“”，“木”形與中間的兩斜筆共用筆劃。

縱觀楚文字中的“朱”與“桼”，二形的區分特徵主要在於中部的筆劃。“朱”形中部一般有兩横筆，“桼”形中部筆劃較爲複雜，可作兩斜筆、四短横或中部兩斜筆與“木”形共用筆劃等類。從單字來看，“朱”字不見中部爲斜筆的形體，“桼”字也不見中部作兩横筆的字形，二者不見相互訛混的例證。二形作偏旁時，也僅見一例“朱”旁訛與“桼”形近似，兹列舉如下：

包山簡D1A

此字左側从“糸”，右側木形的中部爲兩斜筆，與楚文字的“桼”近似，但比對包山簡269的“絑”作“”，二者的辭例均爲“絑（朱）縞”，知包山簡D1A的“”也應爲“絑”字。恐由於書手書寫較爲隨意，導致“”所从“朱”旁的中部兩横筆較爲傾斜。

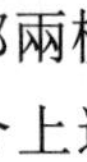

綜合上述分析，我們認爲楚文字中“朱”與“桼”的區分較爲明顯，主要在

於中部筆劃的不同。清華簡《厚父》簡12整理者釋作“朱”的字形作“”，木形中部的筆劃爲兩斜筆，與楚文字中部爲兩横筆的“朱”形截然不同，但與楚文字中部爲兩斜筆的這類“桼”形相同，應爲“桼”字無疑。

## 三、“如丹之在桼”新釋與句意疏通

通過分析楚文字“朱”與“桼”的區分特徵，我們認爲《厚父》簡12整理者釋作“朱”的字應爲“桼”字，接下來我們在梳理“如丹之在桼”所在語句與上下文邏輯關係的基础上，解釋“如丹之在桼”的具體含義，並逐句疏通《厚父》簡8末至簡12中段簡文大意，以證我們釋讀的正確性。

《厚父》通篇以王與厚父的對話展開，第1至8簡主要論述了“啓惟后，帝降臯繇”“在夏之哲王朝夕肆祀”以及王詢問“後王之享國”之事，厚父也對王的提問作出了回答。從第8簡末至第12簡，王開始詢問“小人之德”，厚父針對王的詢問進行了較爲詳細的論述，兹將簡8-12的簡文列舉如下：

> 兹小人之德，惟如台？厚父曰：嗚呼，天子！天命不可湛（忱）[1]，斯民心難測。民式克恭心敬畏，畏不祥，保教明德，慎肆祀，惟所役之司民啓之[2]。民其亡諒，廼弗畏不祥，亡顯于民，亦惟禍之攸及，惟司民之所取。今民莫不曰余保教明德，亦鮮克以誨[3]。曰：民心惟本，厥作惟葉，矧其能丁良于友人，廼宣淑厥心。若山厥高，若水厥深，如玉之在石，如丹之在桼，廼是惟人。曰：天監司民，厥徵如肱之服于人。

第8簡末至第12簡中段以王詢問的“小人之德”展開，厚父在回答“王”時，首先以“天命不可忱，斯民心難測”作爲整個論述的起點，然後以“民恭心敬畏，司民啓之”與“民亡諒，惟司民之所取”兩個方面來論述民衆行爲具有正反兩種可能性，且與“司民”密切相關。接着厚父又論述了如今“民”的狀況，即“莫不曰余保教明德，亦鮮克以誨”。最後，厚父又以兩個“曰”字句式開頭，分别論述了“民心”與“司民”。

我們所討論的“如朱之在桼”所處語句爲“若山厥高，若水厥深，如玉之在

①黄德寬（2020）師認爲此形應爲《廼命二》“𣿅”字省體，可讀爲“忱”，猶《君奭》之“天不可信”。

②馬楠（2015）將“啓之”屬上讀，並認爲“民式克恭心敬畏”與“民其無諒”是相對的兩個方面。

③馬楠（2015）以爲“誨”可作如字讀，“鮮克以誨”即“司民之教誨難以更加增益”，是褒揚的話。

石，如丹之在桼，廼是惟人”，這句話正位於最後兩個“曰”字句式中間。子居（2015）認爲這句話中的“若山厥高，若水厥深”是指“司民要起到榜樣的作用”，即比喻的是“司民”[①]。王坤鵬（2017）認爲此句是對“民心難測”特點的一個概括，可以意譯爲“民心就像山一樣高不可測，像水一樣深不可測”。我們認爲王説可從。首先，從簡文後兩個“曰”字句式來看，第一個“曰”字句式主要圍繞“民心惟本，厥作惟葉”展開，第二個“曰”字句式圍繞“天監司民”展開，很明顯這兩個“曰”字句式是對上文“民恭心敬畏，司民啓之”與“民亡諒，惟司民之所取”中“民心與司民”的進一步論述。“若山厥高，若水厥深，如玉之在石，如丹之在桼”這句話位於第一個“曰”字句式後，應該與其論述的“民心”內容相關。

其次，在這句話末還有“廼是惟人”，應是對“若山厥高，若水厥深，如玉之在石，如丹之在桼”這幾個比喻物所指對象的進一步説明。我們認爲此處的“廼”可訓爲“才”，表顺承。“廼”後的“是”可讀爲“實”，訓爲“確實、真的”。“是”古音在禪紐支部，“實”在禪紐質部，二字聲紐相同，支質關係密切，可通。出土戰國文字材料中，亦有“是”“實”相通的例證。如上博簡《周易·既濟》“是受福吉”，今本與馬王堆帛書《周易》均作“實”。清華簡《鄭文公問太伯（甲）》簡 2：“伯父是被覆。”整理者（李學勤，2016:119）將“是”讀爲“實”。“廼是（實）惟人”意思應爲“（這）才真的是人啊”。這裏的“人”應與前面的“民”等同。這可與這段話開頭王詢問的是“小人之德”，而厚父以“民”作答相參照。由上可知，“若山厥高，若水厥深，如玉之在石，如丹之在桼，廼是惟人”這句話應該是圍繞“民心”繼續展開的論述。“若山厥高，若水厥深”意爲“民心像山一樣高，像水一樣深”，即“民心高深難測”。其後的“如玉之在石，如丹之在桼”也應用來比喻“民心難測，難以被知曉”。

“丹”本義應爲“丹砂”。《尚書·禹貢》“礪砥砮丹”，孔穎達釋“丹”爲“丹砂”（阮元，1980:149)。《荀子·王制》“南海則有羽翮、齒革、曾青、丹干焉”，楊倞注“丹”爲“丹砂”也（王先謙，1988:161)。《周禮·秋官》“職金掌凡金、玉、錫、石、丹、青之戒令”，孫詒讓（1987:2858）認爲“丹”即“丹砂”，與“青”並爲石之别種。“丹”可染色，故引申出“紅色”。如《儀禮·鄉射禮》“凡畫者丹質”，鄭玄認爲丹淺於赤（阮元，1980:1010)。“桼”應爲“漆”字初文，象“漆樹上流出漆汁”之形。“漆”可指“漆樹”，如《詩·鄘風·定之方中》“椅桐梓漆”，也可指“用漆樹汁做成的塗料”，如《尚書·禹貢》“厥貢漆、枲、絺、紵”。又因爲“漆汁”可染色，故引申出“黑色”之義。主張《厚父》

①參看子居：《清華簡〈厚父〉解析》，清華大學出土文獻研究與保護中心網站，2015年4月28日，https://www.ctwx.tsinghua.edu.cn/info/1081/2221.htm。

簡12“如丹之在朱”的“朱”爲“桼”的學者，大多認爲“暗黑色的漆”可提煉出“丹”。實際上“丹”與“漆”雖均爲顔料，但一爲“丹砂”，一爲“漆汁”，“丹砂”應不可能從“漆汁”中提煉而出。即使我們將“丹”理解爲“丹紅色”，認爲“丹紅色”可以從“漆汁”中提煉而出，也缺乏文獻材料與考古實物的佐證，恐難令人信服。諸家之所以認爲“丹”可從“漆”中提煉而出，恐與前一句“如玉之在石”有關，因爲“玉”可從“石”中開采而出。通過上文分析，我們知道“如玉之在石”應是用來比喻“民心之難測”，其着眼點恐不在於“玉”可從“石”中開采而出，而應立足於“玉”隱藏在“石”中難以被知曉。因此，其後的“如丹之在桼”也可以從這方面來考慮。《淮南子 • 説山》中有關“丹”與“漆”的論述，爲我們解决問題提供了新綫索。《淮南子 • 説山》有下面這樣的話：

> 染者先青而後黑則可，先黑而後青則不可；工人下漆而上丹則可，下丹而上漆則不可。萬事由此，所先後上下不可不審。

上舉《淮南子 • 説山》中的“下漆而上丹則可，下丹而上漆則不可”對比前一句“先青而後黑則可，先黑而後青則不可”，知“丹”“漆”均應爲“顔料”。此句話意思是説“工人在黑色的漆上塗丹則可，在丹上塗漆則不可”。因爲“漆”在下，“丹”在上可以顯現丹色，而“丹”在下，“漆”在上，則丹色被漆覆蓋而不易顯現出來。這也可以從出土戰國秦漢漆器上找到佐證。雨臺山楚墓出土的漆器都以黑、紅漆爲底色，一般在器表髹黑漆，器内髹紅漆。彩色紋飾都施於黑漆地上，常用的顔色有金、黄、紅、赭等色（湖北省荆州地區博物館，1984:91）。洪石（2006:123）指出戰國秦漢漆器中一般是在黑漆地上以紅、赭、灰緑等色漆繪，有少量在紅漆地上以黑色漆繪。這説明有關“丹”“漆”的顔色搭配在先秦就已經有了較爲普遍的認識。據此，我們認爲《厚父》簡12的“如丹之在桼”應指“丹在漆下難以顯現出來”，這正可與前面的“如玉之在石中難以被發現”相呼應，説明民心難以輕易顯現出來。

通過上述分析，我們認爲簡文大意爲：那小人的德行怎麼樣呢？厚父説：“嗚呼，天命不可信，民心難測。民衆能够恭心敬畏，畏懼不祥之事，保護教化，明曉道德，謹慎肆祀，這是因爲所役使的司民啓迪他們。民衆如果無信，則不會畏懼不祥之事，民衆身上亦無光顯尊寵，禍患也會來臨，這也是司民所招致。現在民衆没有不説‘我保護教化、明曉道德’，而且很少能再予以教誨。”厚父説：“民心是根本，他們的行爲是枝葉，如果他們丁良於友人，就可以宣揚淑善他們的心。（民心）像山一樣高，像水一樣深，像玉在石之中難以被發現，像丹在桼之下難以顯現，這才真的是人啊！”厚父説：“天監視司民，它的徵兆就如同肱服役於人一樣。”

**引書簡稱表**

| 安大簡 | 安徽大學藏戰國竹簡 | 包山簡 | 包山楚簡 |
|---|---|---|---|
| 長臺關 | 河南信陽長臺關竹簡 | 清華簡 | 清華大學藏戰國竹簡 |

**參考文獻**


高佑仁　2018　《〈清華伍〉書類文獻研究》，萬卷樓圖書股份有限公司。

洪　石　2006　《戰國秦漢漆器研究》，文物出版社。

湖北省荆州地區博物館　1984　《江陵雨臺山楚墓》，文物出版社。

黄德寬　2020　《清華簡新見"湛（沈）"字説》，《清華大學學報（哲學社會科學版）》第1期。

李學勤　2015　《清華大學藏戰國竹簡（伍）》，中西書局。

李學勤　2016　《清華大學藏戰國竹簡（陸）》，中西書局。

馬　楠　2015　《清華簡第五册補釋六則》，《出土文獻》（第6輯），中西書局。

阮　元　1980　《十三經注疏》，中華書局。

單育辰　2017　《〈清華大學藏戰國竹簡（伍）〉釋文訂補》，復旦大學出土文獻與古文字研究中心編，《戰國文字研究的回顧與展望》，中西書局。

孫詒讓　1987　《周禮正義》，中華書局。

王坤鵬　2017　《論清華簡〈厚父〉的思想意藴與文獻性質》，《史學集刊》第2期。

王先謙　1988　《荀子集解》，中華書局。


## New Interpretation of *Rudanzhizaiqi* (如丹之在桼) in the *Houfu* (《厚父》) of the Tsinghua Bamboo Slips

Shi Congbin

**Abstract:** The *Houfu* (《厚父》) in Tsinghua Bamboo Slips is a long-lost *Shang Shu*-style document with complex characters, archaic diction and rich content. On the basis of the document collators' interpretation and previous studies, the article holds that in the collation report, the character *zhu* (朱) in *rudanzhizaizhu* (如丹之在朱) should be the character *qi* (桼). Both *dan* (丹) and *qi* are pigments. The text *rudanzhizaiqi* (如丹之在桼) should correlate with *ruyuzhizaishi* (如玉之在石) in the preceding text, that is to say, jade is difficult to be found among rocks and cinnabar is difficult to manifest itself under lacquer, used as a simile of the difficulty in fathoming the "popular sentiments".

**Key words:** Tsinghua Bamboo Slips ; *Houfu* (《厚父》); New interpretation

（石從斌，中國人民大學文學院/"古文字與中華文明傳承發展工程"協同攻關創新平臺　北京　100872）

# 清華簡《芮良夫毖》續考兩則*

單育辰

**摘　要**：清華簡《芮良夫毖》發表已久，學術研究成果衆多，但因文義古奥，仍有一些剩義可尋。本文對《芮良夫毖》中的一些字詞進行考證：簡3“以自訿讀”，根據安大簡《詩經》簡101的“訿”與《詩經・魏風・葛屨》對讀，把《芮良夫毖》的“訿”讀爲“刺”，並根據典籍“刺譏”常常連言的情況，把“訿”後面的“讀”讀爲“譏”。簡19-20“約結繩剸，民之關閉。如關柭、扃管、繩剸既正，而五相柔比”，根據學者的意見把“剸”讀爲“端”，認爲是正、直的意思；又根據《老子》“善閉者無關楗而不可開，善結者無繩約而不可解”，與《芮良夫毖》相關句甚近的情況，把“柭”讀爲“楗”。

**關鍵詞**：清華簡；芮良夫毖；訿；剸；柭

清華簡《芮良夫毖》是一篇長的詩類文獻（李學勤，2012:144-155），至今發表已近十年，不過由於簡文文義古奥，很多問題現在仍然没有弄清。我們在《芮良夫毖》發表之後不久，曾寫過《清華三〈詩〉〈書〉類文獻合考》（單育辰，2015:227-230），對其中的一些問題做過探討，由於新材料的發現，我們感覺有一些問題還可以繼續研究。

## 一

《芮良夫毖》簡2-3：敬之哉君子，天猶畏矣。敬哉君子，寤敗改繇（由），恭天之畏（威），載聽民之繇（謡）。間隔若否，以自訿讀。

這兩簡第一個“繇”讀爲“由”，第二個“繇”讀爲“謡”，均從李學勤（2012:68）説。簡3中的“訿”作“[illegible]”形，黄傑曾認爲其右不从“此”而从“勺”[①]。按，“勺”中間有一横點，而該字右旁中間有數筆的殘痕，不能是

*本文受到2021年國家社科基金重點項目“清華簡佚《書》類文獻整理與研究”（21AYY017）、古文字與中華文明傳承發展工程規劃項目（G1935）的資助。

①參看黄傑：《初讀清華簡（叁）〈芮良夫毖〉筆記》，簡帛網，2013年1月6日，http://www.bsm.org.cn/show_article.php?id=1778。

“勺”，只能是“此”，鄧佩玲（2015:159）已據楚簡字形作了辨駁，下文徑以“訿”爲説。

整理者説：“《禮記·喪服四制》‘呰之者’，鄭玄注：‘口毁曰呰。’讀，疑讀爲‘毁’。毁，微部曉母；貴，物部見母，古音很近。古書以貴、爲、毁爲聲符的字可輾轉相通。《戰國策·齊策三》‘夏侯章每言未嘗不毁孟嘗君也’，高誘注：‘毁，謗。’這個意義後來或寫作‘譭’。簡文‘呰讀’表示被動。”網友子居説：“‘訿’當讀爲‘諮’……‘讀’當讀爲‘喟’，即‘喟’。”[①]王坤鵬説：“呰，當爲思量、考量之意。《國語·齊語》‘桓公召而與之語，呰相其質……’韋昭注：‘呰，量也。’又《禮記·少儀》‘不願於大家，不呰重器’，鄭玄注：‘呰，思也。’……讀，與‘呰’義近，爲省思之意，《廣韻·隊韻》：‘讀，覺悟。’”[②]蘇建洲（2014:45-46）説：“考慮到古書有【眦與積】、【眦與漬】的通假例證，‘訿’可能就是‘讀’的替换聲符，簡文讀爲‘責’，責求也。而‘讀’可考慮讀爲‘譌/訛/過’，《説文》：‘賜，資也。从貝，爲聲。或曰此古貨字。讀若貴。’”黄傑（2015:3）説：“王氏（辰按，指王坤鵬）對‘呰’的理解可從，但‘讀’的覺悟之義僅《廣韻》一見，不見於典籍，恐不足爲據。‘讀’似當讀爲‘惟’。……‘惟’意爲思量，與‘呰’的考量之義相近。”高中華、姚小鷗（2017:12）説：“‘訿讀’意猶‘潰亂’。《説文·言部》：‘讀，中止也。’段玉裁注：‘中止者，自中而止，猶云内亂。’‘訿’字从言此聲。《説文·此部》：‘此，止也。’則‘訿’亦有亂意。”連劭名（2018:117）説：“‘呰’讀爲此。《説文》云：‘此，止也。’‘潰’簡文从言、貴聲。《釋名·釋言語》云：‘敗，潰也。’”除了整理者的説法，其他意見都和典籍的習慣性用法有一定的距離。

按，《安大一·詩經》簡101有這麽一句話：“維此褊心，是以爲訿。”此句在今本《詩經·魏風·葛屨》中作：“維是褊心，是以爲刺。”

安大簡整理者説（黄德寬、徐在國，2019:138）：“（‘是以爲訿’）《毛詩》作‘是以爲刺’。《説文·言部》：‘呰（訿），不思稱意也。’上古音‘訿’屬精紐支部，‘刺’屬清紐錫部，音近可通（參看白於藍，2012:484）。”這是很正確的。由此可知，《芮良夫毖》“以自訿讀”的“訿”，整理者的解釋是妥當的，不過也可以讀爲“刺”，這裏的“刺”是責諷的意思，是典籍中的常用詞，並不像其他諸説對《芮良夫毖》“訿”的釋解那樣用例罕僻。《清華五·殷高宗問於三壽》簡20：“恭往思修，納諫受呰，神民莫責，是名曰智。”

①參看子居：《清華簡〈芮良夫毖〉解析》，孔子2000網，2013年2月24日。

②參看王坤鵬：《清華簡〈芮良夫毖〉篇箋釋》，簡帛網，2013年2月26日，http://www.bsm.org.cn/show_article.php?id=1832。

“訾”字整理者未加破讀（李學勤，2015:151、157），結合以上材料來看，它也應該讀爲“刺”，“諫”與“刺”語義相類，故互文以見義。在此之前，出土文獻中已有責諷義的“刺”字，但用“責”來表示，如《上博一 • 孔子詩論》簡9“祈父之責（刺），亦有以也”（劉樂賢，2022:384）。

從典籍中“刺”多與“譏”連用的情況，如《列女傳 • 貞順傳》“作詩譏刺，卒守死君”、《漢書 • 劉向傳》“故常顯訟宗室，譏刺王氏及在位大臣，其言多痛切，發於至誠”、《後漢書 • 竇武傳》“臣聞明主不諱譏刺之言，以探幽暗之實”、王逸《楚辭章句叙》“怨恨懷王，譏刺椒蘭”等，“讃”字似可以讀爲“譏”，“譏”見紐微部，“貴”見紐物部，二者古音很近。“貴”聲系字與“幾”聲系字未見直接通假之例，不過也有輾轉相通之例，如《文選 • 閒居賦》“異絭同機”，李善注：“本或爲‘異卷同歸’。”而“歸”與“饋”“遺”多見通假。“讃”字還可以讀爲“非”或“誹”，“非”“誹”幫紐微部，與“貴”語音也很近，典籍“非”與“刺”連用者，如《列女傳 • 仁智傳》：“非刺康公，受粲不歸。”《漢書 • 眭兩夏侯京翼李傳》：“昔秦時趙高用事，有正先者，非刺高而死。”而“誹”亦有與“訾”連言者，如《吕氏春秋 • 恃君覽 • 長利》：“固妄誹訾，豈不悲哉？”《韓非子 • 難言》：“則小者以爲毁訾誹謗，大者患禍災害死亡及其身。”“刺”“訾”實即一聲之轉。這裏的“譏”或“非”“誹”本來都是對他人的譏刺、非刺，但本篇加了“自”字，則是説聽取民之謡言，自己尋求可譏誹之處，如責既可用于責他人，又可説成自責，是同樣的用法。

又，《廣韻 • 去聲 • 怪韻》：“嘳，譏他人也。”正是用“譏”解“嘳”，“嘳”“讃”二字可通。《廣雅 • 釋訓》：“讃譕，啁欺也。”王念孫《廣雅疏證》卷六：“《玉篇》：‘譕，相欺也。’《潛夫論 • 浮侈篇》云：‘事口舌而習調欺。’調與啁同。”未對“讃”加以解釋。此“譏他人”義的“嘳”與“啁欺”義的“讃”典籍未嘗一見，來源需加以研究。現在看，它們詞義應是通假爲“譏”（或“非”“誹”）而來。從押韻角度看，《芮良夫毖》的“譏”（或“非”“誹”）與上句的“畏”“畏（威）”押微部，這也是“讃”可讀爲“譏”（或“非”“誹”）的一個旁證。當然“讃”也可以理解爲《廣韻》所訓的“譏他人”或《廣雅》所訓的“啁欺”，則與“刺”文義相仿，但其缺點是用字過於罕僻[①]。典籍中常見的“譏刺”在《芮良夫毖》作“刺譏”，是爲了押韻而倒文。另外在《芮良夫毖》裏，也有典籍常見的並列詞組顛倒稱述

①如張崇禮先生即用《廣韻》“譏他人”的“嘳”來解釋《芮良夫毖》的“讃”，參看張崇禮：《清華簡〈芮良夫毖〉考釋》，復旦大學出土文獻與古文字研究中心網站，2016年2月4日，http://www.gwz.fudan.edu.cn/Web/Show/2740。

的情況，如典籍常見的“貪婪”，本篇簡4則作“婪貪”。

## 二

《芮良夫毖》簡19-20：約結繩剸，民之關閉。如關柭、庢（扃）鋬（管）、繩鋬既正，而五相柔比。

《芮良夫毖》簡22-23：如關柭不閉，而繩剸失楑。五相不彊，罔肯獻言，人容姦回①。

對這幾句話的理解可謂衆説紛繁。很多字諸家雖有異説，但學術界意見尚較統一，這裏就不詳引了。其中的“繩”原字可隸定爲“緶”，从“糸”从“興”，其字形作“”“”“”，其字右旁所从爲“門”，而與正常楚文字的“興”从兩“手”持“臼”者不同，馬楠（2013:78）認爲其右旁从“鬮”，這是很敏鋭的發現。不過從文義看，還是以釋作“緶”讀爲“繩”爲佳。尤其重要的是在後來公布的楚簡中，“嬰”字確有字形把兩“手”持“臼”之形訛寫成“門”者，如清華八《治邦之道》簡2“”“”，清華九《治政之道》簡4“”、簡11“”、簡14“”、簡30“”、簡33“”“”，上揭諸字有不少辭例明確，即用爲“興廢”的“興”，並且它們有“止”旁作字形限制，確實是要隸定爲“嬰”的。從《芮良夫毖》的這些字形有“糸”旁作字形限制看，它們也應該是“緶”。

衆家説法尤爲紛繁者在“剸”“柭”兩字。我們首先需要解决的是簡19-20“約結繩剸，民之關閉”中“約結繩剸”的句子結構問題。如沈培（2016:180-181）説：“‘約結’是並列式結構。準此，‘緶（繩）剸’也應當是並列式結構。關於‘緶（繩）剸’的含義，黄傑最早提出是‘名詞，謂規矩法度’，得到了其他學者的同意。”即明確把“約結繩剸”視爲四個名詞，然而“約結繩剸”都是名詞的話，是缺少謂語的，又怎麽導致的使民之關閉呢？②轉换爲現代漢語來説類似的話就是“筆墨紙硯，他的畫畫完了”，這明顯是不通的，必須加上“利用”或“有”之類的動詞，才能把句子解釋圓滿，所以把“約結繩剸”視爲四個名詞

① “人容姦回”之釋從“魚游春水”：《清華簡三〈芮良夫毖〉初讀》，簡帛網論壇，“魚游春水”2013年2月12日第32樓的發言，http://www.bsm.org.cn/forum/forum.php?mod=viewthread&tid=3040。

② “民之關閉”的“關”是名詞，“閉”是動詞，這從簡22-23“如關柭不閉”的句式中可以非常明顯地看出。

組成的並列式結構是不可信的①。我們認爲“約結繩剌”中的“約”和“繩”是名詞，“結”和“剌”是動詞，“約結繩剌”是兩個主謂詞組組成的並列結構。小文文後引《老子》“善結，无繩約而不可解”，正是“結”作動詞，“繩”和“約”作名詞。又如此句後即説“繩剌既正，而五相柔比”，正是有“正”這個謂語動詞，才引出“五相柔比”這樣的結果，也是同類的句式，不過這裏“繩剌既正”與後面“繩剌失楑”的“剌”又是作爲名詞了。

下面再説“剌”字，整理者（李學勤，2012:154）説：“‘剌’即‘剸’，讀爲‘斷’。《國語•晉語九》‘及斷獄之日’，韋昭注：‘决也。’”黄傑説：“‘繩斷’，名詞，謂規矩法度。”②網友苦行僧則説：“簡文中‘繩剆（辰按，即剌之不同隸定）’之‘剆’，與文獻中表示製陶工具的‘膞’代表的是同一個詞。……孫詒讓正義：‘……膞蓋爲長方之式，以度器使無衺曲者。’……據‘膞’之音義，它所表示的詞與‘權衡’之‘權’、‘銓度’之‘銓’當爲同源關係。”③沈培（2016:180-188）説：“‘繩剌’應當讀爲‘繩準’。……楚文字的‘剌’可讀爲‘斷’……‘斷’與‘敦’可通，‘剌’从‘叀’聲，‘敦’與从‘叀’聲之字關係也很密切。‘敦’與‘準’相通則很常見，因此‘剌’可以通過‘敦’而將它跟‘準’聯繫起來。”整理者説法不太通順，“苦行僧”説法則過于罕僻，沈培的説法頗爲迂曲。

其中值得注意的是網友“紫竹道人”的説法，他説：

> 黄傑先生……指出“繩斷”爲“名詞，謂規矩法度”。從上下文看，此説顯然比原注合理。但“斷”何以有“規矩法度”義，黄文未加説明。繩墨之“繩”可喻爲“規矩法度”，當取其“正”“直”義。“斷”“端”古音同聲同部（中古只有聲調之别）。簡文“斷”原寫作从“刀”“叀”聲，馬王堆帛書《足臂十一脉灸經•足》屢見“膞”字，整理者指出即“腨”；古書訓截齊之“斷”，前人已説與“剬”音義皆近。所以“斷”没有問題可假借爲“端”。“端”古訓“正”“直”，自可喻爲“規矩法度”。《韓非子•姦劫弑臣》：“無

①匿名審稿專家提出：“約結繩端”是本句的主語，而“民之關閉”則是本句的謂語，該句式是一個判斷句，即“約結繩端是民之關閉”。我們認爲這也有增添“是”字才能把句子解釋清楚的問題，同時與這兩個分句的邏輯關係不合。

②參看黄傑：《初讀清華簡（叁）〈芮良夫毖〉筆記》，簡帛網，2013年1月6日，http://www.bsm.org.cn/?chujian/5963.html。

③“紫竹道人”：《清華簡〈芮良夫毖〉“繩斷”補議》，復旦大學出土文獻與古文字研究中心論壇，2013年3月26日，“苦行僧”2013年3月28日第2樓的發言，http://www.gwz.fudan.edu.cn/forum/forum.php?mod=viewthread&tid=6199。

規矩之法，繩墨之端，雖王爾不能以成方圓。”阜陽漢簡《蒼頡篇》有“飭端脩（修）灋（法）”之語，……現在看來，“飭端修法”一句以“端”“法”對文，其義當近；“飭端”相當於清華簡《芮良夫毖》20號簡“繩斷（端）既正”，彼此用法正可互證[①]。

我們早先即認爲其説法要比諸家説法好，“繩剸既正”“繩剸失楑”中的“剸”是名詞，把它們讀爲“端”，理解爲“規矩法度”是可通的，但是“約結繩剸”是兩個主謂結構組成的並列式結構，“剸”是動詞，如果讀它爲“端”，解釋爲“規矩法度”，則明顯不是謂語成分，必須加上“合乎”之類的詞即理解爲“合乎規矩法度”才能通，但這樣有添字解經之嫌，“紫竹道人”對此也未有説明（從其文看，他應該是把“約結繩剸”的“剸-端”也理解爲名詞）。正是這一點，我們不敢對其説加以完全肯定。

近來看到石小力引到即將發表的清華簡《五紀》中的幾句話[②]，方悟到“剸”確實應讀爲“端”，但若引申理解爲“規矩法度”，則尚未達一間。“端”就應理解爲“正”“直”。《國語·晉語七》“知程鄭端而不淫”，韋注：“端，正也。”《吕氏春秋·季春紀·盡數》“和精端容”，高注：“端，正。”《禮記·曲禮下》“振書、端書於君前有誅”，鄭玄注：“端，正也。”《説文》卷十：“端，直也。”《禮記·玉藻》“端行”，鄭玄注：“端，直也。”《淮南子·主術》“其民樸重端愨”，高注：“端，直也。”《北大一·蒼頡篇》簡34“端直準繩”中的“端”也應這樣理解。《五紀》中有下面兩句話：

簡63：中正螽（規）矩，權稱正衡。

簡126–127：由螽（規）正矩遂尾（度）。

簡63的“中正”典籍多見連用之例，如《禮記·中庸》“齊莊中正足以有敬也”、《管子·五輔》“則爲人君者中正而無私”、《荀子·勸學》“所以防邪僻而近中正也”、《説苑·辨物》“其君齋明、中正、精潔、惠和”等。此句的第一個“正”明顯是與“中”“規”“矩”並列的詞，是名詞，詞義都相類；此句的第二個“正”也有可能是名詞，與“權”“稱”“衡”並稱。簡126–127的意義不是很明瞭，但其中的“正”可能也是名詞，與“規”“矩”詞義

①參看“紫竹道人”：《清華簡〈芮良夫毖〉“繩斷”補議》，復旦大學出土文獻與古文字研究中心論壇，2013年3月26日，“苦行僧”2013年3月28日第2樓的發言，http://www.gwz.fudan.edu.cn/forum/forum.php?mod=viewthread&tid=6199。

②參看石小力：《清華簡〈五紀〉中的幾個用字現象》，“第四届‘古文字與出土文獻語言研究’學術研討會暨‘出土文獻語言文字研究青年學者論壇’”會議論文，2021年7月23–25日，長春。

相類。雖然“規矩法度”是“端”所含的内容，但“端”的内涵很豐富，主要是準則、中正一類的意思，很難用太具體的話語來解釋，不如就用“正、直”來訓釋它。

後來《清華大學藏戰國竹簡（拾壹）》（黄德寬，2021）中將《五紀》正式公布，可知石小力所引的上兩句的全文爲：

（1）《五紀》62-63：南至四極，春夏秋冬，信其有陰陽、中正、矞（規）矩、權稱、正衡。

（2）《五紀》125-126：天之正曰明視，人之德曰深思，行之律曰還（遠）慮，由矞（規）正矩豖（遂）尾（度）①。

（1）後句的整理者斷作“信其有陰陽，中正矞（規）矩，權稱正衡”，今斷讀如上。可知本句的這兩個“正”確是名詞無疑。但兩個“正”重複列出而已。在《五紀》中這種特定名詞重複列出的例子還有一些，如簡28既言“丑曰愛”，簡29又言“申曰愛”，“愛”字重複出現。（2）的句義仍不能完全确定，但“矞（規）”“正”“矩”爲並列名詞的可能甚大，而“遂”是連詞，“度”是動詞。

另外，石小力所引的《五紀》中常稱指“五尾（度）”，如

簡5：一直，二矩，三準，四稱，五規，圓正達常，天下之度。

簡17：后曰：五規，四稱，三準，二矩，一繩。

簡45：矞（規）矩五尾（度），天下所行。

簡125：夫是故后矞（規）矩五尾（度），道事有古，言禮毋沽。

簡128-129：天下之成人，參伍在身，矞（規）矩五尾（度）②。

這是把“規”“矩”“稱”“準”“繩”（或“直”）稱爲“五度”，可與《芮良夫毖》中的“約”“關”“柭”“扃”“管”“繩”“剸”略相比附，《五紀》中的“直”正與《芮良夫毖》中的“端”相應。《芮良夫毖》的“五相”可能也與“五度”有一定關聯。

《芮良夫毖》的“繩剸（端）既正”可理解爲“準繩、中直既已放正”，“繩剸（端）失楔”可理解爲“準繩、中直失去法度”，這兩個“端”都是名詞。《芮良夫毖》的“約結繩剸”，前面已説“約結”“繩端”是兩個主謂詞組組成的並列結構，其中“結”是“束結”，約結是説（規範國家、人民行爲之）

①黄德寬（2021）簡號如此，與石小力文所引不同。

②簡125在黄德寬（2021）中爲簡124。

“繩約、制約”已經約束、束結[①]；“繩剸”則是説（規範國家、人民行爲之）“準繩”已經擺直、放正。把“端”訓爲“直、正”，則“直、正”既可用作名詞，又可用作動詞，毫無捍格之病。

下面再談一談“關柭、㢌（扃）鍙（管）”“關柭不閉”，其中的“關”是門關，“扃”是門閂，“管”是管鑰，這都是好理解的。關鍵是其中的“柭”，既然前三者都是與門之關閉有關，則“柭”的意思也應該相類。整理者（李學勤，2012:154）説：“《莊子•人間世》‘求狙猴之杙者斬之’，陸德明《經典釋文》：‘杙，司馬本作杙，崔本作柭。’《尚書大傳》‘椓杙者有數’，鄭玄注：‘杙者，繫牲者也。’”網友“暮四郎”説：“‘柭’當讀爲‘橛’。……‘犮’古音屬月部並母，‘厥’屬月部見母，戰國楚系文獻中唇音字與牙喉音聲母字存在交替現象……《爾雅•釋宫》：‘橛謂之闑。’郭璞注：‘門閫。’……‘橛’可指古時竪立在門中間作爲限隔的短木，又可指門限，即門檻。……此處“橛”當指門限。”[②]張崇禮説：“柭，讀爲‘閉’，閉門時用以加鎖的中立直木，即《説文通訓定聲》所謂‘竪木爲閉’之‘閉’。”[③]沈培（2016:180-188）説：“上博簡《周易》簡51‘日中見芨’的‘芨’，帛書作‘茉’，今本作‘沬’。……從‘犮’聲的字往往含有‘本’‘末’之義。……‘芨’本來或有‘末’的讀音。‘末’與‘勿’相通，‘勿’可用作‘亹’，而‘亹’‘門’相通。因此，‘柭’讀爲‘門’是有可能的。”姚小鷗、高中華（2017:16）説：“《説文•木部》：‘柭，棓也。’‘棓，棁也。’‘棁，木杖也。’段玉裁注：‘棓、棒正俗字。’則‘柭’指門閂。”連劭名（2018:123）説：“‘蔽’，簡文从木、犮聲，當讀爲蔽。《論語•爲政》云：‘一言以蔽之。’鄭玄注：‘蔽，塞也。’”整理者説法施之文義不合。“暮四郎”及張崇禮、連劭名的説法都不太理想，姚小鷗、高中華對“柭”的訓解有誤，而沈培的説法亦失之迂曲。

按在《老子》中有一句話説：“善閉，无關楗而不可開；善結，无繩約而不可解。”其中亦出現“關”“繩”“約”“結”“閉”諸字，與《芮良夫毖》相關諸句甚近，由此可知“柭”可讀爲“楗”。不論在傳世典籍還是出土文獻中，“犮”以及以“犮”爲聲的字都不多見，與“建”聲字直接通假的例子自

①劉樂賢（2015:39）已經談到“‘約’的‘約束’義十分常見，這裏不必多説。‘結’亦有‘繫’‘扎縛’之義。……簡文的‘約結’可能與‘約束’‘結束’同義，是‘管束’‘控制’的意思。”但他把“約結”視爲兩個名詞組成的並列詞組，與小文不同。

②參看“魚游春水”：《清華簡三〈芮良夫毖〉初讀》，“暮四郎”2013年3月27日第38樓的發言，http://www.bsm.org.cn/forum/forum.php?mod=viewthread&tid=3040。

③參看張崇禮：《清華簡〈芮良夫毖〉考釋》，復旦大學出土文獻與古文字研究中心網站，2016年2月4日，http://www.gwz.fudan.edu.cn/Web/Show/2740。

然會更少，所以我們從音理角度來談一談“柭”與“楗”的關係。“柭”並紐月部，“楗”群紐元部，二字韻部對轉，其例甚夥不必多言。在聲紐上，唇音和牙喉音關係非常密切，趙彤（2006:52-54）已經舉出很多楚文字中見系字與幫系字交替的例子，如“古”（見紐）與“浦”（滂紐）、“古”與“父”（並紐）、“莒”（見紐）與“膚”（幫紐）、“爻”（匣紐）與“貌”（明紐）、“求”（群紐）與“矛”（明紐）、“言”（曉紐）與“芳”（滂紐）等。趙先生未來得及舉出的如《清華六・鄭文公問太伯》甲本簡5“故其腹心”（又見乙本簡4），即《左傳》昭公二十六年中的“布其腹心”①，“故”見紐，“布”幫紐等。這些例子很集中，應該體現了戰國楚地語音的一種特殊現象。在典籍中，也有唇音與牙喉音關係密切的例子，僅以元部來説，即有如《史記・封禪書》“宛朐”（“宛”影紐），《漢書・郊祀志》作“冕候”（“冕”明紐）；《漢書・司馬相如傳》“嬽嬽”（影紐），《文選・上林賦》作“嫚嫚”（明紐）等例。由以上論述可知，“柭”“楗”二字音近可通。“楗”，《經典釋文》訓“距門也”，《説文・木部》訓“限門也”，即是關閉大門之物。“楗”在典籍中多寫作“鍵”，如《禮記・月令》“脩鍵閉，慎管籥”，《周禮・地官・司門》“司門掌授管鍵，以啓閉國門”。段玉裁《説文解字注》卷六上云：“諸經多借鍵爲楗。”②它和“關”“扂（扃）”“錇（管）”都是同一類的事物，上面的《禮記》《周禮》引文尤爲明證，把“柭”這樣理解的話要比其他説法合理。

**引書簡稱表**

| 安大一 | 安徽大學藏戰國竹簡（壹） | 北大一 | 北京大學藏西漢竹書［壹］ |
|---|---|---|---|
| 清華六 | 清華大學藏戰國竹簡（陸） | 上博一 | 上海博物館藏戰國楚竹書（一） |

**參考文獻**

白於藍　2012　《戰國秦漢簡帛古書通假字彙纂》，福建人民出版社。
鄧佩玲　2015　《談清華簡〈芮良夫毖〉“毖”詩所見之諍諫——與〈詩〉及兩周金文之互證》，《清華簡研究》（第2輯），中西書局。
高中華　姚小鷗　2017　《清華簡〈芮良夫毖〉疏證（上）》，《中國詩歌研究》（第14輯），社會科學文獻出版社。
黄德寬（主編）　2021　《清華大學藏戰國竹簡（拾壹）》，中西書局。
黄德寬　徐在國（主編）　2019　《安徽大學藏戰國竹簡（一）》，中西書局。

①參看“心包”：《清華六〈鄭文公問太伯〉初讀》，簡帛網論壇，“無痕”2016年4月17日第7樓的發言，http://www.bsm.org.cn/bbs/read.php?tid=3346&page=1。

②“鍵”的典籍文例承蒙匿名審稿專家指出，今補入。

黄　傑　2015　《清華簡〈芮良夫毖〉補釋》，《簡帛研究》二〇一五·秋冬卷，廣西師範大學出版社。
李學勤　2012　《新整理清華簡六種概述》，《文物》第8期。
李學勤（主編）　2012　《清華大學藏戰國竹簡（叁）》，中西書局。
李學勤（主編）　2015　《清華大學藏戰國竹簡（伍）》，中西書局。
連劭名　2018　《楚簡〈芮良夫毖〉新證》，《中原文物》第4期。
劉樂賢　2002　《讀上博簡劄記》，《上博館藏戰國楚竹書研究》，上海書店出版社。
劉樂賢　2015　《也談清華簡〈芮良夫毖〉跟"繩準"有關的一段話》，《清華簡研究》（第2輯），中西書局。
馬　楠　2013　《〈芮良夫毖〉與文獻相類文句分析及補釋》，《深圳大學學報（人文社會科學版）》第1期。
單育辰　2015　《清華三〈詩〉、〈書〉類文獻合考》，《清華簡研究》（第2輯），中西書局。
沈　培　2016　《試説清華簡〈芮良夫毖〉跟"繩準"有關的一段話》，《出土文獻與中國古代文明——李學勤先生八十壽誕紀念論文集》，中西書局。
蘇建洲　2014　《〈清華三·芮良夫毖〉研讀札記》，《中國文字》新四十期，臺灣藝文印書館。
姚小鷗　高中華　2017　《清華簡〈芮良夫毖〉疏證（下）》，《中國詩歌研究》（第15輯），社會科學文獻出版社。
趙　彤　2006　《戰國楚方言音系》，中國戲劇出版社。

# Two Notes of Supplementary Research on the *Rui Liangfu Bi* (《芮良夫毖》) of the Tsinghua Bamboo Slips

Shan Yuchen

**Abstract:** The *Rui Liangfu Bi* (《芮良夫毖》) has been published in the *Warring States Bamboo Slips in the Collection of Tsinghua University (Vol. 3)* for a long a time, from which numerous research findings arise. But due to its archaic and abstruse meaning, there are still some issues remaining to be resolved within. In this article, we conduct some textual research on characters in the *Rui Liangfu Bi*. Slip 3 of the *Rui Liangfu Bi* writes "so as to censure yourselves for calumny" (以自訿讃). According to the comparison between the character *zi* (訿) on Slip 101 of the Anhui University bamboo-slip *Classic of Poetry* and that of the *Dolichos Shoes* (《葛屨》) in the Odes of Wei of the received *Classic of Poetry*, the character *zi* in the *Rui Liangfu Bi* should be read as *ci* (刺). According to the common collocation *ciji* (刺譏) in the ancient records, the character *hui* (讃) succeeding *zi* should be read as *ji* (譏). Slips 19–20 of the *Rui Liangfu Bi* writes,"The measuring-line and circle—these are the crux of [governing] the people. Like the horizontal and vertical door brace, the bolt and the key, and just as the measuring-line and circle are perfectly aligned, the five ministers fall yieldingly into line. " (約結繩剸，民之關閉。如關柭、扃管、繩剸既正，而五相柔比。) According to scholars' opinion, we read the character *duan* (剸) as *duan* (端), meaning to be correct and straight. According to the similarity between the texts in the *Tao Te Ching,* "One who excels in shutting uses no bolts yet what he has shut cannot be opened; One who excels in tying uses no cords yet what he has tied cannot be undone" (善閉者無關楗而不可開，善結者無繩約而不可解), and its relevant sentence in the *Rui Liangfu Bi*, we read the character *ba* (柭) as *jian* (楗).

**Key words:** *Rui Liangfu Bi* (《芮良夫毖》) in the *Warring States Bamboo Slips in the Collection of Tsinghua University (Vol. 3)*; *Zi* (訿); *Duan* (剸); *Ba* (柭)

（單育辰，吉林大學考古學院古籍研究所/"古文字與中華文明傳承發展工程"協同攻關創新平臺　長春　130012）

# 據安大簡《詩經》釋玄鏐戈中的"夫"字*

馬　超　馬桂星

**摘　要**：《集成》11163玄鏐戈銘文中舊釋蔡、夭或大（夫）之字，在"大"形上部尚有△形符號，過去對其字形的摹寫多有誤，新見的玄鏐戈銘文可爲此提供證明。據安大簡《詩經》中"夫"字寫作（《兔罝》簡13）、（《黃鳥》簡52）等形的資料，可知諸件玄鏐戈中"大"形上部增加有三角形（▲或△）部件的這類字應徑釋爲"夫"。此種玄鏐戈的國別過去一直存有争議，或以爲屬楚，或以爲屬越。戈銘"夫"字與作爲楚文字的安大簡《詩經》"夫"字形體一致，可以證明曹錦炎先生過去推測其國别屬楚，應是較爲合理的。

**關鍵詞**：安大簡詩經；玄鏐戈；夫字

安大簡《詩經》資料中出現有不少新見的古文字字形以及文字讀音、意義等方面的綫索，爲古文字疑難字的考釋提供了重要啓示和幫助，目前學界已有不少據安大簡釋讀古文字的研究成果，本文旨在憑藉安大簡《詩經》所見"夫"字的特殊寫法，來試圖解答幾件玄鏐戈中一個有争議的釋讀問題，不當之處敬請方家批評指正。

## 一、玄鏐戈""字的摹寫問題

《集成》11163 著録有一件鳥書銅戈，舊或稱蔡䀠戈、玄鏐夭䀠戈、玄鏐鑪鋁戈、玄翏夫䀠戈等，器型與銘文如下：

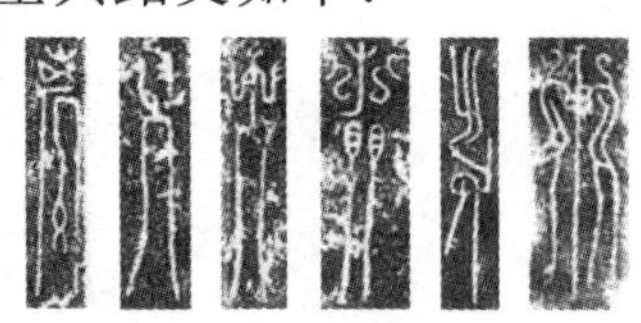

*本文爲國家社科基金重大項目"商周金文字詞集注與釋譯（13&ZD130）"、國家社科基金青年項目"金文所見兩周古國爵姓及存滅史料整理與研究（19CZS014）"、西南大學創新團隊項目"古文字與出土文獻研究（SWU2009108）"的階段性成果。

戈銘“玄”“翏（鏐）”“之”“用”諸字各家無争議，但其銘文却與金文常見的“玄鏐膚（或夫等）吕”辭例有别，第四字明顯不是常見的“吕”字，舊多釋其爲“䀠”。施謝捷（1998:590）、曹錦炎（2014:55）均已指出釋“䀠”之説有誤，應改釋爲“䀠”，只是其字形上部有裝飾筆畫，同時兩“目”旁的下部也分别增加了“丨”狀飾筆，䀠、吕同屬魚部，音近可通，戈銘將“夫吕（鋁）”寫作“夫䀠”不足爲奇，其説甚是。

關於戈銘目前學界仍有一處争議，就是其中第三字的釋讀。在討論此字的釋讀問題之前，需要先對其字形的摹寫問題進行一番説明。此字《吴越文字彙編》（施謝捷，1998:509）、《集成》第7册（中國社會科學院考古研究所，2007:5966）、《商周金文摹釋總集》（張桂光，2010:1702）等均將其摹寫作下表中的I形，而曹錦炎在《鳥蟲書通考》一書中則將其摹寫作下表中的II形，認爲此字下部未增足形（引者按：指形，曹先生視爲足形，應是飾筆），從各書所收拓本來看，曹先生對足形的意見可能是有問題的①。

| 《吴越文字彙編》《集成》《商周金文摹釋總集》摹本 | 《鳥蟲書通考》摹本 | 本文摹本 | 《鳥蟲書通考》46頁、《銘續》1184 | 《銘續》1187 | 《銘續》1180 | 《銘三》1440 |
|---|---|---|---|---|---|---|
|  |  |  | 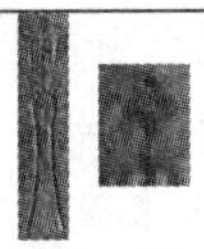 | 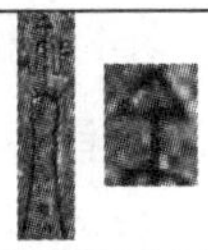 | 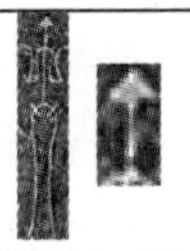 | |
| I | II | III | IV | V | VI | VII |

不過曹先生將此字頭部摹寫作“”形，則洵爲卓識。我們（馬超，2017:572；2019:114-115）曾對此有過專門論述，兹移録如下：

> 吴越文字中舊釋爲“大”的H形，原篆作“”，其頭部放大作“”，可見人形的頭部有“◇”形符號，《集成》將此字頭部摹寫作“”，忽略了這一點。或許有人會懷疑此字上部的“◇”僅是殘泐，我們可以提供一條證據反駁。我們使用PS標尺工具，依據戈銘拓片右側援部邊緣爲基準（附圖10中的H綫），將戈銘垂直擺直。這樣就會發現戈銘之字在水平方向上是完全同高的，圖10中A綫爲兩行首字“幺”“大（胡）”的上部邊緣，C綫爲二字的下部邊緣，二字的上

①以《集成》所收拓本爲例，此字象人之胯部原作“”形，左側腿部有明顯的與之相交的兩斜筆，而右側則恰有殘泐，掩蓋住了字形。

下兩端正好在同一水平綫上，這不大可能是巧合，應是銘文鑄作時有意爲之的。若將“大”形上部的“◇”看作殘泐，則二字就變得不等高（圖中B綫即是將“◇”去掉后的二字高度對比），從這個方面看《集成》的摹本是有問題的。目前來看似乎只有曹錦炎將此字摹寫作“[字形]”，頭部作“[字形]”是最準確的。

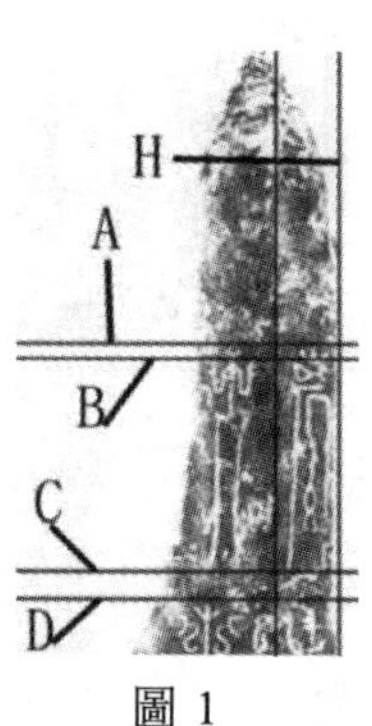


圖 1

綜上，戈銘中的第三字應當摹寫作上表中的Ⅲ形，其他的摹本應是不够準確的。通過整理有關資料可以發現，在《鳥蟲書通考（增訂本）》《銘續》《銘三》新著録的幾件玄鏐戈中，原被釋爲“夫”的字分别作上表Ⅳ、Ⅴ、Ⅵ、Ⅶ之形，其上部正作“▲”“△”形，◇與▲、△只是下部書寫是否平直的區别（其實不作細分的話也可以都看作三角形▲與△，下文即如此處理），而古文字又常常虚實無别，所以諸字當看作同一字形，這些資料足證曹先生之説以及過去我們對《集成》11163玄鏐戈第四字頭部字形的認識不誤。

## 二、玄鏐戈“[字形]”字的釋讀争議

衆所周知，金文常有“玄鏐膚鋁”“玄鏐敹吕”“玄鏐鑪鋁”等辭例，分别見於邾公牼鐘（《銘圖》15421-15424）、玄鏐敹鋁戈（《銘圖》16922-16923）、丁兒鼎蓋（《銘圖》2351）等器，亦或簡稱“玄膚”，見玄膚之用戈（《銘圖》16711、16790，《銘續》1115-1116）等。依據郭沫若（2002:405-406）的觀點，此處的敹、膚、鑪應讀爲“黸”，表示銅料顔色，《説文・黑部》：“黸，齊謂黑爲黸，从黑盧聲。”故表中Ⅲ至Ⅶ諸字讀音與敹、膚、鑪等魚部字接近，這一點應是討論有關問題的前提。我們（馬超，2017:566-574；2019：108-116）過去曾將“Ⅲ”形之字與陳劍（2016:281-286）考釋的象人頸部有贅肉形的“胡”（[字形]、[字形]）字聯繫起來，認爲其上部的△形（原文稱◇形）乃是由“贅肉”形演變而來，進而釋其爲“胡”。除拙説外，此字還有釋蔡（中國社會科學院

考古研究所，2001:432）、夭（施謝捷，1998:590）、大（夫）等多種意見，其中釋“大（夫）”之説影響較大，不少工具書就是采用此説，徑釋其爲“夫”。曹錦炎（2014:49）曾對釋“大（夫）”之説有過詳論：

> ，象正面人形，實即“大”字的鳥蟲書寫法。吴王光逭戈銘的“大”字寫作，越器鳥蟲書越邾莒盟辭鎛銘文的“大”字寫作，即其證。“大”“夫”古本一字之分化，在古文字裏，象成年男子形的“”，最初既是“夫”字又是“大”字（“夫”的本義就是成年男子）。所以，古文字“夫”“大”二字往往互作……所以，戈銘的“大”字也可直接釋爲“夫”字。

在玄鏐戈中確實有一部分銘文寫作“玄鏐大鋁”，其中的“大”原形作（《銘圖》16917）、（《銘續》1179）、（《銘續》1182）等，字形上部没有▲、△之形，與前述Ⅲ至Ⅶ諸字形有别。曹先生雖然注意到了《集成》11163玄鏐戈字上部另有部件，但是仍釋此字爲“大”，又據古文字“大”“夫”係一字分化，主張直接釋其爲“夫”，應是將其上部的▲、△形符號看作了飾符，進而將其與形等同。大、夫係一字分化是没有問題的（林義光，2017:1），但是玄鏐戈Ⅲ至Ⅶ諸字形上部的▲、△形符號，並不能簡單地看作無意義的飾符，與Ⅲ至Ⅶ諸形似應看作兩個字。

古文字中的“大”字一般作（《合集》20468）、（大禾方鼎《集成》1472）、（亞大父乙觶《集成》6375）、（農卣《集成》5424.1）等，皆爲正面站立之人形，上部短竪爲頭形，下爲四肢與軀幹。戰國文字或將頭部與上肢連寫，並割裂形體省去軀幹，作（《包山簡》簡157）之形，或在割裂形體的同時省去頭部，作（《古璽彙編》0127）之形。需要注意的是，戰國時期的大司馬鐓（《集成》11910）銘文“柊湩都大司馬”之“大”作“”形，上部正是作有圓圈形虚框的“”形，似可證明玄鏐戈Ⅲ至Ⅶ諸形爲“大”字增加飾符之後的寫法不誤。然而，據銘文可知大司馬鐓應屬燕國器物，鐓銘“”字“”形部分的“○”在竪筆中間，而表中Ⅲ至Ⅶ諸字上部的“▲”“△”等形均在字形頂端，古文字常於竪筆之上增加圓點形飾筆，前者可能即是由此而來，所以嚴格來説大司馬鐓中的“大”字與玄鏐戈Ⅲ至Ⅶ諸形寫法有别。

鳥蟲書常常會將某些筆畫加粗來達到美化字形的效果，如吴字作（左上部作，吴季子之子逞劍《銘圖》17950）、（左上部作，吴季子之子逞劍《銘續》1344），大作（上作，大戈《銘圖》16286），蔡作（上作，蔡侯劍《銘圖》17831）等。這類美化後的藝術字上部或作水滴狀，或有向上延長的竪筆，也都與玄鏐戈中頂端作近似於等边三角形的Ⅲ至Ⅶ諸字不同。

在商代與西周早期漢字象形程度相對較高的階段，有時會將“大”字（含“大”旁）上部寫作填實的圓點，以象人頭部之形，這種寫法極易與“天”字相混。比如商代族名夰在卜辭中作（《合集》04441），在金文中則作（夰刀《集成》11804，商代晚期）；“竝”字既作（竝幵戈《集成》10851，商代晚期），又作（竝罍《集成》9736，商代晚期）、（父辛竝觚《集成》7142，商代晚期）。上述字形所从的“大”，頭部作圓點的象形寫法與作直筆的簡略寫法並存，有時頭部的圓點還會寫作“▲”形，比如（竝爵《集成》7401，商代晚期）。這種頭部作“▲”形的“大”就變得與前文戈銘里的Ⅲ至Ⅶ諸形寫法接近[①]，但是前者屬商與西周早期文字，後者屬春秋晚期至戰國时期的文字（最有可能是楚文字，詳後文），時代差距較大，東周以後的汉字象形程度已大爲下降，因此這也不能作爲釋Ⅲ至Ⅶ諸形爲“大”字的證據。

總而言之，在目前所見春秋晚期至戰國時期的出土文獻資料中，是找不到可以確定的上部增加△或▲形寫法的“大”字的（但却可以找到此類寫法的“夫”字，詳參下文），因此過去釋玄鏐戈銘文Ⅲ至Ⅶ諸形爲“大”，並没有可靠的字形依據。

## 三、安大簡《詩經》“夫”字的啓示

需要注意的是，在安大簡《詩經》中“夫”字多見，分別寫作如下之形：

甲類：（我僕夫矣，《卷耳》簡 8）、（繆繆武夫，《兔罝》簡 13）

乙類：（糾糾武夫，《兔罝》簡12）、（繆繆武夫，《兔罝》簡13）、

① 《近出殷周金文集録》746（劉雨、盧岩，2002:212）收録有一件商代晚期的大父癸觚，原書所釋的“大”字作“”，上部亦是▲形，《銘圖》9618、《商代金文全編》（畢秀傑，2012:491）等均從釋“大”之説。但是由於此字在觚銘裏是作族名的，所以僅據字形釋其爲“天”也未嘗不可，暫附於此。

（百夫之方，《黄鳥》簡52）、（百夫之倍，《黄鳥》簡53）、（百夫之悳，《黄鳥》簡 54）

其中“夫”字的甲類寫法是古文字中常見的類型，即在“大”形上部添加橫畫作爲分化符號。乙類寫法則較爲特殊，是在“大”形上部增加墨團“▲”代替橫畫，《黄鳥》篇簡 52、54 中“夫”字所从的“▲”作、之形，類似於古文字中的“白”字，應是書寫時未塗實所致[①]。因爲簡本《詩經》諸篇可與傳世本對讀，所以上述乙類字形釋爲“夫”是没有争議的，甲、乙兩種寫法有時出現在同篇甚至同簡之内，可能有出於同文避複的目的。

安大簡《詩經》乙類寫法“夫”字的出現，使我們聯想到上表中Ⅲ至Ⅶ諸形或許就應直接釋爲“夫”，而不用像過去那樣先釋爲“大”，又在“大”“夫”爲一字分化的基礎上，轉而理解爲“夫”。表中Ⅲ至Ⅶ諸字與安大簡《詩經》乙類寫法的“夫”字相比，除去鳥蟲書的美化因素之外，寫法接近一致，只是表中Ⅲ、Ⅳ、Ⅴ、Ⅶ四字上部寫作虛廓而已，而表中Ⅵ字則是填實的，字形上更爲近同。金文玄鏐戈銘文“玄鏐敹鋁”（《銘圖》16922、16923）之“敹”（）从“夫”得聲，故釋上表Ⅲ至Ⅶ諸形爲“夫”，讀爲鏞，從語音和辭例上説自然也是没有問題的。

## 四、結語

總之，據安大簡《詩經》“夫”字形體可知玄鏐戈中所見Ⅲ至Ⅶ諸字可以直接釋爲“夫”[②]，玄鏐戈銘文既有作“玄鏐大鋁”者，又有作“玄鏐夫鋁”者，可與金文“膳夫”（見小克鼎《銘圖》2455、善夫旅伯鼎《銘圖》2210 等）又作“善（膳）大”（大鼎《銘圖》2465），“攻吴王夫差”（吴王夫差鑑《銘圖》15062）又作“攻吴王大差”（吴王夫差鑑《銘圖》15063）相比較。此外，這幾件玄鏐戈銘文“夫”與作爲楚文字的安大簡《詩經》“夫”字形體一致，也可以證明曹錦炎過去推測其國别屬楚是較爲合理的[③]。

①白上古音爲並紐鐸部，夫爲幫紐魚部，二字聲韻俱近，古籍以及古文字資料中多有“白”“甫”聲系相通之證，而“甫”聲又多與“夫”聲相通（參看高亨，1989:155-156；王輝，2008:27、37），“夫”上作“白”形，也或許有表音的目的，若此推論不誤，則其上部由“▲”變作“白”形，就可能是變形音化。

②玄鏐戈中上部未有▲或△形的字與“大”同形，越王太子矛（《銘圖》17678）“大（太）子”之“大”作，可以爲證。

③施謝捷曾推測其國别屬越（參看施謝捷，1998:590）。

值得附帶一提的是，《説文・夫部》云："夫，丈夫也。从大，一以象簪也。周制以八寸爲尺，十尺爲丈。人長八尺，故曰丈夫。"段注還指出："依《御覽》宜補'冠而後簪，人二十而冠，成人也'十二字。"《説文》之意也就是認爲"夫"字最上部的"横筆"乃是象簪之形，是取男子成年而簪髮之意。如今玄鏐戈、安大簡《詩經》上部作"▲""△"形夫字字形的出現，似可説明大、夫同字分化，"夫"字上部的"横筆"乃分化符號的説法更爲有據。因爲若將"夫"字最上部的這一横筆理解爲簪形，就不易解釋其上部作三角形寫法的構形理據，很難想象象形寫法的簪如何會演變爲三角形。而與之相較，若將"横筆"理解爲分化符號，分化符號由横筆演變爲"▲""△"之形，則是易於理解的。

**引書簡稱表**

| 安大簡 | 安徽大學藏戰國竹簡 | 集成 | 殷周金文集成（修訂增補本） |
|---|---|---|---|
| 銘圖 | 商周青銅器銘文暨圖像集成 | 銘續 | 商周青銅器銘文暨圖像集成續編 |
| 銘三 | 商周青銅器銘文暨圖像集成三編 | | |

**參考文獻**

畢秀傑　2012　《商代金文全編》，作家出版社。
曹錦炎　2014　《鳥蟲書通考》（增訂版），上海辭書出版社。
陳　劍　2016　《據〈清華簡（伍）〉的"古文虞"字説毛公鼎和殷墟甲骨文的有關諸字》，《古文字與古代史》（第5輯），"中研院"歷史語言研究所。
高　亨　1989　《古字通假會典・條目索引》，齊魯書社。
郭沫若　2002　《郭沫若全集・考古編・兩周金文辭大系圖録考釋》，科學出版社。
季旭昇　2014　《説文新證》，臺灣藝文印書館。
林義光　2017　《文源》（標點本），上海古籍出版社。
劉　雨　盧　岩　2002　《近出殷周金文集録》第3册，中華書局。
馬　超　2017　《2011至2016新刊出土金文整理與研究》，西南大學博士學位論文。
馬　超　2019　《出土文獻釋讀與先秦史研究》，科學出版社。
施謝捷　1998　《吴越文字彙編》，江蘇教育出版社。
王　輝　2008　《古文字通假字典・音系條目索引》，中華書局。
吴鎮烽　2012　《商周青銅器銘文暨圖像集成》，上海古籍出版社。
吴鎮烽　2016　《商周青銅器銘文暨圖像集成續編》，上海古籍出版社。
吴鎮烽　2020　《商周青銅器銘文暨圖像集成三編》，上海古籍出版社。
張桂光　2010　《商周金文摹釋總集》第6册，中華書局。
中國社會科學院考古研究所　2001　《殷周金文集成釋文》第6册，香港中文大學中國文化研究所。
中國社會科學院考古研究所　2007　《殷周金文集成》（修訂增補本），中華書局。

# Interpretion of the Character *Fu* (夫) in the Inscriptions of Xuanliu Dagger-Axe (玄翏戈) According to the Anhui University Bamboo-Slip *Classic of Poetry*

Ma Chao & Ma Guixing

**Abstract:** The character in the inscriptions of Xuanliu dagger-axe (玄翏戈) of Inscription 11163 in the *Compilation of Bronze Inscriptions of the Yin and Zhou Periods*, presents the appearance of graphic form *da* (大) with a symbol △ above, which was often miscopied and interpreted as *cai* (蔡), *yao* (夭) or *da* (大). The new-found inscriptions of Xuanliu dagger-axe can provide evidence for this. In the Anhui University bamboo-slip *Classic of Poetry,* the character *fu* (夫) was writtern as (on Slip 13 of the *Rabbit Nets*) or (on Slip 52 of the *Yellow Birds*), etc., and thus it can be known that the character in the inscriptions of Xuanliu dagger-axe, which has a triangular component part (△ or ▲) above, should be directly interpreted as *fu*. It is always controversial from which state this Xuanliu dagger-axe was forged. Some think it belongs to the state of Chu, and others think it belongs to the state of Yue. Because the character *fu* in the inscriptions of the dagger-axe is consistent with the Chu script in the Anhui University bamboo-slip *Classic of Poetry,* it ought to be fairly reasonable that the origin is the state of Chu, as Cao Jinyan speculated in the past.

**Key words:** Anhui University bamboo-slip *Classic of Poetry*; Xuanliu dagger-axe (玄翏戈); Character *fu* (夫)

（馬超，西南大學漢語言文獻研究所/出土文獻綜合研究中心　重慶 400715；馬桂星，西南大學附屬中學校　重慶　400700）

# 據天回醫簡補説相關字詞兩則：“去”與“知”*

陳　劍

**摘　要**：秦漢簡帛中寫法特殊的用爲“去”之字，舊多被誤釋爲所謂“蚩（徹）”，可據天回醫簡得到確釋。但其來源，尚待進一步研究。傳世與簡帛醫書中所謂“病瘉”義的“知”，聯繫一般古書“知於身”等用例，可以得到統一解釋；諸“知”字本多即“知覺”“感知到”類常用義，“病瘉”義係由之引申發展而來。

**關鍵詞**：天回醫簡；“去”；知毒；知於身；

## 一、秦漢簡帛中寫法特殊的用爲“去”之字

舊有睡虎地秦簡和馬王堆漢墓帛書中，有一個所謂“讀爲徹”的怪字“蚩”。我們在看到成都天回鎮老官山漢墓醫簡有關新資料之後，才知道應該釋讀爲“去”。但其形來源仍難論定，尚待進一步研究。

（一）

爲便於對比，先集中列舉有關諸形如下：

睡虎地秦簡：《秦律十八種·金布律》簡86

《秦律十八種·工律》簡104

馬王堆帛書：《五十二病方》420/410行

《養生方》21行

*本文爲2021年度國家社科基金重大項目“阜陽漢簡整理與研究”（21&ZD305）的階段性成果。

《天文氣象雜占》6.39“蚩又（尤）”之“蚩”

天回醫簡《療馬書》“去”字：簡133 簡37 簡92

“抾（去）”字：簡87 簡84

天回醫簡的兩類字形，釋讀爲“去”是完全没有問題的。其辭謂“溲（縮）～宰（滓）”（簡133）、“以布溲（縮）～魚”（簡92）、“溲（縮）～烏蒃（喙）”（簡87）、“即搜（縮）～烏蒃（喙）”（簡84）等。按簡帛醫書中“去滓”或“去其滓”一類説法極爲多見，其前或加“浚/捘”“沸”“湑”等表“過濾”類義的動詞，與天回簡用“縮”相類[①]。傳世醫書中，講到藥物的製作過程，言“去滓”者可謂比比皆是，除了“去”幾乎不用别的字[極個别的偶用“除”字，如《千金翼方》卷十五“補益・五臟氣虚第五”之“茯苓湯”“右九味：㕮咀，以水一斗煮麥門冬及八升，除滓”云云。另如帛書中偶見用“棄”字者，《養生方》簡48“閭（濾）棄其滓”云云]。上舉《療馬書》諸字，除了與｛去｝此詞相對應認同，確實難有他想。所以，主要從事醫史研究的天回簡整理者，將諸字徑釋爲“去”或“抾（去）”，是很自然的事。上舉《療馬書》簡37謂“披～其刾（刺）”，亦可與同篇簡54“剥脱去（ ）其賢肌”、簡81“剥去（ ）之”對比。

（二）

回過頭去看睡虎地秦簡資料，其辭如下：

> 縣、都官以七月糞公器不可繕者，有久識者靡～之。……86
>
> 公器官□久=（久，久）之。不可久者，以鬃（漆）久〈書〉之。其或叚（假）公器，歸之，久必乃受之。敝而糞者，靡～其久。官輒告叚（假）104器者曰：器敝久恐靡者，遝其未靡，謁更其=久=（其久。其久）靡不可智（知）者，令齎賞（償）。（下略）105

簡86原整理者注謂“久，讀爲記，記識指官有器物上的標志題識”，對文意的理解可從；但研究者亦多已指出，“久”字自有“標記”義，可不必改讀爲“記”（參看陳偉等，2016:94；中國政法大學中國法制史基礎史料研讀會，2005:43）。“靡”下之字整理者釋爲“蚩”，原注謂：

① “溲”或“搜”讀爲“縮”，參看陳劍（2023:35-36）。又參看張飛：《天回簡“溲”“搜”釋讀補説》，簡帛網，2023年3月11日，http://www.bsm.org.cn/?hanjian/8918.html。

> 靡，即磨。蚩（音產），讀爲徹。磨徹，意爲磨壞、磨除。

研究者大多從此説。或雖有懷疑，但亦未能提出得到公認的新解。或釋其字爲“蚩”而讀爲“除”（黄德寬，2007:108），按兩字韻部遠隔，此説顯更不可信。劉玉環（2013:94）已曾謂，前引睡虎地簡原整理者“注釋的説法頗迂曲”，而徑以所謂“蚩”爲“‘去’的訛别字”。“靡（磨）去”顯然文從字順，現在看來，這在諸説中是最好的（亦可見從一般語感來看其字所表之詞以“去”最爲順適）。對比前舉形與形，其聯繫認同亦甚爲直接[①]。《嶽麓秦簡（肆）》“田律”113有“皆相與靡（磨）除封印”語，“去”與“除”之義近交替，與前述醫書“去滓”或作“除滓”相類。

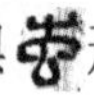

（三）

《五十二病方》第420/410行：

> 一，熬陵（菱）枝（芰）一参，令黄，以淳酒半斗煮之，三沸，止，～其滓，夕毋食，歙（飲）。

其中甚爲關鍵的“滓”字，其下部大半已殘去。原整理者釋爲“汁”，裘錫圭（2014a:290）沿之，實於形義皆不合。在2023年8月底我中心召開的《長沙馬王堆漢墓簡帛集成（修訂本）》審稿會上，鄭健飛博士據我釋讀“～”字爲“去”之説而進一步指出，此字應改釋爲“滓”，正確可從。裘錫圭（2014a:290）注謂：

> 原注：蚩，讀爲撤，除去。今按：睡虎地秦簡……（引前舉簡文及原注，略）。一説，此字也有可能是蚩。此字亦見《天文氣象雜占》6列39條，用爲“蚩尤”之“蚩”。

周波（2012:86）從陳松長（2001:535）改釋其字爲“蚩”之説，疑讀爲儲偫之“偫”，引《養生方》第6行“侍（偫）其汁”云云。另有研究者或釋“蚩”而讀爲“澄清”之“澄”，或讀爲“清”而解釋爲“過濾”（周祖亮、方懿林，2014:162），皆更不可信。按諸説應都有受“滓”字之誤釋長期未被揭示出的誤導因素，可謂情有可原。今將所謂“蚩”改釋爲“去”，亦正文從字順，合於醫書一般辭例。

前舉《養生方》第21行之例，其辭爲“箅：以五月望取～鄉軵者入籥□盈”

---

①謝明宏已指出，《療馬書》係“秦系文獻”，“其繕寫年代在秦統一以前，字體風格爲秦文字”。參看謝明宏：《〈天回醫簡〉讀札（十四）》，簡帛網，2023年4月7日，http://www.bsm.org.cn/?hanjian/8979.html。

云云，下文多殘。裘錫圭（2014b:40）釋爲"蚩"，注謂（又周波2012説同）：

> 原注：蚩鄉軵者，待考。今按："蚩"，原釋文作"蚩"，此從陳松長（2001:535）説。"蚩鄉"疑爲蟲名或藥名，"軵"爲其修飾語。

此例係用於專名，"軵者"義又很不明晰，且難排除或有抄寫脱誤的可能，待考。

（四）

最後再來通盤考慮字形的解釋問題，但亦尚難有能令人滿意的確定答案。

諸字單就其形而言，確實是與"蚩"或"蚩"（如前舉《天文氣象雜占》6.39之"蚩"以爲對比者）最爲接近的。諸形下半，大多已難以看出與"虫"旁有何區别；在當時書寫者心目中，應已被分析理解作"中"與"虫"兩部分①。《説文・虫部》"蚩"（"蚩，蟲曳行也。从虫、中聲。讀若騁"）、《革部》"鞊"（"驂具也。从革、蚩聲。讀若騁蜃"），以及見於後世字典韻書、亦以"蚩"爲聲符的"逘""搑"等字，皆於漢以前古書與出土文獻中並無用例，此基礎形體"蚩"之來源尚待考。更爲重要的則是，不管是釋爲"蚩"還是"蚩"，都難以找到一個合適之詞來貫通所有辭例的解釋。而且我們還應該考慮到一點，前舉諸形已於秦漢簡帛法律類文書與醫書兩類性質不同的文獻中反復出現，所表示的不會是一個很生僻之詞。總之，不把它們皆與｛去｝詞相認同，實難有其他出路。

但諸形到底與"去"是不是同一個字，如果不是其來源又是什麽，仍難論定。我曾考慮與我詳細討論過的古文字中所謂"'瓜'之繁形"、、等（參看陳劍，2020）相聯繫爲説，終覺難以自信；又一度傾向於就解釋作"去"字寫法之變，亦感實在是難以論證得很圓滿，同樣不能説服自己堅信。反復猶豫，今仍只能暫作存疑待考處理。

## 二、"病癒"義的"知"與相關用例之會通

（一）

揚雄《方言》卷三："差、間、知，愈也。南楚疾愈者謂之差，或謂之間，

①北大秦簡《從政之經》簡42"雖"字作，左上"口"形訛作"中"，左半遂與前舉等形大同。從這類變化可以看出，當時類形單字應尚頗爲常見；形左上變化或與戰國秦漢文字多見的"口"形或作"山"形之變有關，但亦應有受同化影響、"偏旁成字化"的因素。

或謂之知。知，通語也。”《廣雅·釋詁一》“知，瘉也”承用此，王念孫《疏證》引《方言》爲説。

“知”字此義的來源，似尚無明確共識。傳世與簡帛醫書中，有很多“知”字用例被據此“愈/瘉/癒”義作解者，其實絶大部分只能理解爲“好轉”之類（最典型亦係最常被徵引爲説者如《素問·刺瘧》：“先其發時如食頃而刺之，一刺則衰，二刺則知，三刺則已。”“知”之情形介於“衰”與“已”之間），研究者對此亦已多有共識。但問題在於，此類義與“病愈”以及“知”字之基本義“知曉、知覺”等，其間具體關係如何，研究者認識尚頗有分歧（參看華學誠等，2006:262；吴銘，2017:367-368）。上述兩方面，有關論著均甚多，此不必一一縷述詳引。

簡而言之，我大致贊同袁仁智、沈澍農（2008:140-141）的看法，此作一些補證引申。

袁仁智、沈澍農（2008:140-141）解釋醫書諸“知”字義爲“病家感覺好轉”，點明了關鍵的“感覺”；所舉最典型之例如《靈樞·雜病》：“痿厥爲四末束悗，乃疾解之，日二，不仁者，十日而知，無休，病已止。”“知”字承“不仁”而言，顯以講爲“（有）知覺”義最爲自然。其説略謂，“由不仁（喪失知覺），到知（獲得知覺），表病情好轉。並進一步引申爲‘表現’義……”云云，已經大致講明了其詞義引申過程。

下面先以舊有材料爲據對上引諸説作一些補證，再談天回醫簡的關鍵材料與相關問題，最後來看一般古書的有關用例。

（二）

簡帛與傳世醫書中有些“知”字用例，其語境明顯是無關於“疾病”的（多爲“房中”“養生”或“美容”類，亦可説與“廣義醫療”有關），與“病愈”義可以説已經相去甚遠、談不上有多大關係。用“（病情）好轉”類義代入去理解，即嫌不甚準確妥帖。

例如，馬王堆帛書《房内記》18-19行：

> •約：取桂、乾薑各一，蕃石二，蕉荚三，皆冶，合。以疏繒裹之，大如指，入前中，智（知）而出之。

同樣的“智（知）而出之”語還見於同篇下文第21行、23行，亦皆屬“約”方，“是講用外用藥使……女子的陰道緊縮（約）的方法”（裘錫圭，2014b:73）。《醫心方》卷二一“治婦人陰大方第十五”引《千金方》“治陰寬大令迮小方”：“……四味，丸如小豆，初月七日，合時一丸著陰頭，徐徐納之，三日知，十日小，五十日如十三女。”諸“知”字，皆猶言“（身體相關部位）有感覺”或者説"感知到""有反應"。

又如：

> 《醫心方》卷二十六"延年方第一"引《大清經》又方：……凡三物，擣末下篩，服方寸匕二十日，日四。復二十日知，三十日身輕，六十日百病癒，八十日髮落更生。有驗，百日夜見明，長服延年矣。
>
> 《備急千金要方·七竅病下》"鉛丹散"（《千金翼方·婦人面藥第五》"治〈冶〉婦人令好顔色方"大同）：治面黑，令人面白如雪方：……右二味治下篩，酒服一刀圭，日三，男十日知，女二十日知，知則止，黑色皆從大便中出矣，面白如雪。

上幾例"知"字，理解作"知覺"是最貼切的。但或許讀者會以爲，上舉諸例，以"見效""感覺好轉"之類義作解，似尚亦可含糊過去。那麽再來看：

> 《醫心方》卷二十四"治無子法第一"：《千金方》云：凡人無子，當夫妻俱有五勞七傷所致。治之法，男服七子散，女服紫石門冬丸。
>
> 七子散方：……凡二十四味，酒服方寸匕，日二，以知爲度，禁如法。不能酒者，蜜丸服。
>
> 紫石門冬丸方：……凡二十六味，擣篩，蜜和，酒服如梧子十丸，日三，漸增至三十丸，以腹中熱爲度，禁如藥法。比來服者皆不至盡劑即有身。
>
> 又（《僧深方》）"承澤丸"：治婦人下焦三十六疾不孕育及絶産方：……凡六物，治，下篩，和以蜜丸如蜱豆，先食服二丸，日三，不知稍增。

醫書中多見"以知爲度/數"之類例，研究者已有很多討論。或仍以"病癒"爲説（如陳琳等，2018），不如解爲"知覺"云云爲好（參看陳根成，1994）[①]。尤其是從上引"治無子法"之方與"治……不孕育及絶産方"來看，"知"字顯難用"見效""感覺好轉"之類義來解釋。此類諸方中，對於男子而言，服藥之效言"知"，只能是謂"身體主觀的某種感覺"；與之相對的講女子者亦同，且上引所謂"以腹中熱爲度"，正可説就將"身體主觀的某種感覺"此點講透了。《漢語大詞典》"知"字義項16謂：

①此外又如，朱文鋒（1992:315）釋醫書"知"字，義項②爲"消退，減輕"，引前舉《素問·刺瘧》"二刺則知"爲書證，此尚嫌不準確；但同時又已列義項④謂"感知，感到，有反應"，所舉書證爲《靈樞·經脉》"以知爲度"，此亦勝於流行之解。

> 病癒。《素問・刺瘧》："二刺則知。"漢張仲景《金匱要略・消渴小便利淋病脉症・栝蔞瞿麥丸方》："飲服三丸，日三服。不知，增至七八丸，以小便利，腹中溫爲知。"按，《方言》第三：（見前舉，略）。

釋義爲"病癒"，尚嫌不够準確；同時，其所舉書證所謂"以小便利，腹中溫爲知"云云，又可説正好即係對上述"身體某種主觀的感覺"之極佳説明。所謂"感覺"或"感知"到的"對象"，自然就是"身體的變化"；究其實，亦即"藥物效力/藥效"。

此類"知"字或可帶賓語（或係所謂"形式賓語"），更不能解爲"痊愈"或"好轉"。如下所舉例：

> 《醫心方》卷二十六"美色方第二"：《范汪方》治面無色，令人曼澤肥白方：……凡三物，爲散，酒服方寸匕，十月<日>知之[①]。
>
> 令人面目肥白方：……凡二物，爲丸，先食酒服如杏仁二丸，日三，十日知之。
>
> 又令人潔白方：……五物，下篩，蜜和如梧子大，酒服五丸，日三，三十日知，百日白矣。
>
> 《外臺秘要方》卷十七"虛勞陰痿方七首"：（《備急》）又遠志丸，療男子痿弱方：……右五味，擣篩，以雀卵和丸如小豆，以酒下七丸，至十丸，百日知之，神良。
>
> 《外臺秘要方》卷十五"風驚恐失志喜忘及妄言方"：（深師）又鐵精散，療驚恐妄言，或見邪魅，恍惚不自覺，發作有時，或如中風方：……右五味，擣下篩，以酒服錢五匕，日三，不知，稍增至一錢以上，知之爲度。

上舉《醫心方》諸方與前舉"鉛丹散"方，可以説皆屬"美容"類；諸單用之"知"與"知之"的"知"，自不容異解，且皆以解爲"感知"最合。

（三）

天回醫簡的《治六十病和齊湯法》中，"知"字用例甚多。一般的如"以知爲齊（劑）"（簡23、66兩見），與傳世醫書習見之"以知爲度/數"相類。另有較爲特别的"知毒"説法，則爲他處所未見，於説明相關問題很關鍵。玆選舉幾例如下：

> ……皆治，合和，以方寸半匕取藥，直（置）酒中畬（飲）之。

---

① "月"應係"日"字之誤，參看高文柱（2011:550）。

衰益，以知毒爲齊（劑），日再畬（飲）。禁。34

……旦莫（暮）先餔食吞五完（丸），衰益，以知毒爲齊（劑）。73

服吞之，始吞十完（丸），衰益，以知毒爲齊（劑）。75

天回醫簡整理組（2022:104）注簡73謂：

衰，《淮南子・説林訓》："大小之衰然。"高誘注："差也。"衰益，依差等遞增。參"稍益"。

又：

《治六十病和齊湯法》：十四　治欬。取紫菀（菀）十隻，陳肉醬（醬）以完（丸）之，大如羊矢，服吞之。始吞一，不知，吞二，不知，吞三。82

《五十二病方》：（講治"痔者"）……漬以淳酒而垸（丸）之，大如黑叔（菽），而吞之。始食一，不智（智-知），益一，【□】272/259爲極。有（又）可爲領傷。恒先食₌（食食）之。273/260

《五十二病方》原整理者注謂："這一句是説，開始每服一丸，不效再加一丸，以若干（原缺）丸爲最大量。"按此即可視爲對上舉"衰益""稍益"的具體説明（醫書中相類之例尚多，不具引）。上引注釋解"不知"爲"不效"[傳世醫書中相類用法的"知"字，醫家亦多籠統據"病癒"之訓而以"見效""（藥物）起效"一類義作解]，只能看作係"隨文釋義"，雖於文可通且所指向事實亦大致相合，但實未得"知"之具體字義，或者説尚嫌與"知"之固有詞義不够貼合。

諸"知毒"與前舉"知之"語法結構相同，"毒"亦應理解爲作"知"之賓語，"知"字自然也即"知覺、感知到"類義。"毒"即"毒害""毒藥"（《周禮・天官・醫師》："醫師掌醫之政令，聚毒藥以共醫事。"鄭玄注："毒藥，藥之辛苦者。"）之"毒"。我們看上舉諸方配伍藥物，其中多見有用"則（荝）"者，見於簡34所屬"治筋（筋）痹"方、簡73所屬"治常寒"方，和簡75所屬"治寒熱"方，以及簡105"初食一升，衰益，以知毒爲齊（劑）"所屬"廿（二十）四治寒熱欬膠"方、簡136"始歓（飲）半升，衰益，以知毒爲齊（劑）"所屬"卌（四十）一治風偏清之方"。"荝"即荝子，烏頭的附根，有大毒。簡文特别强調"知毒"，應該最初本係就此類用"毒藥"之方而言者。再來看如下一例：

《金匱要略·腹滿寒疝宿食病脉證治第十》（又見《備急千金要方·胃腑》）：烏頭桂枝湯方：烏頭　　上一味，以蜜二斤，煎减半，去滓。以桂枝湯五合解之，得一升後，初服二合；不知，即服三合；又不知，復加至五合。其知者，如醉狀，得吐者，爲中病。

其所述“逐漸增量”的服藥辦法，與前述“衰益”“稍益”大同；用大毒之“烏頭”而言“其知者，如醉狀”，“知”即謂服藥後有“感知到/感覺中毒”而瞑眩之類的反應，講得更爲具體。

《治六十病和齊湯法》中，言“以知毒爲齊（劑）”而所用藥物無“萴”或烏頭類毒藥者亦有之，見於簡88-89[屬“十六治積（癩）山（疝）”方及其“一方”]、簡94[屬“十八治腸山（疝）”方]，和簡149[屬“卌（四十）六治消渴”方]等。此應理解爲“毒”義又已泛化謂“藥物效力”或是“服藥反應”之類，“知毒”即“身體感知到藥力”或“藥力被身體感知到”。

有研究者主張，前引天回醫簡相關諸文應在“知”與“毒”之間點斷開，讀作“以知、毒爲齊（劑）”；其出發點是所謂“‘以知毒爲齊（劑）’……顯然不能直接理解爲‘以治愈爲劑量’”云云①，此顯然是對“知”之詞義理解把握不够準確透徹所致。而且，簡帛與傳世醫書中從未見過“以毒爲劑/度/數”一類説法，由此亦可知其説斷難成立。

天回醫簡中還有“知身”的説法，也很重要。《治六十病和齊湯法》“治痹寒方”簡31：

……乾，取如赤豆吞，稍益，以知身爲齊（劑）。可以治欬。

其方所用藥物中，亦有“則（萴）二百果（顆）”（見簡30）。“稍益，以知身爲劑”，及前舉“衰益，以知毒爲劑”語，皆可與《靈樞·邪客》“稍益，以知爲度”相合證，“知毒”“知身”應皆與“知”所指相近。但“知身”不能如“知毒”那樣將“身”字亦理解作“知”的賓語，因爲身體可以説本就無時不在人的感知當中，如此理解實不通。“知身”就是“知於身”（參看後文），即“（藥效/藥力）被身體所感知到”。用於引及動作所及對象或範圍的介詞“於/于”，古漢語本可多不用。

再來看《玉門關漢簡》II98DYT5:81：

吞十丸；不知，稍益，以知爲度。身毒，使人畀（痹）、煩，時

①參看謝明宏：《〈天回醫簡〉讀札（二十）》，簡帛網，2023年4月23日，http://www.bsm.org.cn/?hanjian/8998.html。

欲嘔。至十五丸，服百日，（下略）

"畀（痹）"字原整理者誤釋爲"其"，此從周琦説。他並指出："'身毒'爲丸藥服到一定劑量之後具體所産生的症狀，即'畀（痹）''煩''時欲嘔'。"①可從。簡文意謂，每次/每日吞藥至少十丸，如身體無感覺、無反應，即漸漸增加，直至有感覺爲止；但最多增至每次/每日吞藥十五丸（即至此即便無反應亦不能再增加）。"以知爲度"下即緊接對"身毒"具體狀況的描述，從中也可體會出，"知"即"知（於）身"；所"知"之對象、其未説出的賓語，即指"毒"、前文所謂"藥物效力"云云。

傳世醫書中，亦多有一般義之"知"字例。如《靈樞・邪氣藏府病形》：

> 黄帝曰："邪之中人，其病形何如？"岐伯曰："虚邪之中身也，灑淅動形。正邪之中人也微，先見於色，不知於身。若有若無，若亡若存；有形無形，莫知其情。"

此"知於身"即"被身體感知到"義。同書《官能》有謂"先見於色，不知於其身"云云，多"其"字，其義更明。或譯作"正邪（四時之風）邪人，病情較輕，開始只是微見於面色，身上並没有什麽感覺"，大致可從。

總結上文所論，"知"字由"知覺""感知"類基本義逐步引申爲"痊愈"義，其間過程應理解作，首先係謂病況/身心狀況有所緩解好轉或"變化"而自己由身體感知到，由此"能感知到（病情好轉）"類義（且如較近研究者所言，"{知}隱含的'好轉'有一定的時間跨度，因爲治療要經過一定時間、劑量或療程後方能起效"云云，參看張昂，2023:38），再進一步引申爲與"病瘉"相近之義，遂"對文則别，散言則通"，且或"知愈"義近連言[如《靈樞・終始》："邪氣獨去者，陰與陽未能調，而病知愈也。"武威醫簡68"逐服之，卅（三十）日知瘉（愈）"]。

## （四）

古書中"知於……"的説法，還有一類是"在……表現出來被他人感知"義，即前引袁仁智、沈澍農（2008:140-141）説所謂"知"字"並進一步引申爲'表現'義"云云。其例如：

> 《吕氏春秋・自知》：文侯不説，知於顔色。（高誘注："知，猶見也。"）

①參看周琦：《讀〈玉門關漢簡〉醫簡二則》，簡帛網，2019年12月19日，http://www.bsm.org.cn/?hanjian/8193.html。

《吕氏春秋·報更》：齊王知於顔色。（高誘注："知，猶發也。"）

《淮南子·脩務》：奉一爵酒不知於色，挈一石之尊則白汗交流。

《管子·心術上》：全心在中，不可匿；外見於形容，知於顔色。

《管子·内業》：全心在中，不可蔽匿，和〈知〉於形容，見於膚色[①]。

《管子·白心》：視則不見，聽則不聞，灑乎天下滿，不見其塞。集於顔色，知於肌膚。

《素問·解精微論》：是以人有德也，則氣和於目；有亡，憂知於色。

這類"知"（猶"見知"），仍係用其基本義。《左傳》宣公十二年："及楚殺子玉，公喜而後可知也。"杜預注："喜見於顔色。"與古書多見的"形於顔色""發於顔色"等相近[②]。諸"知"字與前舉《靈樞·邪氣藏府病形》"不知於身"等之"知"，就"字義"而言實並無二致。

一般古書的"知於身"，亦或有被誤解者。如《史記·三代世表》末"褚（少孫）先生曰"：

后稷母爲姜嫄，出，見大人蹟而履踐之，知於身，則生后稷。

此"知於身"，顯然即前舉《靈樞·邪氣藏府病形》"不知於身"的反面。其所描述情形，即"履帝武敏歆"（《詩經·大雅·生民》）之"歆"，謂身心"動"而"感知"到有異（朱熹《詩集傳》："歆，動也，猶驚異也。"）。《史記·周本紀》：

周后稷，名棄。其母有邰氏女，曰姜原。姜原爲帝嚳元妃。姜原出野，見巨人跡，心忻然説，欲踐之，踐之而身動如孕者。居期而生子……

所謂"身動'如'孕者"，已經將"知於身"的狀態講得很清楚了。有研究者必欲謂"知於身"就是"知有身"之意，以"於猶有也"云云爲説（徐仁甫，1993:32；王叔岷，2007:28-29），實大可不必。今人注釋或謂"意爲感覺

①以上所舉諸例，參看王念孫：《讀書雜志》"管子第六""可知於顔色、和於形容"條。王念孫撰，徐煒君、樊波成、虞思徵校點：《讀書雜志》，上海古籍出版社，2014年，第3册，第1192-1193頁。

②參看吴銘：《〈孟子〉"徵於色，發於聲，而後喻"補證　兼説〈國語〉"徵於他"》，"吴銘訓詁札記"微信公衆號，2021年5月24日，https://mp.weixin.qq.com/s/FkbqdaQvgBFkuPyPAnAJzg。

懷有身孕"，諸譯本或作"結果知道自己就有了身孕"且徑注"身"字義爲"身孕"，或作"知道有了身孕""便感到自己懷孕了""就覺得懷孕了"等，皆嫌有不够準確之處。"知"字解作"知道""感覺"或"感到"等是對的，但"知於身"之"身"字就是"身體/身心"義，本與所謂"孕"無關。後引沈曉凡等（2021:90-92）之説，雖其主要意思我們並不贊同，但在講"知"字之"身體能够感知到"義所舉例中已包括此，則甚是。

與所謂"病瘉"義之"知"字聯繫更爲密切的，是下述一例。馬王堆帛書《戰國縱横家書》"觸龍説趙太后"章第190行：

> （觸龍）曰："老臣閒（間）者殊不欲食，乃自强步，日三、四里，少益〇耆（嗜）食，智（智-知）於身。"

原整理者注謂：

> 智，通知，《趙策》與《趙世家》並作和，字形之誤。《方言三》："知，愈也。南楚病瘉者或謂之知。"這是説有益身體。

這是一個很著名的據出土文獻以校勘傳世古書的例子，論者衆多。裘錫圭（1982/2012:398）曾謂，上引"這個意見顯然是正確的"，目前似乎也已經獲得廣泛認同[①]。但究其實，中間亦頗存可進一步探討的餘地。因爲，原整理者既以"知"字之"愈"義作解，串講時却又不得不將"病瘉"替换爲"有益"，顯然其間尚存缺環。如吴辛丑（2002:61-62）即謂，"以'病瘉'義解讀'知於身'，略嫌牽强。姑録以存疑"；劉洪濤、沈曉凡（2021:108-109）在此基礎上更進一步謂，"今本'和'字不誤"，解"和"義爲"調和"（又參看富金壁，2020:141-142；沈曉凡等，2021:90-92）；但其説所謂"帛書本'智'應是（"和"之）訛字，大概是先訛作'知'，又因通用而轉寫作'智'"云云，所設想的訛誤轉寫過程，顯然亦頗爲迂曲難信。

其實，通過上文所論，在我們看來，此例"知"字仍應即普通之"知覺"類義；觸龍之語無非是謂，他"多走路鍛煉遂可漸漸多進飲食的效果'被身體感知到了'"，其中並無多少難解之處或立異餘地。研究者之所以會産生種種疑問乃至另出異説，其癥結大概就都在於未能透徹明瞭"病愈"義之"知"的詞義演變過程，將其"知覺""感知到"類義，與"身心狀況好轉""疾病痊愈"類義相割裂了。

---

①參看董志翹（2020:15），又參看汪維輝：《〈觸讋説趙太后〉三本異文之比較》，"ZJU（浙江大學）古典文獻學專業"微信公衆號，2022年6月29日，https://mp.weixin.qq.com/s/NnIY2FqKYqF5O-X2DJi4GA。

2023年10月9日初稿
2024年2月2日改定

附記：本文初稿先後蒙杜鋒、廣瀨薰雄先生和匿名審稿專家批評指正或提出修改意見，謹誌謝忱。

【看校補記】本文第二則所論，關於醫書“知”字之義，請參看沈澍農：《天回醫簡“以知毒爲齊”小考》，復旦大學出土文獻與古文字研究中心網站，2024年4月1日，http://www.fdgwz.org.cn/Web/Show/11135。尤其是其中所引以爲證的後世醫書與“知”義近之“覺”“校”例，可補充本文論證之不足。又本文所引《治六十病和齊湯法》簡31“身”字，其形應釋“身”不存在疑問。另該篇中“知毒”之“毒”字或寫作“每”形，亦並非誤字。其形由來有自，秦漢文字多見其例，可參看陳劍《釋金文“毒”字》，《中國文字》2020年夏季號（總第三期），臺灣萬卷樓圖書股份有限公司，2020年，第193-222頁。

**參考文獻**

陳根成　1994　《試論張仲景用藥“以知爲度”的思想》，《國醫論壇》第4期。

陳　劍　2020　《釋“瓜”》，《出土文獻與古文字研究》（第9輯），上海古籍出版社。

陳　劍　2023　《天回醫簡釋讀四則》，《中國文字》夏季號總第9期，臺灣藝文印書館。

陳　琳　王　敏　李宇航　2018　《從〈傷寒論〉“以知爲度”談仲景對用藥藥量的宏觀把握》，《世界中醫藥》第3期。

陳松長（編著）　2001　《馬王堆簡帛文字編》，文物出版社。

陳　偉（主編）　2016　《秦簡牘合集釋文注釋修訂本（壹、貳）》，武漢大學出版社。

董志翹　2020　《漢語史研究與多重證據法》，《文獻語言學》（第10輯），中華書局。

富金壁　2020　《王力〈古代漢語〉注釋匯訂》，廣陵書社。

丹波康賴（編著）　高文柱（校注）　2011　《醫心方》，華夏出版社。

華學誠　王智群　謝榮娥　王彩琴　2006　《揚雄方言校釋匯證》，中華書局。

黄德寬（主編）　2007　《古文字譜系疏證》，商務印書館。

劉洪濤　沈曉凡　2021　《利用出土文獻校正王力〈古代漢語〉文選注釋舉例》，《出土文獻》第3期。

劉玉環　2013　《秦漢簡帛訛字研究》，中國書籍出版社。

裘錫圭　1982/2012　《〈戰國策〉“觸讋説趙太后”章中的錯字》，《文史》（第15輯），中華書局，1982年；收入《裘錫圭學術文集·語言文字與古文獻卷》，復旦大學出版社，2012年。

裘錫圭（主編）　2014a　《長沙馬王堆漢墓簡帛集成（伍）》，中華書局。

裘錫圭（主編）　2014b　《長沙馬王堆漢墓簡帛集成（陸）》，中華書局。

沈曉凡　李　哲　王佳誠　許瀟文　肖　璇　2021　《〈戰國策〉“觸讋説趙太后”章“和於身”新釋》，《漢字文化》第13期。

天回醫簡整理組（編著） 2022 《天回醫簡》，文物出版社。
徐仁甫 1993 《史記注解辨正》，四川大學出版社。
王叔岷 2007 《古籍虛字廣義》，中華書局。
吴 銘 2017 《廣雅新證》，華東師範大學博士學位論文。
吴辛丑 2002 《簡帛典籍異文研究》，中山大學出版社。
袁仁智 沈澍農 2008 《知、瘥、蠲、除、慧、間、瘳、已之“愈”義源流考》，《南京中醫藥大學學報（社會科學版）》第3期。
張 昂 2023 《出土文獻所見“疾愈”類字詞之研究》，《文史》第1期。
中國政法大學中國法制史基礎史料研讀會 2005 《睡虎地秦簡法律文書集釋（四）：〈秦律十八種〉（〈金布律〉－〈置吏律〉）》，《中國古代法律文獻研究》（第9輯），社會學科文獻出版社。
周 波 2012 《馬王堆簡帛〈養生方〉、〈雜禁方〉校讀》，《文史》（第2輯），中華書局。
周祖亮 方懿林 2014 《簡帛醫藥文獻校釋》，學苑出版社。
朱文鋒 1992 《實用中醫詞典》，陝西科學技術出版社。

# Two Notes of Supplementary Interpretation of Relevant Words According to the Tianhui Medical Bamboo Slips – *Qu* (去) and *Zhi* (知)

Chen Jian

**Abstract:** The character used as *qu* (去) with a special style of writing in the bamboo and silk manuscripts from the Qin and Han periods was often misinterpreted as *che* (𢻹/徹) in the past. With insights gained from the Tianhui Medical Bamboo Slips, we now confirm that it is a unique variant of *qu*, although its origin still needs further research. In both handed-down medical texts and unearthed medical bamboo and silk manuscripts, the word *zhi* (知), meaning to recover (from an illness), can receive a consistent explanation in association with the phrase *zhiyushen* (知於身) in common ancient records. In most cases, the word *zhi* originally often means to be conscious or to perceive (something), from which the meaning of recovery is derived.

**Key words:** Tianhui Medical Bamboo Slips; “*Qu*” (去); *Zhidu* (知毒); *Zhiyushen* (知於身)

（陳劍，成都中醫藥大學中國出土醫學文獻與文物研究院 成都 610075）

# 説天回簡“肣”並談馬王堆遣册和《卜書》的幾處{頷}*

蔣　文

**摘　要**：新出天回醫簡《脉書》記録了一種“䏶”痛的病症，“䏶”應釋爲“肣”字，此“䏶（肣）”與《説文》訓舌之“肣”無關，而應讀爲“頷”，理解成下巴。馬王堆漢墓遣册食品類記有牛“含”、牛“脍”，“含”“脍”也應讀爲“頷”。上博簡《卜書》之“㱃”、《史記·龜策列傳》“肣開”之“肣”記録同一詞，指卜兆的某一部分，亦可考慮讀爲“頷”。

**關鍵詞**：天回簡；馬王堆遣册；卜書；頷；肣

## 一、天回簡“䏶（肣）”讀爲“頷”

天回醫簡《脉書·下經·閒別脉》簡240記載的是閒别少陰脉的名稱、循行、病症及灸法，簡文作：①

> ·閒别少陰脉。出嗶，出少腹，出□胃乚、肝、亢狼（頏顙），奏杏〈舌〉本。䏶、亢狼（頏顙）痛，寒中，内崩，舌乾希（晞），久（灸）少陰。

簡文之“䏶”原形作[illegible]，上“今”下“月（肉）”甚明，隸定不存在問題②。天回醫簡整理組（2022:49）注謂：

---

*本文爲國家社會科學基金項目“出土文獻所見漢人用《詩》研究”（23BYY009）、國家社會科學基金重大項目“阜陽漢簡整理與研究”（21&ZD305）的階段性成果。感謝陳劍老師及匿名審稿專家提供寶貴修改意見。

①此處釋文綜合參考整理者釋文及注釋（天回醫簡整理組，2022:48-49），廣瀨薰雄（2020）所作釋文與整理者釋文略有别。

②中國醫史文獻研究所等（2017）曾誤將此字隸釋爲“㱃”，正式的整理報告已作糾正。

> ⿱今月，字形與《銀雀山·論政論兵之類·文王與太公》簡一三五四“⿱今月而廉”、簡一三五五“⿱今月□之用”“⿱今月者”之“⿱今月”字同，釋爲“貪”。按，“貪”當指某身體部位，参上條簡二三九“出深貪”。

天回簡整理者引到的銀雀山簡“⿱今月”原形作（簡1354）、（簡1355[①]），確與天回簡同形，不過將此形“釋爲‘貪’”不妥。這種形體所對應的並不是文字系統中的“貪”字，銀雀山漢墓竹簡整理小組（2010:174）釋文處理作“肣（貪）”，應是將“⿱今月”形釋爲“肣”字，再讀爲“貪”（即“肣”記録{貪}詞）[②]。退一步講，即便“釋爲‘貪’”只是表述不當，天回簡整理者實際的意思是將“⿱今月”讀爲“貪”，那也是難以成立的，因爲閒別少陰脉“⿱今月”與間別大陰脉“深貪”聯繫本就不妥。間別少陰脉的止點是“舌本”（舌根），病症爲“⿱今月”和“頏顙”（咽上上齶與鼻相通的部位）疼痛，可推知“⿱今月”所指的部位大概不出口腔面部這個範圍，而閒別大陰脉的“深貪”應位於“婢（髀）”和“齊（臍）”之間[③]，二者相距過遠，不宜牽合。

排除了原整理注釋的思路後，再看其他研究者提供的意見。天回簡在完整公布前已先行披露了部分内容，其中就包括閒別少陰脉條，廣瀨薰雄（2020）曾討論過“⿱今月”，謂：

> “⿱今月”即“肣”，是“圅（函）”的異體字，意爲舌。《說文·马部》：“圅，舌也。……肣，俗圅从肉、今。”閒別少陰脉的止點是舌本，其病症中有肣痛，文義很通順。

其說有得亦有失。一方面，將閒別少陰脉“⿱今月”與“肣”認同爲一，可從，“⿱今月”形對應的應該就是當時文字系統中的“肣”字。從出土文獻看，漢代“肣”字有兩體：一體作左右結構的“肣”形，如（居延漢簡217.29）、（十鐘山房印舉）；另一體作上下結構的“⿱今月”形，除見於天回簡、銀雀山簡外，還數見於馬王堆簡帛，包括（《相馬經》行31下）、（《繆和》行58下）、

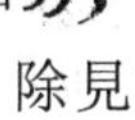

---

①簡1355“⿱今月□之用”例中“⿱今月”字僅殘存頂部筆劃，作。

②于淼（2015:98、275；2021:473）根據漢隸中“貝”形有減省後訛與“月”同形的現象，將此種“⿱今月”形視作“貪”之訛體，不若讀爲“貪”直接，本文不取。

③閒別大陰脉對循行路綫的描述是“出尻，繚婢（髀），出深貪，臍上痛，奏於心”。廣瀨薰雄（2020）注意到天回簡《閒別脉》中的循行路綫都以“出……”開始，以“奏……”結束，疼痛的身體部位都在該脉的循行路綫上，謂：“‘奏’上出現‘痛’字，難以解釋。此字疑是衍文，此句當改爲‘出深貪，臍上，奏於心’。也就是説，這條脉從‘深貪’出發，經過臍的上面，到心。‘深貪’似是‘貪’的深部的意思，‘貪’具體指哪一個部位，待考。從該脉的循行路綫看，‘貪’的位置在髀和臍的中間。”

（《十六經》行27上）、（三號墓遣册簡389）。

另一方面，謂“酓/肣”“是‘圅（函）’的異體字，意爲舌”則不妥。從上面的引文可以看出，此説的基礎就是《説文》：

> 圅，舌也。象形，舌體马马。从马、马亦聲[①]。肣，俗圅从肉、今。

首先，《説文》以“肣”爲“圅”（即函）之俗體，用今天的學術眼光看是有問題的，姚萱（2016）已指出“肣”與“圅（函）”其實是音近可通的關係[②]。那麼，天回簡“酓”形的“肣”字即便與《説文》之“圅（函）”聯繫，也不應以“異體”解之，而宜表述成“讀爲‘圅（函）’”。更重要的是，閒別少陰脉之“酓（肣）”從上下文看指的不太可能是舌，簡文言“酓（肣）、亢狼（頏顙）痛，寒中，内崩，舌乾希（睎），久（灸）少陰”，若“酓（肣）”指舌，就很難解釋爲什麼同一支簡上又會出現“舌”，二者既然共見，理應有所區别。此外，“肣”字是否真的可以記録一個“舌”義的詞，還有待進一步證實——截至目前，漢代出土文獻所見“肣”字（作“酓”形或“肣”形）之例並不算多，有讀爲“禽/擒”[③]、讀爲“紟”[④]、讀爲“貪”[⑤]幾種用法，另有一例是人名，難以判定用法[⑥]；唯一可能與《説文》訓舌之“肣”互證的是居延漢簡217.29的一例，所在辭例爲“牛肣一隻□□毋□□直六十”，此“牛肣”存在指牛舌之可能，但由於缺乏足够的語境限制，尚難斷言[⑦]。總之，將天回簡“酓（肣）”理解成舌，既無内部支撑，又乏外部强證，恐難成立。

閒別少陰脉“酓（肣）”記録之詞所指的身體部位應與舌相去不遠，以此爲綫索去考慮，最合適的詞是{頜}。頜指口腔下半部分即下巴，也可包括胡部

①段注本校作：“圅，舌也。舌體马马。从马，象形，马亦聲。”

②此外，《説文》對“圅”的字形分析也可謂完全錯誤。“圅”字本象納矢之器，其本義與“舌”毫無關係，“马”或由“圅”割取而來，“马/㔾”也可能自“柬/束”分化出（陳劍《古文字基礎形體研究》講義，未刊稿）。

③馬王堆帛書《相馬經》行31下“野毋酓（禽）”；《繆和》行58下“湯之德及酓（禽）獸（獸）魚鱉矣”；《十六經》行27上“黄帝身禺（遇）之（蚩）尤，因而酓（擒）之”。馬王堆帛書這幾例以“酓”表“禽/擒”或係楚文字之遺迹。

④馬王堆三號墓遣册簡389：“椁中繡帷一，楮（緒-紵）績掾（緣），素掾，袤二丈二尺，廣五尺，青綺酓，素裏，一。”一號墓遣册簡251有類似内容，對應之字爲“㑒”。“酓”“㑒”似應讀爲“緆絞紟衾二”（《儀禮·士喪禮》）之“紟”，紟是一種單被，用於大斂，與衾相類。

⑤三例均出自銀雀山漢簡《文王與太公》，上文已引。

⑥即《十鐘山房印舉》所收漢印“徐肣·日利”，字形上文已引。

⑦中國簡牘集成編輯委員會（2001:281）注謂：“牛肣，或釋爲牛舌頭。存疑。”此“或釋”應源出《説文》。

在内①。從音的角度來説，“頷”从“含”而“含”本从“今”得聲，“酓（肣）”讀爲“頷”可謂自然直接，毋庸多言。從辭例看，讀爲“頷”也是很好的選擇，“頷”屬口腔面部，閒别少陰脉所經的“頏顙”及止點“舌本”皆在其附近，病症爲“頷”和“頏顙”疼痛很合理。

“頷痛”之症見於《靈樞·經脉》。在馬王堆帛書《陰陽十一脉灸經》、張家山漢簡《脉書》中，肩脉的病症之一就是“頷痛”，且與喉部麻木疼痛之症共見：

> 肩脉，起於耳後，下肩，出肘内廉，出臂外館（腕）上，乘手北（背）。是動（動）則病：領〈領-頷〉②種（腫）痛，不可以顧，肩以（似）脱，臑以（似）折，是肩脉主治。其所產病：領〈領-頷〉痛，𦛗（喉）踝〈踝-痹〉，肩痛，肘外痛，爲四病。
>
> （張家山《脉書》簡27-28）
>
> 肩眀（脉）：【·起于耳後，下肩，出臑】外廉，出臂外，出指上廉。【是動則病：領（頷）】瞳（腫）甬（痛），不可以顧，肩以（似）脱，臑以（似）折，是肩【脉】主治。其所產病：領（頷）甬（痛），侯（喉）淠（痹），臂甬（痛），肘甬（痛），爲四病。
>
> （馬王堆《陰陽十一脉灸經》乙本行7-8③）

與“領”相較，“酓（肣）”不過是替换了形符。我們知道，形符“頁”往往與頭有關，而形符“肉”常與身體部位有關（如“胃”“匈”等異體增“肉”旁作“腈”“胸”形），對於語言中指下巴的{頷}詞來説，無論是用“領”還是用“酓（肣）”來記録都是合適的。由馬王堆中與“喉”並見的、讀爲“頷”的“領”，去反觀天回簡中與“頏顙”並見的“酓（肣）”，會感到將“酓（肣）”讀爲“頷”頗自然。

總之，綜合各方面證據看，天回簡閒别少陰脉“酓（肣）”記録之詞應該就是{頷}，“酓（肣）”應讀爲“頷”。可附帶一提的是，閒别少陰脉“酓（肣-頷）、亢狼（頏顙）痛”中“亢”字係補寫，書手一開始只寫了“酓狼

①胡部位於頷下，亦可説是頷頸交界處。人有胡，《漢書·金日磾傳》“日磾捽胡投何羅殿下”，顔師古注引晉灼曰：“胡，頸也，捽其頸而投殿下也。”獸亦有胡，《詩經·豳風·狼跋》“狼跋其胡”，朱熹《詩集傳》：“頷下懸肉也。”

②此處所引張家山《脉書》兩處“領”一般直接視作“頷”之誤（同類例《脉書》共三見，還有一處見於陽明之脉條）。考慮到漢代文字資料中暫時未見確定的“頷”形（武漢博物館藏東漢《碩人》鏡中有一形舊多隸作“頷”，未必可靠，此形可能仍是“領”），而“領”形已多見於馬王堆、漢印等，此處“領”視作“領”形之誤較優。

③《陰陽十一脉灸經》甲本有相同内容，乙本此段文字保存情況較好，故引乙本。

痛”，這一失誤或與漢代“酓”可讀爲“貪”而“貪狼”本係成詞有關。

## 二、馬王堆遣册“含”“肣”讀爲“頷”

在天回簡“酓”出現之前，馬王堆漢墓遣册中的“含”“肣”也被懷疑與《説文》訓舌之“肣”有關。下面就來看這幾條材料。

一、三號墓遣册食品類均記有牛的“含”，簡文內容相同：

> 牛濯（鬻）脾、含[1]、心、肺各一器。（一號墓簡52）
> 牛濯（鬻）脾└、含└、心└、肺●各一器。（三號墓簡217[2]）

與此同時，三號墓遣册中還出現了牛的“肣”，一號墓遣册也有內容幾乎全同的簡文，只是“肣”訛成了“脂”形：

> 牛脣└、脂〈肣〉[3]、虒（蹏/蹄）└、濡（臑）一器。（一號墓簡89）
> 牛脣、肣└、虒（蹏/蹄）、濡（臑）●各一器。（三號墓簡218）

上引“含”“肣”如何理解存在諸多難點，一直以來懸而未決。一方面，“含”一般從湖南省博物館等（1973:135）之説，讀爲《説文》之“圅/肣”、理解成舌，但舌並非內臟，似與同簡所記心、肺等不諧[4]。另一方面，“肣”湖南省博物館等（2004:62）引《集韻》以“肥牛脯”解之，明顯與其後指蹄的“虒（蹏/蹄）”、指前肢的“濡（臑）[5]”不類，且同簡“脣”的釋讀亦可存疑。此外，“含”“肣”是否統一作解也值得考慮：心、肺爲內臟，蹄、臑爲牛身部位，“含”“肣”似分屬不同類别；但是，“含”“肣”只有加不加“肉”旁之别，在簡文解讀尚存若干鬆動之處的情况下，似又不宜將二者貿然切割[6]。

---

①原形作，下部作“山”形，係“口”旁之變，三號墓遣册簡217“含”下部即寫作標準“口”形（）。此種變化戰國文字已見，漢印中亦有其例，參看李家浩（2002:150-153）；石繼承（2021:88-89）。

②本文所引馬王堆三號墓遣册簡號均爲湖南省博物館等（2004）所標原始簡號。

③原形作，三號墓未寫錯的“肣”字原形作。

④黄文傑（2008:174）已有此疑，並據《玉篇》“肣，胡男切。舌也。又胡敢切，牛腹也”認爲此“含”指牛腹，其疑有理，但其新説不可從。姚萱（2016）維護整理者原説，謂同簡四物“看作皆係在體內者，故以類相從，也頗爲合理”，比較勉强。

⑤關於“濡（臑）”，詳參伊强（2005:42）。

⑥湖南省博物館等（2004:62）便主張二者統一，將“含”也讀爲“肣”。

姚萱（2016）曾提及“胳”有讀爲“頷”之可能，頗具啓發性①。我認爲上舉“含”“胳”應統一作解，皆讀爲“頷”。

前人之所以没有想到讀“含”爲“頷”，究其關節，是被“脾、含、心、肺”中的“脾”障了眼——如果四物中第一、三、四項都是内臟，則第二項也只能是内臟。此“脾”一般不破讀、理解成脾臟，罕有異議者，惟姚萱（2016）注意到“牛脾臟作爲食物也有頗顯怪異之處”，疑此“脾”同《詩經·大雅·行葦》“嘉殽脾臄”之“脾（膍）”，指牛胃。按，心、肺作爲食物很常見，脾臟則不然，因此將“脾”破讀的思路很正確，但是也不必只在那些與内臟有關的詞中去找尋。如果跳出這一思維陷阱，會發現馬王堆遣册這兩處“脾”最自然的讀法其實是“髀”。首先，從用字習慣看，用“脾”爲“髀”在漢代出土文獻中極常見，可參看白於藍（2017:406），此不俱引；新出天回簡中就屢見其例，如《脉書·下經·病之變化》簡124“要（腰）脾（髀）脊痛”、簡156“骨脾（髀）之疾也，其本在骨中，其發骨脾（髀），出膚”皆用“脾”爲“髀”。其次，牲畜的“髀”即大腿，因其有肉，自然會爲人們所食用；《儀禮·特牲饋食禮》有“祝俎脾，脡脊二骨，脅二骨，膚一，離肺一”，《儀禮·少牢饋食禮》云“佐食設俎牢髀，横脊一，短脅一，腸一，胃一，膚三，魚一横之，腊兩髀屬於尻”，皆反映出髀與脊、脅等相類，是牲畜常見的食用部位。

將“脾”讀爲“髀”之後，“脾、含、心、肺四物應同屬一類”這一前置的囿見也就隨之打破了。現在，我們既不用費力去找“含”可記録什麽指内臟的詞，也不用勉强説服自己舌頭與脾心肺屬同類，答案很簡單——這四物其實包含了兩類，前兩物“脾（髀）、含（頷）”屬一類，都是較大的、有肉的、可食的身體部位；後兩物“心、肺”則爲另一類，皆爲可食用的内臟。

至於“脣、胳、虒、濡”，將“胳”讀爲“頷”後就已經顯得比較和諧了，牛之“胳（頷）”“虒（蹏/蹄）”“濡（臑）”分别是牛下巴（含下巴上的肉，即胡）、牛蹄、牛前肢，都是成塊的身體部分。現在，只需要看“脣”是否有辦法統一即可。湖南省博物館等（1973:137）認爲“脣”即“脤”字，引《廣雅》解爲“䐢肉也”，即祭祀社稷所用生肉；湖南省博物館等（2004:62）則將此“脣”釋作“唇”之異體。按，前説顯不可從，後説稍可取，不過牛唇體積比較小，與下巴、蹄、前肢這些部位共見仍略有不協。我認爲遣册之“脣（脤）”可讀爲“臀”。左右結構的“脤”字見於馬王堆帛書《周易》，對應今本姤卦九三、夬卦九四爻辭“臀无膚”之“臀”，可爲二者相通之明證；另

①此文主張“含”“胳”分别作解，“含”仍讀爲訓舌之“肣”，並將“脣”釋爲口唇之“唇”，與本文的看法不同。

外，《論語・雍也》疏云："案《司馬法・謀帥篇》曰：'夫前驅啓，乘車大震，倅車屬焉。'大震即大殿也，音相似。《左傳》襄二十三年曰：'齊侯伐衛。大殿，商子游御夏之御寇。'""辰"聲的"震"讀爲"殿"，也可作爲讀"脤"爲"臀"的佐證。牛臀和下巴、牛蹄、牛前肢一樣，都是較大且有肉的部位，是常見的食材。

依上所述，馬王堆遣册幾條簡文可作新釋文如下：

> 牛濯（鬻）脾（髀）、含（頷）、心、肺各一器。　（一號墓簡52）
>
> 牛濯（鬻）脾（髀）ㄴ、含（頷）ㄴ、心ㄴ、肺●各一器。
>
> （三號墓簡217）
>
> 牛脣（脤-臀）ㄴ、脂〈脍-頷〉、虒（蹏/蹄）ㄴ、濡（臑）一器。
>
> （一號墓簡89）
>
> 牛脣（脤-臀）、脍（頷）ㄴ、虒（蹏/蹄）、濡（臑）●各一器。
>
> （三號墓簡218）

總之，馬王堆遣册所見"含""脍"應讀爲"頷"，指下巴。

## 三、上博簡《卜書》"酓"疑讀爲"頷"

除天回簡"肣（肣）"、馬王堆遣册"含""脍"外，上博簡《卜書》的"酓"很可能記録的也是{頷}。"酓"見於《卜書》的蔡公占辭部分：

> 鄒（蔡）公曰：㸚（兆）女（如）卬（仰）首出止（趾），而屯不（背？）困膕（膺），是胃（謂）犻（旆）。卜焧（火）龜，亓（其）又（有）吝■；凥（處），不沾大汙（洿），乃沾大浴（谷）■。
>
> 曰：㸚（兆）少（小）陷，是胃（謂）族（？）。少子吉，倀=（長子）乃哭；甬（用）凥（處）宫□□□□□□□□湋（瀆）■。酓<u>高上</u>，犰屯霫（深），是胃（謂）幵。婦人幵以歙（飲）飤（食）■，倀（丈）夫霫（深）以伏匿■。　（《卜書》簡2-4）

這段占辭的字詞尚有許多未明之處，研究者多有分歧，但關於"酓"之釋讀，一般采用的都是整理者的説法，未見研究者提出異見①。馬承源（2012:296）注謂：

> 讀"肣高上"，指兆腹上高，有如隆起的肚子。"酓"字上从今，

①有關研究可集中參看季旭昇等（2017:292-308）、俞紹宏等（2019:276-290）。另有少數研究未被收入上述兩種集釋，如范常喜（2022）。外文文獻有大野裕司（2014）、Marco Caboara（2018）。

> 下从凶，疑是禽字的省體，這裏讀肣。《玉篇・肉部》：“肣，牛腹也。”上文所述兆象有兆首、兆膺、兆趾，所缺者兆腹。這裏的肣疑即兆腹。《史記・龜策列傳》有肣字，似有兩種用法，一種作名詞，如“首仰、足開、肣開”，肣字與首、足並列，應指身體的某個部位。一種作動詞，如文中頻繁出現的“首仰足開”“首仰足肣”，肣字又似乎是開字的反義詞。如《史記索隱》：“音琴。肣謂兆足斂也。”就是把肣當斂字解。現在從簡文看，此字應是名詞，類似前一種用法，並非借作斂字。

簡言之，上博簡整理者認爲《卜書》之“
”即《史記・龜策列傳》“肣開”之“肣”，所記録之詞在占卜語境中指兆腹。前一點無疑是正確的，但將“肣”理解成“腹”甚是可疑。這種訓解的來源是時代偏晚的《玉篇》[①]，而且在早期文獻中也找不到任何支持性的文例；另外，將“腹”這一理解代回到《龜策列傳》“肣開”中去看，似乎並不是太妥帖，腹如何可言“開”？由是觀之，“
”如何讀解值得重新考慮。

我懷疑“
”（从“今”聲）記録的也是指下巴的{頷}詞。與“
”對言的“𠧢”原形作，以“卜”爲意符、“妟”（“瘻”字之表意初文[②]）爲聲符，程少軒（2013）疑此字“是爲卜兆頭頸部具有一定形態（很可能是隆起）的裂紋所造的專字”[③]，思路可從。“𠧢”可能是爲兆頸之“頸”所造的專字，在簡文中可考慮直接讀爲“頸”[④]。準此，將與“𠧢（頸）”對言的“
”讀爲“頷”就比較合適了，頸、頷是臨近的人體部位，在占卜語境中用來指卜兆的某些部分。

《卜書》“
”既然讀爲“頷”，《史記・龜策列傳》“肣開”之“肣”也就順理成章地讀爲“頷”了，“肣（頷）開”大概是指某種猶如下巴張開的兆象。《國語・晉語一》載獻公卜伐驪戎，謂“遇兆，挾以銜骨，齒牙爲猾，戎夏交捽”，韋昭注“齒牙”謂“兆端左右釁坼，有似齒牙。中有從畫，故曰‘銜骨’”，此處以“齒牙”比附卜兆，似可與以“頷”描述卜兆互參。

最後，如上博簡整理者所提到的，《史記・龜策列傳》還有一種動詞用法的“肣”。此種“肣”頻繁出現於“足”後，組成兆象之辭“足肣”，“足肣”可與“首仰”（變體作“頭仰”）“首俯”“有外”等連言，又可與“足開”

---

①《集韻・覃韻》“肣”下云“肥牛脯”，“脂”下云“肥牛脯，或从含”，與《玉篇・肉部》訓“肣”爲“牛腹”可能屬同一系統。

②關於此構件，參看馮勝君（2010）。

③本文隸定爲“𠧢”，程少軒（2013）隸作“𠧢”。

④關於“嬰”聲字與“頸”在語音及意義上的密切關係，參看馮勝君（2010）。

（變體作“足發”）對言。從辭例看，《索隱》以“兆足斂”解“足肣”無疑是可信的，問題只在於“肣”究竟記録何詞、爲什麽可以表“斂”意，前人對此没有給出解釋。此種“肣”或可考慮讀爲“含”，《國語·楚語下》有云“土氣含收”，“含”在某些語境中與“收、斂”意思接近。

**參考文獻**


白於藍　2017　《簡帛古書通假字大系》，福建人民出版社。

程少軒　2013　《小議上博九〈卜書〉的“三族”和“三末”》，《中國文字》新39期，臺灣藝文印書館。

范常喜　2022　《〈上博九·卜書〉中三個兆象名考釋》，《出土文獻名物考》，中華書局。

馮勝君　2010　《試説東周文字中部分“嬰”及从“嬰”之字的聲符——兼釋甲骨文中的“瘿”和“頸”》，復旦大學出土文獻與古文字研究中心編《出土文獻與傳世典籍的詮釋——紀念譚樸森先生逝世兩周年國際學術研討會論文集》，上海古籍出版社。

廣瀨薰雄　2020　《天回老官山漢簡〈别脉〉初探》，《出土文獻與古文字研究》（第9輯），上海古籍出版社。

黄文傑　2008　《秦至漢初簡帛文字研究》，商務印書館。

湖南省博物館　中國科學院考古研究所　1973　《長沙馬王堆一號漢墓》，文物出版社。

湖南省博物館　湖南省文物考古研究所　2004　《長沙馬王堆二、三號漢墓（第一卷：田野考古發掘報告）》，文物出版社。

季旭昇　高佑仁（主編）　2017　《〈上海博物館藏戰國楚竹書（九）〉讀本》，萬卷樓圖書股份有限公司。

李家浩　2002　《燕國“洀谷山金鼎瑞”補釋——爲紀念朱德熙先生逝世四周年而作》，《著名中年語言學家自選集·李家浩卷》，安徽教育出版社。

馬承源（主編）　2012　《上海博物館藏戰國楚竹書（九）》，上海古籍出版社。

石繼承　2021　《漢印文字研究》，上海古籍出版社。

天回醫簡整理組　2022　《天回醫簡》下册，文物出版社。

姚　萱　2016　《説花東卜辭的“入有函”及相關問題》，《安徽大學學報（哲學社會科學版）》第2期。

伊　强　2005　《談〈長沙馬王堆二、三號漢墓〉遣策釋文和注釋中存在的問題》，北京大學碩士學位論文。

銀雀山漢墓竹簡整理小組　2010　《銀雀山漢墓竹簡（貳）》，文物出版社。

于　淼　2015　《漢代隸書異體字表與相關問題研究》，吉林大學博士學位論文。

于　淼　2021　《漢代隸書異體字表》，中西書局。

俞紹宏　張青松　2019　《上海博物館藏戰國楚簡集釋》第九册，社會科學文獻出版社。

中國簡牘集成編輯委員會　2001　《中國簡牘集成》第六册，敦煌文藝出版社。

中國中醫科學院中國醫史文獻研究所　成都文物考古研究院　荆州文物保護中心　2017　《四川成都天回漢墓醫簡整理簡報》，《文物》第12期。

大野裕司　2014　《上博楚簡『卜書』の構成とその卜法》，《中國研究集刊》第58號。

Marco Caboara　2018　*A Recently Published Shanghai Museum Bamboo Manuscript on Divination*, Michael Lackner (ed.) Coping with the Future: Theories and Practices of Divination in East Asia, Brill.

# On the Character *Han* (肣) in the Tianhui Medical Bamboo Slips and the Word *Han* (頷) “Chin” in the Mawangdui Tomb Inventories and the *Book of Divination*

Jiang Wen

**Abstract:** The newly published *Book of the Channels* (《脉書》) in the Tianhui Medical Bamboo Slips recorded an illness named *han* (㱃), which should be interpreted as *han* (肣). Here this character *han* (㱃/肣) is irrelevant to the character *han* (肣) explained as the tongue in the *Shuowen Jiezi*, but it should be read as *han* (頷), meaning the chin. The character *han* (含/䑐) of the phrase *niuhan* (牛含/牛䑐) in the records about food of the Mawangdui tomb inventories should also be read as *han* (頷). The character *han* (㱃) in the *Book of Divination* (《卜書》) of the Shanghai Museum Bamboo Slips and the character *qin* (肣) of the phrase *qinkai* (肣開) in the Biographies of Diviners (龜策列傳) of the *Records of the Grand Historian* are the same word referring to a certain part of the crack in a shell. We can also consider reading both of them as *han* (頷).

**Key words:** Tianhui Bamboo Slips; Mawangdui tomb inventories; *Book of Divination* (《卜書》); *Han* (頷); *Han* (肣)

（蔣文，復旦大學出土文獻與古文字研究中心/“古文字與中華文明傳承發展工程”協同攻關創新平臺　上海　200433）

# 《天回醫簡》字詞訓釋零札*

喻　威

**摘　要**：本文對《天回醫簡》中的部分字詞提出了新的訓釋意見。《療馬書》中的“齊刀”讀爲“資/鉥刀”，訓利刀；“屬”讀爲“豚”，訓臀或肛門；“約”可能表示衰病或衰弱。《治六十病方和齊湯法》中的“段”表示棰擊；“灑”表示過濾。《脉書·下經》“頭多番者”之“番”讀爲“煩”，訓頭熱痛；“澤”表示潤澤；“泛泛活活”表示水流貌、水流聲；“肩不”“肩似否”之“不/否”讀爲“拔”，表脱落、脱墮。《逆順五色脉臧驗精神》“冬藏陰，夏并陽”之“并”訓藏。字詞訓釋、文義疏解是基礎性工作，對《天回醫簡》的深入、系統研究仍待接續。

**關鍵詞**：天回醫簡；字詞訓釋；文獻對讀；同源詞

## 引言

《天回醫簡》是一批珍貴的漢代醫學簡牘材料，自發掘、整理以來就受到了廣泛關注。這批材料共有九百多枚簡，或爲扁鵲及其傳人所著，内容豐富，學術意義重大。在整理者與研究者的辛勤付出下，《天回醫簡》一書終於問世。此書圖版清晰、釋文準確、注解得當、製作精良，但仍有一些簡文字詞的訓釋問題尚未得到落實。我們在讀書過程中對此多有留意，嘗試結合相關語言文獻材料，采用文獻對讀、因聲求義、平行互證等方法，提出了一些新的訓釋意見。希望能與大家討論、交流。

## 一、齊刀

《療馬書》簡19云：

治馬鄜者，齊刀刾（刺）胆（齟）血，已，多出血，已，即[印]

*本文是國家社科基金一般項目“出土涉醫文獻與古醫書經典化研究”（19BZS012）的階段性成果。文章曾蒙李發、袁金平、孟蓬生、杜鋒等先生指正，謹此致謝。

如食頃而食之，初胆（齟）勿禾，瘳。

簡文中的“印”“初”，整理者未釋，由謝明宏補釋①；“齱”指的是齒不正、齒不齊；“胆”，整理者讀爲“膞”，袁開惠、趙懷舟（2022:196-198）改讀爲“齟”，訓爲“牙齦腫起”。這條簡文是講治療馬齒不正的醫方，主要治療方法是用刀刺破腫起的牙齦，進行放血。其中的“齊刀”，整理者（2022a:133）解釋爲“戰國齊國貨幣”。戰國時期齊國確實流行齊刀這種貨幣。齊刀確實呈刀形，其尖端處較爲鋒利，它與畜牧業所用的曲刃銅削有淵源關係（于嘉芳，2003:102-118、111-118）。先民進行畜牧活動時，確實會使用這種曲刃銅削來從事修整車具、割斷皮革製品等活動，當然也可能用齊刀來從事治療活動。但出土資料表明，齊刀主要通行於齊國境内，在齊國以外的地區極少發現（高英民、王雪農，2008:30）。而且若認爲給馬穿刺放血非要使用齊刀這種工具，亦不甚合乎情理。

我們認爲“齊刀”之“齊”可讀爲“資”或“鈰”，訓“利”；“齊刀”即“利刀”。齊聲、次聲、朿聲相通。《説文・水部》：“泲，沇也，東入于海。从水朿聲。”段玉裁（2007:921）注：“四瀆之泲字如此作。而《尚書》《周禮》《春秋》三傳，《爾雅》《史記》《風俗通》《釋名》皆作濟。”《説文・韭部》：“韰，墜也。从韭，次、朿皆聲。韲（齏），韰或从𠂫（齊）。”“韰”从次、朿雙聲，與“齏”互爲異體。《説文・食部》：“餈，稻餅也。从食次聲。饝，餈或从𠂫。”“餈”與“饝”爲異體字，僅聲符不同。典籍中有表示“利斧”的“資斧”“齊斧”。《周易・旅卦》：“于旅于處，得其資斧，我心不快。”陸德明《經典釋文》：“《子夏傳》及衆家並作‘齊斧’。”《漢書・王莽傳》“喪其齊斧”，顔師古引應劭注：“齊，利也。”《後漢書・杜喬傳》：“故陳資斧而人靡畏，班爵位而物無勸。”李賢注引《漢書音義》：“資，利也。”段玉裁（2007:1242）指出訓“利”的“資、齊”皆爲“鈰”的假借字。《説文・金部》：“鈰，利也。从金朿聲。讀若齊。”《玉篇・金部》：“鈰，刀利也。”如此説成立，“齊刀刾（刺）”正與《療馬書》簡81“以利刀刺”相比觀。《齊民要術》卷六載“治馬患喉痹欲死方”云：“纏刀子，露鋒刃一寸，刺咽喉，令潰破，即愈。不治，必死也。”此療方也是用鋒刃刺破潰處，與簡文相似。天回醫簡《脉書・下經》還有“如以箴（鍼）刾（刺）之”（簡17）、“如以錐刾（刺）之”（簡84）之語，錐、鍼、利刀都是尖鋭之物，可爲旁證。

①參看謝明宏：《〈天回醫簡〉讀札（五）》，簡帛網，2023年3月14日，http://www.bsm.org.cn/?hanjian/8923.html。

## 二、屬

《療馬書》中的第130號簡是一枚散簡。其文曰：

〼[謹]搔摩□盡尾部下，及啓三封膭（脊）屬間，見血，已。

簡文中的“啓”，整理者（2022a:132）解釋爲“砭刺”；“三封”，整理者（2022a:145）引《齊民要術》卷六“三封欲得齊如一。三封者，即尻上三骨也”釋之。可知簡文講了對馬尾部按摩和對馬尻部進行砭刺的治療方法。“三封脊屬間”可斷讀作“三封、脊屬間”，它指示了對馬施加砭刺的部位範圍。“三封”爲尻上三骨，那“脊屬間”是什麼部位呢？整理者無説。我們認爲“屬”當讀爲“豚”，訓臀或肛門；“脊屬間”當是脊背（實指脊骨末端）到臀部（或肛門）間的部位，與三封同在臀部。

《説文·尾部》：“屬，連也。从尾蜀聲。”蜀聲、豖聲相通。《説文·攴部》：“斀，去陰之刑也。从攴蜀聲。《周書》曰：‘刖劓斀黥。’”段玉裁（2007:224）注：“《大雅》‘昏椓靡共’，鄭云：‘昏，椓皆奄人也。昏，其官名也。椓，毀陰者也。’此假椓爲斀也。”張家山漢簡《盜跖》簡24“黄帝戰獨椂之野”，“獨椂”即“涿鹿”。《左傳》哀公二十七年中的人名“顔涿聚”在《説苑·正諫》作“顔燭趨”。《説文·口部》：“噣，喙也。”段玉裁（2007:94）注：“亦作啄。《詩·韓奕傳》：‘厄，烏噣也。’厄同軶。‘烏噣’，《釋名》《小爾雅》作‘烏啄’。”由以上數例可推知“屬”能讀爲“豚”。

“豚”表示臀部及肛門。《廣雅·釋親》：“豚，臀也。”《玉篇·肉部》：“豚，尻也。”《廣韻·屋韻》：“豚，尾下竅也。”“豚”又音轉作“州”“䐢”“騶”。《説文·馬部》：“驠，馬白州也。从馬燕聲。”段玉裁（2007:808）注：“《廣雅》曰：‘州、豚，臀也。’郭注《爾雅》《山海經》皆云：‘州，竅也。’按：州、豚同字，俗作启。《國語》之龍漦，《史》《漢》《貨殖傳》之馬敫皆此也。《蜀志·周羣傳》：‘諸毛繞涿居，署曰潞涿君。’語相戲謔。涿亦州、豚同音字也。”《爾雅·釋畜》：“白州，驠。”郭璞注：“州，竅。”王引之（2018:1745）引王念孫曰：“《廣雅》：‘尻、州，臀也。’故馬尻亦謂之州。《北山經》曰：‘倫山有獸焉，其州在尾上’，郭彼注亦曰：‘州，竅也。’《内則》曰：‘鱉去䐢’，郭注：‘䐢，謂鱉竅也。’‘䐢’與‘州’聲近而義同。”天回醫簡《脉書·下經》簡201在講述“足大陽脉”的循行路綫時云：“其支者入州，直者貫尻。”整理者（2022a:41）説：“州，竅也。《廣雅》：‘州，臀也。’此指肛門。”銀雀山漢簡《相狗方》簡2145-2146：“騶長寸，及大禽，騶下欲生毛。凡相狗，郤（脚）高於厀（膝），尻高於肩。”銀雀山漢簡整理小組（2010:253）懷疑“騶”要讀爲“涿”或“州”。此説雖屬推測，但頗有理據。《吕氏春秋·恃君覽·觀表》記載了古代相馬者的情况，其所相部位有“口齒、頰、目、髭、尻、胸脅、唇吻、股脚、前、後”。劉釗（2018:375-383）指出“前”爲馬的陰部，“後”爲馬的肛門。與相馬類似，《相狗方》中的“騶”很可能也表示臀部，爲所相之部位。芻聲與屬聲相通。《説文·女部》：“嫋，婦人妊身也。从女芻聲。《周書》曰：‘至于嫋婦。’”《尚書·梓材》作：“至于屬婦。”而屬聲、豖聲相通，所以“騶”讀爲“涿/豚”的可能性非常大。總之，簡文“及啓三封、膭（脊）屬（豚）間”的意思就是：又對馬的尻上三骨、脊背末端到臀部（或肛門）之間的地方進行砭刺。

## 三、約

《療馬書》簡13云：

> 馬約瘦不渚（嗜）食者三物：一曰駒絶，一曰傷中ㄴ，一曰齱。此皆聶（攝）飢（肌）、小腹[①]。

簡文所述馬“約瘦不嗜食”的原因有駒絶、傷中、齱，症狀是“攝肌”“小腹”。整理者（2022a:132）對“約”作了注釋，説：“約，《説文》：‘纏束也。’此指瘦縮。”這樣在文意理解是没什麼問題。“約”有“减少、省减、檢束”等義。宋周紫芝《虞美人·西池見梅作》：“短牆梅粉香初透，削約寒枝瘦。”“削約”即稀疏細小之貌。但結合學界新知，還可對“約”作些解釋。其一，“約”可能讀“弱”，“弱瘦”義近連文。中山王鼎“與其汋（溺）于人也，寧汋（溺）于淵”，上博簡《成王爲城濮之行》甲本簡3“蔿伯羸猶約（弱）”皆是“約”“弱”相通例證（鄔可晶，2021:92-96）。弱瘦是馬羸弱的表現，《齊民要術》卷六相馬術云“脊爲將軍，欲得强；腹脅爲城郭，欲得張”，像“弱脊大腹”者就是羸馬。其二，鄔可晶（2021:93-96）指出上博簡《競公虐》簡10“是皆貧苦約疒丙病”、清華簡《治邦之道》簡1“凡彼削邦疒丙君”、《晏子春秋·内篇諫上》“民愁苦約病”之“疒丙”“約”表示衰病，這種意義由“約”的衰、小、縮等義派生而來。醫簡中的“約”可能正保存了“衰

①整理者原釋爲“肌”，謝明宏據圖版改釋爲“飢”。按：此字可處理成“飢（肌）”。參看謝明宏：《〈天回醫簡〉讀札〉（二十九）》》，簡帛網，2023年5月29日，http://www.bsm.org.cn/?hanjian/9039.html。

病”的古義，“约瘦”即衰病瘦弱。

## 四、段

《治六十病和齊湯法》簡126–128云：

> [卅七] 治嬰兒間（癇）方。漬黍米，取漬汁六斗，漬月布亓（其）中，令色如赤叔（菽）汁，浞（捉），去布；因坐（剉）穀莖五斗，茉三罷（把）。父（㕮）且（咀），段（煅），并内（入）汁中；炊如孰（熟）羹狀，汁可四斗，灑〈漉〉去宰（滓），置新煎彘膏一升半[汁]中，撓。適寒温以浴嬰兒，道顛上灌，摩下至足，以孰（熟）爲故。

這是一則治療小兒癲癇的醫方。其中對藥物穀莖、茉的處理方式有“㕮咀”和“段”。“㕮咀”本來是指用口將藥物咬碎成小塊以便煎服，後來也指將藥物切片、搗碎或銼末。這裏的“段”，整理者（2022a:114）括注爲“煅”，似乎是理解爲煅燒。實際上這並不準確。張顯成、杜鋒（2021）對醫籍中的炮製法“煅法”做過探討。他們指出在炮製藥物時，簡帛醫書中有“燔、燒、熘、熬”等法，《本草經》有“煉、熬、燒”等法，《傷寒論》《金匱要略》有“炒、炮、炙、燒、熬”等法，明確提出“煅法”的時間不晚於宋初。所以，此處的“段”不應該理解成“煅燒”。《説文·殳部》：“段，椎物也。”在簡帛醫書中這類用法的“段”非常常見。如馬王堆帛書《五十二病方》第114行：“一，瘨（癲）疾者，取犬尾（戻）及禾在圈垣上者，段冶，湮汲以歓（飲）之。”“段冶”就表示“棰碎”（裘錫圭，2014a:237）。馬王堆帛書《房内記》第4行：“•内加及約└：取空壘二斗，父（㕮）且（咀），段之，□□成汁，若美醯二斗漬之。”裘錫圭等（2014b:74）將“段”解釋爲“椎打”。這裏“父（㕮）且（咀），段之”與上引簡文“父（㕮）且（咀），段”文例相同，這也説明《治六十病和齊湯法》中的“段”應該訓錘碎。

又，《療馬書》簡136云：“☐□□一束，段（煅）之，以水四[斗]漬壹宿，[溲]（縮）取其汁，以鬻（粥）麻若黍米一[驂]（参），巽（蕻）☐。”整理者（2022:146）將“段”括注成“煅”，當是理解爲煅燒。其實此處“段”也應訓棰擊。將藥物棰擊後再加水浸漬，之後再過濾，取其汁水而後用以煮麻子粥，十分合乎情理。

## 五、灑[①]

《治六十病和齊湯法》簡126–128云：

> [卅七]　治嬰兒間（癎）方。漬黍米，取漬汁六斗，漬月布亓（其）中，令色如赤叔（菽）汁，浞（捉），去布；因坐（剉）穀莖五斗，茉三罷（把）。父（㕮）且（咀），段（煅），并内（入）汁中；炊如孰（熟）羹狀，汁可四斗，灑<漉>去宰（滓），置新煎彘膏一升半汁中，撓。適寒温以浴嬰兒，道顛上灌，摩下至足，以孰（熟）爲故。

按照全書體例，可知整理者（2022a:114）將簡文中的“灑”視爲“漉”的訛誤字。圖版上“灑”字作。原簡字形清晰，而且“灑”與“漉”字形不是很近，我們認爲“灑”應該並非誤字。

由簡文“灑去宰（滓）”表示要過濾掉藥渣，很自然地可以聯想到表示過濾的“灑”當讀爲“釃”“麗”“簏”。“灑、釃、麗”皆从“麗”聲，相通無礙。《墨子・兼愛中》：“灑爲九澮。”孫詒讓（2001:109）閒詁：“灑，釃字通。《漢書・溝洫志》云‘禹迺釃二渠，以引其河’，注：‘孟康云：釃，分也，分其流，泄其怒也。’”《説文・酉部》：“釃，下酒也。”段玉裁（2007:1296）注：“《小雅》曰‘釃酒有藇’，又曰‘有酒湑我’。傳曰：‘以筐曰釃，以藪曰湑。湑茜之也。’引申爲分疏之義。”《説文・水部》：“湑，莤酒也。一曰浚也。”《集韻・語韻》：“醑，釃酒。”《廣韻・語韻》：“醑，簏酒。”可見“湑、醑、浚、釃、簏”皆表過濾之義。又，《玉篇・网部》：“麗，盝也。”《説文・竹部》：“簏，竹器也。可以取粗去細。”段玉裁（2007:341）注：“俗云簁籮是也。《廣韻》云：‘簏，盝也。’能使麤者上存，細者盝下。簏、簁古今字也。《漢・賈山傳》作篩。”如段注所云“簏、簁古今字也”，“簁”也可以表示過濾。《抱樸子・仙藥》：“丹砂一斤，擣簁下。”嵇康《聲無哀樂論》：“肌液肉汗，踧笮便出，無主於哀樂，猶簁酒之囊漉，雖笮具不同，而酒味不變也。”後來表示過濾時一般用“篩”，如《水滸傳》第五回：“那莊客旋了一壺酒，拿一隻盞子篩下酒，與智深吃。”“釃、麗、簏、簁、篩”雖字異而音義相通。故簡文“灑”不必視爲“漉”之誤字，可直接訓過濾。

①小文草就後注意到網友“shanshan”也有類似觀點。其説參看shanshan：《天回醫簡〈治六十病和齊湯法初〉初讀》，簡帛網論壇，2023年3月18日，http://www.bsm.org.cn/forum/forum.php?mod=viewthread&tid=12799。但我們論證材料不甚相同，故亦不廢此説，僅供大家參考。

## 六、番

《脉書・下經》簡39云：

・頭多番（燔）者，熱沐益甚。

整理者（2022a:24）將“番”讀爲“燔”，而無更多説解。這種意見並不是很準確。《説文・火部》：“燔，爇也。”《説文・炙部》：“鐇，宗廟火孰肉。从炙番聲。《春秋傳》曰：‘天子有事鐇焉，以饋同姓諸侯。’”燔、鐇一般表示焚燒、炙烤、烤乾，在這個意義上與“焚”爲同源詞①。將簡文“番”讀爲“燔”，解爲“焚燒”，這當然是不太合乎情理的。“頭多燔者”一語亦不辭。

“番”可讀爲“煩”，訓“頭熱痛”。《説文・釆部》：“番，獸足謂之番。从釆；田，象其掌。蹞，番或从足从煩。𤰕，古文番。”段玉裁（2007:87）指出“蹞”爲形聲字。《説文・頁部》：“煩，熱頭痛也。从頁从火。一曰焚省聲。”段玉裁（2007:738）注：“《詩》曰：‘如炎如焚。’陸機詩云：‘身熱頭且痛。’”可見，番之於煩、蹞，正猶燔、鐇之於焚。

《素問・通評虛實論》“脉實滿，手足寒，頭熱，何如”中的“頭熱”正是“煩”的表現。《韓詩外傳》卷三：“人主之疾，十有二發，非有賢醫，莫能治也。何謂十二發？曰：痿、蹷、逆、脹、滿、支、膈、肓、煩、喘、痺、風，此之曰十二發。”“煩”本指頭熱痛，後來也表示煩悶、煩躁等熱症。《居延新簡》EPF22:280：“病泄注不愈，乙酉加傷寒，頭通潘㵩，四節不舉，有書。”“頭通潘㵩”亦即“頭痛煩悶”，可惜《居延新簡》整理者、研究者没有指出這一點（參看張德芳，2016:498）。《懸泉漢簡（叁）》II90DXT0114⑥:6

①章太炎云：“燔又孳乳爲鐇，宗廟火熟肉也。焚、燔又孳乳爲煩，熱頭痛也。”其説可從，在此可略作疏證。《説文・火部》：“樊（焚），燒田也。从火、林，林亦聲。”“焚”或作“妢”“棼”。《周禮・考工記》“妢胡志笴”，鄭玄注引杜子春云：“妢，讀爲‘焚咸丘’之焚。”《周易・旅卦》“鳥焚其巢”之“焚”在馬王堆帛書《周易》中作“棼”。《左傳》文公十一年“獲僑如之弟焚如”之“焚”在《史記・魯周公世家》中作“棼”。而番聲、樊聲與分聲相通，如《荀子・君道》“善藩饰人者，人荣之”句，在《韓詩外傳》卷五中作“善粉飾人者，故人樂之”。《説文・鼠部》：“鼶，鼠也。从鼠番聲。讀若樊。或曰鼠婦。”《説文・見部》：“䙴，觀䙴也。从見樊聲。讀若幡。”《莊子・齊物論》：“自我觀之，仁義之端，是非之塗，樊然殽亂，吾惡能知其辯！”南宋林希逸將“樊然”解爲“紛然”。蔡偉從之，引《淮南子・泰族》“此使君子小人，紛然殽亂，莫知其是非者也”、《漢書・藝文志》“諸子之言，紛然殽亂”爲證。《説文・糸部》：“緐，緐冤也。”段玉裁注：“《集韻》《類篇》皆曰緐絻，亂也。”《廣韻・元韻》：“緐，緐帣，亂取。”《集韻・桓韻》：“緐，亂也。”“緐、樊、紛”音轉，皆有“亂”義。所以，緐之於紛，藩之於粉，正猶燔、鐇之於焚（妢、棼）（參看章太炎，2014:239；蔡偉，2022:229；段玉裁，2007:1124）。

亦記載“洮陽都中里王安漢皆疾煩懑頭□”（甘肅簡牘博物館，2023:256），“煩懑頭□”與“頭痛煩悶”語例相似。《素問 • 生氣通天論》：“因於暑，汗，煩則喘喝，静則多言，體若燔炭，汗出而散。”王冰注：“煩，謂煩躁。”《素問 • 至真要大論》：“少陰司天，熱淫所勝，怫熱至，火行其政。民病胸中煩熱，嗌乾，右胠滿，皮膚痛，寒熱咳喘。”古人認識到人處於煩熱之時需要去火、降燥。張家山漢簡《徹穀食氣》簡16有“病煩心，即食冰”之語。再看原簡文，其意思就是：在“頭熱痛”時，用熱水洗沐，會加重症狀。

附帶再説下新蔡葛陵楚簡中的“心煩”症。新蔡簡中經常會看到與病症有關的表述，如甲一14“伓（背）、膺疾，目（以）痵（胖）瘬（脹）、心悆▨”、甲三131“▨疾，骨盍（脅）疾，目（以）心疹，尚毋死”、零306“痒（胖）瘬（脹）、膚疾，目（以）悆心”、甲三189“▨坪夜君貞，既心悆、痵（胖）瘬（脹），目（以）百腨體疾”。“悆”的字形作（零306）、（甲一16），整理者（河南省文物考古研究所，2003:194）、宋華强（2010:48-49）將此字讀爲“悶”。近見張昂（2023:25）稱引劉釗懷疑此字應讀作“煩”，表示“煩悶”之意的新觀點。這是很好的意見，不過限於體例，作者未作詳細論説。“悆”很容易聯繫到楚簡中的寫作（郭店簡《六德》簡28）、（清華簡十一《五紀》簡59）、（清華簡十一《五紀》簡78）、（清華簡六《鄭武夫人規孺子》簡17）等形的“免”，“悆”應該分析成从心免聲。典籍中免聲、文聲、門聲相通，如清華簡二《繫年》簡52中的就記録{憫}、《詩經 • 邶風 • 新臺》“河水浼浼”的“浼浼”亦即“瀰瀰”、《老子》“我獨悶悶”之“悶悶”在傅奕本作“閔閔”，將“悆”讀作“悶”實有依據，但這樣在辭例上並不密合。在《素問》中“心煩”“煩心”的辭例甚多，如《至真要大論》“少陽之勝，熱客於胃，煩心心痛，目赤欲嘔，嘔酸善饑，耳痛溺赤”“驚瘛咳衄，心熱煩躁”、《五藏生成篇》“心煩頭痛病在鬲中”、《玉機真藏論》“腹中熱，煩心出黄”。罹患心煩等熱症時，也往往有“胖脹”等症狀。如《素問 • 刺熱篇》：“脾熱病者，先頭重頰痛，煩心顔青，欲嘔身熱，熱争則腰痛不可用俛仰，腹滿泄，兩頷痛……”《至真要大論》：“身面胕腫，腹滿仰息，泄注赤白，瘡瘍咳唾血，煩心，胸中熱，甚則鼽衄，病本於肺。”而“心悶”“悶心”之語少見，所以從辭例上考慮將“悆”讀作“煩”更合理。“免”屬於明母元部，免聲字“嬔”屬滂母元部。類似“蠻”之於“變”、“櫋”之於“邊”、“脉”“硯”之於“𠂢”、“陌”之於“百”、“明（孟）”之於“白（伯）”、“杪”之於“標”、郭店簡《老子甲》簡33“猷（猛）”之於“丙”、《老子》“明道如昧”之於郭店簡《老子乙》簡10“明道女孛”和帛書《老子乙》“明道如費”的音轉現象也並不罕見，同部位的鼻音與同部位的塞音也可以相通。

小徐本《説文・女部》："嬔，生子齊均也。从女𪫺聲。讀若幡。"《廣韻・願韻》："嬔，嬔息也。"唐玄應《一切經音義》卷九："今中國謂蕃息爲嬔息。《周成難字》曰：嬔，息也。"方言中還有表示禽類下蛋的"嬔蛋"。"嬔息"意即"蕃息，"嬔"與"蕃"在生育的意義上當屬同源詞。番聲與煩聲相通，因此把"悆"讀成"煩"也有語音上的依據。新蔡簡中的"心煩""煩心"正與傳世醫書及天回醫簡《脉書・下經》中的"煩心"等材料相印證。

## 七、澤

《脉書・下經》簡109云：

> •水。渴而壹畬（飲）産水、膚伥（脹）。水，屍股脛足面目皆穜（腫）而擇（澤），腹多氣=（氣，氣）上，寒而喘，後昜（易），股間終古如新用寒水。

整理者（2022a:32-33）將"擇"讀爲"澤"而無更多説解。其實"澤"在此形容水腫後皮膚潤澤之貌。《説文・水部》："澤，光潤也。""澤"可表示物品或皮膚潤澤。《楚辭・離騷》："芳與澤其雜糅兮，惟昭質其猶未虧。"王逸注："澤，質之潤也。玉堅而有潤澤。"《周禮・考工記》："瘠牛之角無澤。"鄭玄注："少潤氣。"《荀子・禮論》："故説豫娩澤，憂戚萃惡，是吉凶憂愉之情發於顔色者也。"楊倞注："澤，顔色潤澤也。"王念孫（2015:1845）曰："娩澤，謂顔色潤澤也。"周波（2015）指出"娩澤"或作"曼澤""免澤"，皆表示"皮膚細膩、顔色潤澤"。《楚辭・大招》："曼澤怡面，血氣盛只。"馬王堆竹簡《十問》簡10-11："君必食陰以爲常，助以柏實盛良，飲走獸泉英，可以却老復壯，曼澤有光。"馬王堆帛書《養生方》"除中益氣"題下第124-125行："[一]曰：取細辛、乾桓（薑）、菌桂、烏家（喙），凡四物，各冶之。細辛四，乾桓（薑）、菌[桂]、烏家（喙）各二，并之，三指最（撮）以爲後飯，益氣，有（又）令人免澤。""澤"可以形容健康者面容光潤，也可以形容水腫患者皮膚虛白、潮濕。《素問・經絡篇》："熱多則淖澤。"王冰注："淖，濕也。澤，潤液也。謂微濕潤也。"《素問・脉要精微論》："肝脉搏堅而長，色不青，當病墜若搏，因血在脇下，令人喘逆；其耎而散色澤者，當病溢飲，溢飲者渴暴多飲，而易入肌皮腸胃之外也。"王冰注："面色浮澤，是爲中濕，血虛中濕，水液不消，故言當病溢飲也。""其耎而散色澤者"在《太素・五藏脉診》作"若耎而散者，其色澤"，在《脉經》卷六作"若耎而散，其色澤"。郭靄春（2013:165）説"'色澤'謂面色光潤。"《素問・脉要精微論》在描述脾脉病症時又説“其耎而散色不澤者，當病足骱腫若水狀”。王冰注：“色氣浮澤，爲水之侯，色不潤澤，故言若水狀也。”兩處記載皆與水腫之類病症有關。《脉書》簡文云“渴而壹飲産水、膚脹”，這正與《脉要精微論》“飲者渴暴多飲，而易入肌皮腸胃之外也”記載相合。當人體水液不消時，面容、皮膚就會浮腫泛白。那麼“其色澤”可與《脉書·下經》“水，尻股脛足面目皆腫而澤”互相印證，“澤”當訓潤澤、光潤。

## 八、活活

《脉書·下經》中有一部分講述“水”症的内容：

• 水。渴而壹畬（飲）産水、膚伥（脹）。水，尻股脛足面目皆穜（腫）而擇（澤），腹多氣₌（氣，氣）上，寒而喘，後昜〈易〉，股間終古如新用寒水。【109】

• 水。始發也，心下堅，食不下，足穜（腫）。【110】

• 心水。狀如褢（懷）子者，脊痛，弱（溺）如水。【111】

• 石水。泛₌（泛泛）活₌（活活）也，渫（洩）而不去，不死而久。【102】

整理者（2022a:32-33）對簡109作了一些注解，引述了相關典籍，如：張家山漢簡《脉書》簡13：“身、面、足、胻盡盈，爲盧（膚）張。腹盈，身、面、足、胻盡肖（消），爲水。”《靈樞·水脹》：“水與膚脹、鼓脹、腸覃、石瘕、石水，何以别之？岐伯答曰：水始起時，目窠上微腫，如新臥起之狀，其頸脉動，時欬，陰股間寒，足脛瘇，腹乃大，其水已成矣。”對“石水”一則無注。以往學者都指出“石水”是腎、小腹水腫之症。《靈樞·邪氣臟腑病形》：“腎脉急甚爲骨癲疾；微急爲沉厥奔豚，足不收，不得前後。緩甚爲折脊；微緩爲洞，洞者，食不化，下嗌還出。大甚爲陰痿；微大爲石水，起臍已下至小腹腄腄然，上至胃脘，死不治。”河北醫學院（2009:82）説石水“以腹水、腹部漲滿爲主症”。《素問·陰陽别論》：“陰陽結斜（者），多陰少陽曰石水，少腹腫。”郭靄春（2013:90）注：“石水：《病源》卷二十一《石水侯》：‘腎主水，腎虚則水氣妄行，不依經絡，停聚結在臍間，小腹腫大鞕如石，故云石水，其候引脇下脹滿而不喘。’”《素問·大奇論》：“腎肝並沉爲石水，並浮爲風水，並虚爲死，並小弦欲驚。”王冰注：“肝脉入陰内，貫小腹，腎脉貫脊中，絡膀胱。兩藏并，藏氣熏衝脉，自腎下絡於胞，今水不行化，故堅而結。然腎主水，水冬冰，水宗於腎，腎象水而沈，故氣并而沈，名爲石水。”

（郭靄春，2013:431）“泛泛活活”承“石水”而言，當是對所積之水情狀及聲音的描述用語。

“泛泛”即水流貌。《説文·水部》：“泛，浮也。”《玉篇·水部》：“泛，流皃。”劉楨《贈從弟》之一：“泛泛東流水，磷磷水中石。”

“活活”表示水流聲。《説文·水部》：“湉，水流聲。从水昏聲。”“湉”即“活”。《廣韻·末韻》：“活，水流聲。”《詩經·衛風·碩人》：“河水洋洋，北流活活。”毛傳：“活活，流也。”《説文·巜部》：“巜，水流澮澮也。”段玉裁（2007:988）注：“澮澮當作湉湉，《毛傳》曰：‘湉湉，流也。’《水部》曰：‘湉湉，水流聲也。’古昏聲會聲多通用。”《説文·言部》載“䛣，合會善言也”，又記“䛣”的異體字“譮”。《人部》：“佸，會也。”《手部》：“佸，絜也。”段玉裁（2007:1054）注：“括爲凡物總會之偁。”《髟部》：“髻，絜髮也。”段玉裁（2007:747）注：“鬠即髻字之異者。”“䛣、佸、括、髻”之於“會”，正猶“湉湉”之於“澮澮”。在醫籍中有對體内積水晃動聲的描述。《素問·氣厥論》：“肺移寒於腎，爲涌水，涌水者，按腹不堅，水氣客於大腸，疾行則鳴，濯濯如囊裹漿，水之病也。”王冰注：“腎受凝寒，不能化液，大腸積水而不流通，故其疾行，則腸鳴而濯濯有聲，如囊裹漿而爲水病也。”（郭靄春，2013:346）天回醫簡《治六十病方和齊湯法》簡137-138：“治心腹爲病也，如大伏蜡蛟蛸，動如蚖、蜇〈蜥〉蝪〈蜴〉者，此皆在腸中，及承瘕諸它瘕之動，如鼠、蛣（鼃）竈（竈-黿）成蟲者，搏動勤，能息，按之避手，淖=澮=（淖淖澮澮）有聲，不嗜食。”整理者（2022a:117）云：“淖淖，猶‘濯濯’，象聲詞。澮澮，猶‘活活’，水流聲。《下經》簡142：‘水瘕，鳴窒窒淖淖，其徵如竈（鼃）。’”可爲佐證。

## 九、并

《逆順五色脉臧驗精神》簡16云：

> 也，冬日手裹清表煖，此得順也。冬臧（藏）陰，夏并陽，此順之至☐

整理者（2022a:58）注：“《素問·四氣調神大論》：‘所以聖人春夏養陽，秋冬養陰，以從其根。’從，《太素·順養》作‘順’。”這段話講述了陰陽調和的相關内容，其中“并”字整理者未作疏解。今按：“并”與“臧（藏）”對文，“并”當訓爲“藏”。古文獻中“并”“屏”“庰”皆有“藏”之義。《廣雅·釋詁四》：“庰，藏也。”王念孫（2019:286）疏證：“庰者，《金縢》

‘我乃屏璧與珪’，傳云：‘屏，藏也。’王褒《洞簫賦》云：‘處幽隱而奥庰兮。’庰，與‘屏’通。《小雅・桑扈》傳云：‘屏，蔽也。’《爾雅》‘屏謂之樹’，李巡注云：‘以垣當門自蔽，名曰樹。’義亦同也。”《管子・國蓄》：“利有所并｛藏｝也。然則人君非能散積聚，鈞羡不足，分并財｛利｝而調民事也，則君雖彊本趣耕，而自爲鑄幣而無已，乃今使民下相役耳，惡能以爲治乎？”王念孫（2015:1287）曰：“‘利有所并藏也’，‘藏’字涉上文‘穀有所藏’而衍。‘并’，與‘屏’同（《弟子職篇》曰‘既徹并器’，《輕重丁篇》曰‘大夫多并其財而不出’，《史記・吴王濞傳》曰‘願并左右’，‘并’皆與‘屏’同，‘屏’，即‘藏’也。上言‘穀有所藏’，此言‘利有所并’，互文耳。”《鹽鐵論・錯幣》：“交幣通施，民事不及，物有所并也。計本量委，民有饑者，穀有所藏也。”北大簡《節》簡5-6：“有（又）卌六日，天氣始并，地氣始臧（藏），斬殺擊伐，毋有天殃。”張傳官（2016）指出“并”“藏”對文，“并”有“積聚、蓄藏”之義。陳劍（2022）對“并”的詞義問題做了詳細討論，他指出“并”的一些特殊用法都由其基本義“合併”引申而來，其説多可從。與“并/藏陽”類似的表述有“藏陰”，在《素問・五常政大論》中有“地乃藏陰，大寒且至”一語。

## 十、不、否

《脉書・下經》有兩段相關的簡文：

・膏瘕。膚厚，如膚張（脹）者，痛箸=（箸箸）也，煩心，下□瘕痛而控頸，數吹（欠），不耆（嗜）食，類肩不。【127】

・手大陽脉。毄（繫）手小指，循臂骨下廉，出肘内廉，出腝<臑>下廉，上肩，循頸出耳後，屬目外眥<眥>。其所生病：領穜（腫）痛，戻（喉）、【222】眥<眥>痛，肤痛，肩佁（似）否└，腝<臑>痛，肘痛，傾痛，辟（臂）外痛，手北（背）痛。⧄【223】

簡文中的“類肩不”字形作[①]，“肩佁否”作[②]。就圖版來看，釋字大體無誤。對於“肩不”，整理者將其與簡223中的“肩佁（似）否”、《靈樞・經脉》中的“肩似拔”聯繫起來；“肩佁（似）否，腝〈臑〉痛”，整理

①字形圖片爲紅外綫掃描影像。參看天回醫簡整理組（2022b:25）。

②參看天回醫簡整理組（2022b:35）。

者（2022a:35、45）指出在張家山漢簡《脉書》簡27、馬王堆帛書《陰陽十一脉灸經甲本》《陰陽十一脉灸經乙本》中並作“肩以（似）脱，臑以（似）折”，在《靈樞·經脉》中作“肩似拔，臑似折”。

在對讀材料的啓示下，“肩不/肩似否”當與“肩似拔/脱”意義相通，表示“肩膀像脱落、脱墮了”。“脱”有脱落、脱墮的意思，如謝莊《月賦》“木葉微脱”即“樹葉剛落”，“脱肛”即肛門脱出。《説文·手部》：“拔，擢也。”《素問·五常政大論》：“其變振拉摧拔。”王冰注：“拔，謂出本。”《慧琳音義》卷七“拔濟”注引《桂苑珠叢》云“引出也”（徐時儀，2023:621）。“拔”由“引、擢”引申表示“抽出、脱出”等意義。如《晉書·庾亮傳》：“兄弟不幸，横陷此中，自不能拔脚於風塵之外，當共明目而治之。”“拔脚”意猶“擺脱”。又，《老子》第五十四章：“善建者不拔，善抱者不脱，子孫以祭祀不輟。”《靈樞·經脉》：“是動則病：衝頭痛，目似脱，項如拔，脊痛，腰似折，髀不可以曲，膕如結，踹如裂，是爲踝厥。”張家山漢簡《脉書》簡17-18：“是動則病：衝頭，目似脱，項似伐，胸痛，腰似折，髀不可以運，胠如結，腨如裂，此爲踵厥。”《針灸甲乙經》卷十第二下：“眩，頭痛重，目如脱，項似拔，狂見鬼，目上反。”（皇甫謐，1996:1689）“拔/伐”“脱”相對成言。可見“肩似拔”與“肩似脱”義近。

下面再溝通“不/否”與“拔”或“脱”的關係。“否”从“不”聲，“不/否”屬幫母之部。“拔”屬幫母月部，“脱”屬透母月部。“不/否”當與“拔”爲通假關係。否定詞“弗”“不”音近通用，如《論語·鄉黨》“割不正，不食”一語在《墨子·非儒下》作“割不正，弗食”（丁聲樹，1933:967-996）。而弗聲與犮聲經常相通（張儒、劉毓慶，2002:908），以弗聲字爲中介可溝通不聲、犮聲。之職蒸部與歌月元部看似遠隔，學者也發現了一些通轉實例。如楚令尹蔿艾獵，王念孫認爲“艾獵”即“弋獵”，引《爾雅》“太歲在壬曰元黓”之“元黓”在《史記·曆書》作“横艾”爲證（參看孟蓬生，2001:190-191；史傑鵬，2021:163-168）。那麽，“肩似否”可讀爲“肩似拔”，它與“肩似脱”意義接近，表示“肩膀像脱墮了”。

如果上説可信，還可以聯繫到“棓、柭、不、茇”諸字。《説文·木部》載“柭，棓也”“棓，棁也”。朱駿聲（2016:212）曰：“叚借爲茇。《廣雅·釋草》：‘棓，根也。’根之爲茇，亦名棓。猶杖之爲柭，亦名棓也。棓、茇雙聲。”王念孫（2019:788）也有“棓、茇，聲之轉。根之名茇，又名棓，猶杖之名柭，又名棓也”的認識。《説文·丶部》：“咅，相與語，唾而不受也。从丶从否，否亦聲。”“相與語唾而不受”猶言“呸”，“不”與“咅”構成聲訓。“否”从“不”聲，“不”作：（《合集》19903）、（《合集》19932）、

[oracle-bone form]（《合集》891正）、[oracle-bone form]（《合集》33829）。關於"不"的構形本意，季旭昇（2014:829）總結出主要有象華萼蒂、象草根二説。陳世輝（1983:40）云："不象植物之根，乃茇字的初文。《説文》：'茇，草根也。从艸犮聲。'《方言》：'茇，根也，東齊曰杜或曰茇。'茇就是不字的後起形聲字。"此説正與朱駿聲、王念孫所論有異曲同工之妙。可知，在木杖的意義上，柭、棓同源；在根荄的意義上，茇、不同源。總之，"棓"之於"柭"、"不"之於"茇"，正猶"肩似否"之於"肩似拔"。

## 結語

《天回醫簡》内容豐富，涉及了湯藥、經脉、診療、針灸、病理病機、養生保健等方面内容，展現了西漢早期較爲成熟的中醫基礎理論，體現了先民對身體疾病、醫方病理、醫療保健的深切關注。解讀好這批珍貴典籍，要綜合中醫藥學、文字學、訓詁學、文獻學等方面的知識，切實地做好字詞訓釋、文義疏解、醫學思想闡釋等工作。上面只是就一些字詞的訓釋問題做了討論，所做工作較爲基礎，還需要同學界同道一起努力對《天回醫簡》做出更深入、更系統的研究。

**參考文獻**

蔡　偉　2022　《讀〈莊子〉札記七則》，《古文獻叢札》，花木蘭文化事業有限公司。

陳　劍　2022　《戰國竹書字義零札兩則》，《出土文獻與古文字研究》（第10輯），上海古籍出版社。

陳世輝　1983　《釋戠——兼説甲骨文不字》，《古文字研究》（第10輯），中華書局。

段玉裁　2007　《説文解字注》，鳳凰出版社。

丁聲樹　1933　《釋否定詞"弗""不"》，《慶祝蔡元培先生六十五歲論文集》，國立中央研究院。

河北醫學院　2009　《靈樞經校釋》,人民衛生出版社。

河南省文物考古研究所　2003　《新蔡葛陵楚墓》，大象出版社。

洪　颺　2020　《古文獻"睪""皋"混同及其讀音問題》，《中華文化論壇》第2期。

湖南省博物館　復旦大學出土文獻與古文字研究中心　裘錫圭　2014a　《長沙馬王堆漢墓簡帛集成（伍）》，中華書局。

湖南省博物館　復旦大學出土文獻與古文字研究中心　裘錫圭　2014b　《長沙馬王堆漢墓簡帛集成（陸）》，中華書局。

甘肅簡牘博物館等　2023　《懸泉漢簡（叁）》,中西書局。

高英民　王雪農　2008　《古代貨幣》，文物出版社。

郭靄春　2013　《黄帝内經素問校注》，人民衛生出版社。

季旭昇　2014　《説文新證》，臺灣藝文印書館。

劉　釗　2018　《讀〈吕氏春秋〉札記一則》，《書馨集續編：出土文獻與古文字論叢》，中西書局。
孟蓬生　2001　《上古漢語同源詞語音關係研究》，北京師範大學出版社。
史傑鵬　2021　《利用文字形體的訛誤校訂古書一例》，《中國文字學報》（第11輯），商務印書館。
孫詒讓　2001　《墨子閒詁》，中華書局。
宋華强　2010　《新蔡葛陵楚簡初探》，武漢大學出版社。
天回醫簡整理組　2022a　《天回醫簡（下册）》，文物出版社。
天回醫簡整理組　2022b　《天回醫簡（上册）》，文物出版社。
王念孫　2015　《讀書雜誌》，上海古籍出版社。
王念孫　2019　《廣雅疏證》，中華書局。
王引之　2018　《經義述聞》，上海古籍出版社。
鄔可晶　2021　《"弱""約"有關字詞的考察》，《漢語字詞關係研究（二）》，中西書局。
徐時儀　2023　《一切經音義三種校本合刊》（修訂第二版），上海古籍出版社。
于嘉芳　2003　《齊刀幣淵源初考》，山東省淄博市錢幣學會編《齊國貨幣研究》，齊魯書社。
于嘉芳　2003　《齊刀幣淵源再考》，山東省淄博市錢幣學會編《齊國貨幣研究》，齊魯書社。
袁開惠　趙懷舟　2022　《老官山漢墓醫簡〈醫馬書〉簡27字詞考釋》，《簡帛》（第25輯），上海古籍出版社。
銀雀山漢墓竹簡整理小組　2010　《銀雀山漢墓竹簡（貳）》，文物出版社。
張燦玾　徐國仟　1996　《針灸甲乙經校注》，人民衛生出版社。
張德芳　2016　《居延新簡集釋（七）》，甘肅文化出版社。
張　儒　劉毓慶　2002　《漢字通用聲素研究》，山西古籍出版社。
章太炎　2014　《文始》，《章太炎全集》，上海人民出版社。
張顯成　杜　鋒　2021　《釋簡帛醫書中的"段"》，《中醫典籍與文化》（第1輯）。
張傳官　2016　《讀北大漢簡〈倉頡〉〈節〉〈雨書〉等篇叢札》，《出土文獻研究》（第15輯），中西書局。
周　波　2015　《馬王堆帛書與傳世古籍對讀札記二則》，《中國語文》第5期。
朱駿聲　2016　《説文通訓定聲》，中華書局。

## Several Notes of Interpretation of Words in the Tianhui Medical Bamboo Slips

Yu Wei

**Abstract:** The article provides new explanatory opinions on some words in the Tianhui Medical Bamboo Slips. In the *Book of Treating Horses* (《療馬書》), *qidao* (齊刀) should be read as *zidao* (資刀) or *qidao* (鈰刀), meaning a sharp knife; *zhu* (屬) should be read as *zhuo* (豚), meaning buttocks or anus; *yue* (約) may mean to be debilitated or weak. In the *Blending Decoctions to Treat 60 Ailments* (《治六十病方和齊湯法》), *duan* (段) means to pound (with a pestle); *xi* (灑) means to filter something. In the *Book of the Channels: Book Two* (《脉書・下經》), *fan* (番) in the phrase *tou duo fan zhe* (頭多番者) should be read as *fan* (煩), meaning heat headache; *ze* (澤) means to be sleek; *fanfan huohuo* (泛泛活活) refers to the appearance and sound of water flow; *fou* (不/否) in the phrase *jian fou* (肩不) and *jian si fou* (肩似否) should be read as *ba* (拔), meaning to be dislocated. In the *Contrary and Complying, Five Colors, Channels, and Viscera in Observing the Essence and Spirit* (《逆順五色脉臧驗精神》), *bing* (并) in the sentence *dong cang yin, xia bing yang* (冬藏陰，夏并陽) means to hoard. It is fundamental work to interpret words and clarify meanings, and Tianhui Medical Bamboo Slips still need thorough and systematic research.

**Key words:** Tianhui bamboo slip medical manuscripts; Interpretation of words; Comparative study of documents; Cognates

（喻威，清華大學出土文獻研究與保護中心　北京　100084）

天回醫簡與經脉文獻“夾臍旁”考：150-163，2024（01）

# 天回醫簡與經脉文獻“夾臍旁”考*

杜　鋒

**摘　要**：出土經脉文獻在描述足厥陰肝經的循行路徑時，馬王堆帛書《陰陽十一脉灸經》甲本行25/59當作“夾漬（臍）旁”、乙本行15當作“夾資（臍）旁”，對應的天回醫簡《脉書·下經》簡220作“夾佩（傍）以上，毄（繫）齊（臍）”，張家山漢簡《脉書》簡37當作“夾�（臍）旁”，以上所述相類，所指一致。經考證，舊所釋“大”“紃”當改釋爲“夾”“紃（臍）”，“漬”“資”“紃”皆當讀爲“臍”。“旁”與“夾”義近，皆訓爲近旁。今從圖文互證、文獻對比等角度來重新論證，可知“夾臍旁”指肝經循行的終點在臍部近旁，此即天回醫簡《脉書·下經》“毄（繫）齊（臍）”。

**關鍵詞**：夾；漬（臍）；資（臍）；紃（臍）；圖文互證

## 一、釋“夾”

出土經脉文獻在描述足厥陰肝經的循行路徑時，多涉及“夾臍旁”等相關論述，今從整理者所作釋文，具列如下：

> 癦（厥）陰眽（脉）：……觸少腹，大漬旁。
>
> （馬王堆帛書《陰陽十一脉灸經（甲本）》行24/58-27/61）
>
> 厥陰朋（脉）：……觸少腹，大資旁。
>
> （馬王堆帛書《陰陽十一脉灸經（乙本）》行14-16）
>
> 蹷（厥）陰之脉，……觸少腹，夾紃旁。
>
> （張家山漢簡《脉書》簡36-38）
>
> 足蹷（厥）陰脉：……【觸少】腹，夾佩以上，毄（繫）齊（臍）。
>
> （天回醫簡《脉書·下經》簡219-221）

今本《靈樞·經脉》亦見相關論述，如：“肝足厥陰之脉……抵少腹，挾胃屬肝絡膽，上貫膈，布脅肋，循喉嚨之後，上入頏顙，連目系，上出額，與督脉會于巔；其支者，從目系下頰裏，環唇内；其支者，復從肝別貫膈，上注肺。”

*本文爲國家社科基金一般項目“出土涉醫文獻與古醫書經典化研究”（19BZS012）、中央高校基本科研業務費資助項目“古文字與出土文獻研究”（SWU2019108）、國家社科基金重大項目“出土先秦兩漢醫藥文獻與文物綜合研究”（19ZDA195）的階段性成果。

對比可知，上引諸辭例在“觸（《靈樞 • 經脉》作‘抵’）少腹[1]”之後，馬王堆帛書《陰陽十一脉灸經》甲本行25/59作“大漬旁”、乙本行15作“大資旁”，張家山漢簡《脉書》簡37作“夾紼旁”，相對應的天回醫簡《脉書 • 下經》簡220作“夾佩以上，毄（繫）齊（臍）”，此四者描述的肝經循行路徑相類，其表達的意義亦應一致。上引“大漬旁”“大資旁”之“大”爲形容詞，而與之對舉的“夾佩以上，毄（繫）齊（臍）”“夾紼旁”之“夾”皆爲動詞，後者與其後面所接的名詞構成動賓短語，二者或有一誤。

另一方面，出土和傳世經脉文獻在描述經脉循行路徑時，皆是以動詞性短語的組合形式來表示，如馬王堆帛書《陰陽十一脉灸經》甲本在描述足厥陰肝經的循行路徑時，即稱“毄（繫）於足大指菆（叢）毛之上”“乘足【跗上廉】”“去内腂（踝）一寸”“上腂（踝）五寸而【出太陰之後】”“上出魚股内廉”“觸少腹”等，其與“毄（繫）”“乘”“去”“上”“觸”等動詞對舉的“大漬旁”之“大”亦當是動詞，同理，乙本“大資旁”之“大”亦是動詞。總之，舊所釋“大漬旁”“大資旁”之“大”或有誤，其表示的詞當爲動詞。

上引簡帛醫書中的“夾”，天回醫簡《脉書 • 下經》簡220作“ ”，張家山漢簡《脉書》簡37作“ ”，但相對應的馬王堆帛書《陰陽十一脉灸經》甲本行25/59作“大”，乙本字形不甚清晰，原整理者和裘錫圭主編《長沙馬王堆漢墓簡帛集成（陸）• 陰陽十一脉灸經（乙本）》均釋作“大”。今據較清晰的甲本字形，列表如下：

表1：《長沙馬王堆漢墓簡帛集成（伍）• 陰陽十一脉灸經（甲本）》“大”“夾”字形表

| | |
|---|---|
| 大 |  （行18） 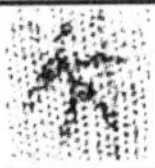 （行24）  （行32） |
| 夾 |  （行18）  （行28） |
| 夾 |  （行25） （《馬王堆漢墓帛書（肆）》行59）[2] |

①郭靄春校釋：“原作‘小’，《太素》卷八首篇、《脉經》卷六第一、《甲乙》卷二第一上、《千金》卷十一第一、《聖濟總録》卷一九一及《圖經》卷一改。”今按：此處“抵少腹”之“少”當作“小”，原文載足厥陰肝經的循行路徑是“環陰器”，其後的走行很大可能是向上抵達“小腹”，而不一定是“少腹”。其實，“少”“小”爲一字分化。“小腹”“少腹”之分當是後起。古書中“少”“小”多訛混，如《讀書雜誌 • 淮南内篇第九 • 主術》“則所守者少”，王念孫按：“‘少’，當爲‘小’，字之誤也。《群書治要》引此正作‘小’。”另外，裘錫圭主編《長沙馬王堆漢墓簡帛集成（伍）• 陰陽十一脉灸經（甲本）》注：“今按：《説文 • 角部》：‘觸，抵也。’‘觸少腹’，帛書乙本同，《太素》卷八、《脉經》卷六、《銅人針灸腧穴圖經》卷一均作‘抵少腹’。”參看郭靄春等（2006:254）；裘錫圭主編（2014:201）。

②參看馬王堆漢墓帛書整理小組（1985年，圖版第8頁）。

經對比，出自同一書手的《陰陽十一脉灸經》甲本中的“大”“夾”字形判然有别，無由混淆。《説文・大部》：“夾，持也。从大，夾二人。”“夾”字的構形本意是二人夾輔一人。由上表可知，早期隸書“大”“夾”字形中表示手形和脚形的兩捺筆之間的距離，後者較前者大，以便容納一“人”形，尤其是《馬王堆漢墓帛書（肆）》圖版行59所列“夾”字中表示手形和脚形的兩捺筆之間的距離較大且中間有殘筆，與同一書手所寫“夾”字十分接近，而與“大”字頗不類①。故知，《陰陽十一脉灸經》甲本舊所釋的“大”字實爲“夾”字，同出一源的乙本“大”字亦當是“夾”字的誤釋，亦即《陰陽十一脉灸經》甲乙本中舊所釋“大漬旁”“大資旁”之“大”當改釋爲“夾”；從後文所考辭例來看，此處改釋“大”爲“夾”，其於文義和醫理亦甚契合。

## 二、釋“紼”

馬王堆帛書《陰陽十一脉灸經（甲本）》行25/59舊所釋“大漬旁”之“大漬”，原整理者注：“大眥，内眼角。”《長沙馬王堆漢墓簡帛集成（伍）・陰陽十一脉灸經（甲本）》（2014:201）注：“今按，‘大漬（眥）旁’，帛書乙本作‘大資（資）旁’，同甲本；張家山漢簡本《脉經》簡37作‘夾紼旁’”。對應的天回醫簡《脉書・下經》簡220作“夾佩以上，毄（繫）齊（臍）”，整理者（2022:45）注：“夾佩以上毄（繫）齊（臍），《脉書》簡37作‘夾紼旁’。佩，即大佩；紼，即蔽膝。春秋至漢初，大佩與蔽膝懸掛部位重疊，均可借指臍下小腹中央部位。”黄龍祥（2022:397）認爲，“大漬，《脉書》作‘夾紼’，部位未詳，據‘所産病’部位，參《足臂十一脉》，應指少腹腹股溝附近”②。張家山漢簡《脉書》簡37舊所釋“夾紼旁”之“紼”，高大倫（1992:72）改釋爲从“市”聲的“紼”，其釋“夾紼旁”云：“應在此句後補上‘大漬旁’。《靈樞・經脉》本脉所經路綫有‘上注肺，連目繫’。紼，讀爲肺。漬，讀爲眥。大眥，整理小組：‘内眼角。’”其説皆可商。

考“眥”見於馬王堆帛書《足臂十一脉灸經》行1-3“足泰（太）陽脉：……其直者貫目内漬（眥）”、行5-9“足少陽脉：……出目外漬（眥）。……目外漬（眥）痛”、行29-30“臂泰（太）陽脉：……外漬（眥）痛”、馬王堆帛書《陰陽十一脉灸經》甲本行16/50-17/51“耳脈（脉）：……目外漬（眥）痛”、乙本行8“耳朋（脉）：……目外膭（眥）甬（痛）”。此亦見於傳世文獻，如《靈樞・經脉》所載“小腸手太陽之脉……目鋭眥……目

①關於馬王堆漢墓簡帛文獻中“大”“夾”字形的對比，參看劉釗主編（2020:1096-1106）。

②黄龍祥（2002:397）認爲，出土帛書經脉循行術語“夾”是指“行於體表組織器官兩旁”。

内眥”“膀胱足太陽之脉，起於目内眥”“三焦手少陽之脉……目鋭眥。……目鋭眥痛”“膽足少陽之脉，起於目鋭眥……目鋭眥痛”等。“眥”見於《説文・目部》“眥，目匡也。从目，此聲”，本義是眼眶，引申爲上下眼瞼的接合處。今據《靈樞・癲狂》、《針灸甲乙經》卷十二第四、《太素・雜病・目痛》等相關古醫書可知，目鋭眥指外眼角，内眼角之上爲目外眥，内眼角之下爲目内眥。但《太素・雜病・目痛》楊善上注所引《明堂》則認爲外眼角指目鋭眥，亦稱外眥；内眼角則爲内眥。姜燕（2008:125-128）結合《針灸甲乙經》等相關論述，認爲目鋭眥即是目外眥，皆指外眼角，其與目内眥相對爲義。

總之，目前所見出土和傳世早期醫學文獻中未見“大漬（眥）”“大資（眥）”之説[①]，其相關辭例皆作“（目）鋭眥”“（目）内眥”“（目）内眥”等，可知“大漬”“大資”之“漬”“資”舊讀爲“眥”，訓爲内眼角，其説不可信。上引高大倫認爲張家山漢簡《脉書》簡37“夾紼旁”之“紼”當釋作“紼”，讀爲“肺”，並引“《靈樞・經脉》本脉所經路綫有‘上注肺，連目繫’”爲證。考《靈樞・經脉》等古醫書在描述足厥陰肝經循行路徑時，雖言及“連目系”“其支者，從目系下頰裏，……上注肺”，實指肝經支系連通肺經以整合成一回環流注的十二經脉循環系統，其時代已在出土經脉文獻之後，且與高大倫舊釋“夾肺旁”所言不合。另一方面，上文已證前引出土文獻《陰陽十一脉灸經》甲乙本“大漬旁”“大資旁”、《脉書》“夾紼旁”、《脉書・下經》“夾佩以上，轂（繫）齊（臍）”所述之義一致，若“紼”改釋作“紼”，讀爲“肺”，則難以據此貫通“漬”“資”等義。高説難以信從。黄龍祥認爲上引“大漬”“夾紼”“應指少腹腹股溝附近”，但其具體位置難以確指，亦無法明證其字詞關係。

張家山漢簡《脉書》簡37舊釋“夾紼旁”之“紼”實作“[illegible]”，今從字形和用法的角度來考證，此字當釋爲从“𠂔”聲的“紼”。

秦漢文字“市”“巿”等字的形體相近，但這類字形却有不同的早期來源，其或與“市”“巿”“𠂔”等古文字形體有關[②]。就本文密切相關的“𠂔”字而言，甲骨文中的“𠂔”作“[illegible]”，于省吾（1949:417-418）讀爲“次”。黄錫全（1990:86）、李春桃（2016:122-123）辨析傳抄古文中的“𠂔”字，亦讀爲“次”。《説文・欠部》“次”篆下列古文“[illegible]”實爲“𠂔”，“次”“𠂔”相通。黄德寬（2007:3096-3097）主編《古文字譜系疏證》列舉“𠂔”字諸多形體，疑爲“茨”之初文。李學勤（2012:552）主編《字源》亦列述“𠂔”字的

---

①《醫宗金鑒・周身名位骨度》卷八十：“目内眥者，乃近鼻之内眼角，以其大而圓，故又名曰大眥也。”“目外眥者，乃近鬢前之眼角也，以其小而尖，故稱目鋭眥也。”今按：《醫宗金鑒》是清代吴謙等人編纂的醫學教材，其著述時代去古已遠，所述恐非古義。

②參看裘錫圭（2015:330-344）；季旭昇（2014:644-645）。

演變序列，甲骨文“𣎵（𣎵）”字下半部分變爲一豎筆，直到春秋時期，此字中間豎筆加一飾筆短横作“𣎵”，漢隸作“𣎵”，後逐漸變爲楷書“𣎵”；另一系字形的中間豎筆未加飾筆，其作“市”，漢隸作“市”，後來則變爲楷體“市”形，此与《説文・朩部》“市”字同形，亦與《説文・冂部》“市”形近易混。

作爲偏旁的“𣎵”“市”多見形訛[①]。如《説文・木部》：“柹，削木札樸也。从木，朩聲。陳楚謂櫝爲柹。”段玉裁改爲“柹，削木朴也。从木，朩聲。陳楚謂之札柹”，並注：“‘柹’之誤作‘柨果’，‘胏’之誤作‘乾胏’，‘沛’之誤作‘泲水’，其譌又不勝改也。”《詩經・邶風・泉水》：“出宿于泲，飲餞于禰。”泲，《詩經》殘卷S.789作“沛”。王先謙（1987:194）《詩三家義集疏》：“‘姊’作‘姉’，从‘市’，‘市’亦即‘𣎵’，或从市井之‘市’，以形近而誤也。”程燕（2010:69）《詩經異文輯考》指出，“沛”爲“泲”之俗訛，其與《説文・水部》“沛”同形，“‘𣎵’旁在俗文字中皆寫作‘市’，蓋源自‘𣎵’之古文字形體”。《吕氏春秋・長攻》：“代君好色，請以其弟姊妻之，代君許諾。”許維遹（2010:334）《吕氏春秋集解》引畢沅曰：“‘弟姊’二字不當連文，據《趙世家》‘襄子’之姊前爲代王夫人，是‘弟’字衍。”又引王念孫曰：“‘弟’即‘姊’之壞字。今作‘弟姊’者，後人據《史記》旁記‘姊’字，而傳寫者誤合之也。”並加按語：“畢、王説是。《御覽》引作‘請以其弟妻之’，‘弟’又爲‘姊’字形誤。”今按：“弟”“姊”形體不近，王念孫和許維遹認爲前者是後者的“壞字”或“形誤”似可商。考《説文・朩部》：“𣎵，止也。从朩盛而一横止之也。”頗疑原文本作“𣎵”，借爲“姊”，在傳寫過程中“𣎵”形訛作“弟”。但於文不通，故據《史記・趙世家》在文旁注作“姊”，後來注文竄入正文作“弟姊”，故知“姊”字當衍，原本“𣎵（姊）”字不衍。《龍龕手鑑・女部》：“姉，女兄

①作爲偏旁的“甫”“𣎵”相訛亦多見，阜陽漢簡《詩經・衛風》簡S069：“領如鰌鯆。”“鯆”係“鰊”之訛，讀爲《詩經・衛風・碩人》“蠐”。北大漢簡《倉頡篇》簡15“秿”爲“秭”之俗訛；簡40“㜑”爲“姊”之俗訛，阜陽漢簡《倉頡篇》簡C042作“㜑（姊）”。《周易・噬嗑》九四爻辭“胏”，陸德明釋文引“子夏作‘脯’，徐音甫，荀、董同”，李家浩從前賢所論，“胏”“矢”押脂部韻，若“胏”作“脯”，其古音屬魚部，則失韻，故作“胏”爲是。北京故宫博物院藏唐寫本《王仁昫刊謬補缺切韻・脂韻》“屠”爲“屎”之俗訛。《龍龕手鏡・金部》：“鋪，俗；鋳，正。賫、齊二音。利也。二。”“鋪”爲“鋳（鍗）”之俗訛。參看李家浩（2017:205-209）。此蒙孟蓬生先生告知，謹致謝忱！“甫”“市”皆爲“𣎵”之俗訛。參看胡平生、韓自强（1988:64-65）；程燕（2010:99）。在《廣雅・釋詁一》“秭，積也”條目中，王念孫補作“稝，積也”，並疏證：“稝者，《玉篇》：‘稝，禾積也。’各本‘稝’字誤入曹憲音内，今訂正。”參看王念孫（2019:37）。今按，“稝”即是“秭”之俗訛，王念孫所補之“稝”，已與本條目中“秭，積也”相重複，故補“稝”恐非。

也。”今據《説文・女部》：“姊，女兄也。从女，𠂔聲。”可知上引今本《吕氏春秋・長攻》《龍龕手鑑・女部》之“姉”當爲“姊”之俗訛。另如《戰國策・韓策二》：“（聶）政姉聞之，曰：‘弟至賢，不可愛妾之軀，滅吾弟之名，非弟意也。’”“姉”，《史記・刺客列傳》作“姊”，亦當是形近俗訛所致的異文。《廣雅・釋詁一》：“秭，積也。”王念孫（2019:37）《廣雅疏證》：“秭，各本訛作‘𥝱’，今訂正。”毛遠明（2014:1254-1255）《漢魏六朝碑刻異體字典》收載“姊”之俗訛字“姉”“姉”“姉”“姉”“姉”“姉”等，皆是“姉”“姊”形訛之證。

前引張家山漢簡《脉書》簡37“夾紼旁”之“紼”，各家或釋爲“紼”“紼”，由下文考證可知，當改釋爲“𦀚”，其俗訛的情形正可與上引諸例中作爲偏旁的“𠂔”“市”形訛構成平行互證的關係。

上文已證《脉書・下經》“夾佩以上，毄（繫）齊（臍）”，《陰陽十一脉灸經》甲本“夾漬旁”、乙本“夾資旁”，《脉書》“夾𦀚旁”所表意義一致，動詞“夾”後所接賓語“漬”“資”“𦀚”皆處於同一語法位置，應表示同一詞。由下文論證可知，其當讀爲前舉《脉書・下經》“夾佩以上，毄（繫）齊（臍）”之“臍”。

“𦀚”从“𠂔”聲，“臍”从“齊”聲，上古音“𠂔”爲精母脂部，“臍”爲從母脂部，聲母同爲齒頭音，韻部皆爲脂部，古音相近。文獻中多見“𠂔”聲與“齊”聲音通的例證，如《説文・金部》：“鈰，利也。从金，𠂔聲。讀若齊。”段玉裁注：“《周易》‘喪其資斧’，子夏傳及衆家並作‘齊’。應劭云：‘齊，利也。’然則‘鈰’爲正字，‘齊’爲假借字。”天回醫簡《療馬書》簡19：“治馬齱者，齊刀刺（刺）𦙶（齟），血，已。”“齊”，讀爲“鈰”。《説文・韭部》：“䪡，墜也。从韭，次、𠂔皆聲。齏，䪡或从齊。”《書・禹貢》：“達于濟。”“濟”，《漢書・地理志》引作“沛”。《詩經・邶風・泉水》：“出宿于沛。”“沛”，《儀禮・士虞禮》鄭玄注引作“濟”。《國語・鄭語》：“右洛左濟。”“濟”，《漢書・地理志》作“沛”。《史記・封禪書》：“水曰濟。”“濟”，《漢書・郊祀志》作“沛”。阜陽漢簡《詩經・衛風》簡S069：“領如鰿餔。”“餔”，“鈰”之訛，讀爲《詩經・衛風・碩人》“蠐”[①]。故可知張家山漢簡《脉書》簡37“夾𦀚旁”之“𦀚”應讀爲“臍”，亦與上述諸例構成平行互證的關係。

“資”从“次”聲，上古音“資”爲精母脂部，其與“臍”的聲母同爲齒頭音，韻部皆爲脂部，古音亦相近。文獻中多見“次”聲與“齊”聲音通的例

①參看胡平生、韓自强（1988:64-65）；程燕（2010:99）。

證，《説文·食部》："餈，稻餅也。从食，次聲。𩞄，餈或从齊。粢，餈或从米。"《詩經·鄘風·墻有茨》："墻有茨。"《説文·艸部》："薺，蒺梨也。从艸，齊聲。《詩》曰："牆有薺。"《周易·旅》："得其資斧。"陸德明《經典釋文》："資斧，子夏傳及衆家並作'齊斧'。"《周禮·酒正》："辨五齊之名，一曰泛齊，二曰醴齊，三曰盎齊，四曰緹齊，五曰沈齊。"鄭玄注："杜子春讀'齊'皆爲'粢'。"《儀禮·士虞禮》："明齊溲酒。"鄭玄注："明齊，今文曰明粢。"《禮記·玉藻》："趨以采齊。""采齊"，《大戴禮記·保傅》作"采茨"。《荀子·哀公篇》："資衰苴杖者不聽樂。"楊倞注："資，與齊同。"前舉《説文·韭部》："䪡，墜也。从韭，次、𠂔皆聲。齏，䪡或从齊。"武威漢簡《儀禮·服傳》甲乙本中的"資"多讀爲"齊"[①]。馬王堆帛書《五十二病方》"盗"即"䪡"，其異體作"齏"，在簡文中訓爲粉碎。如《五十二病方》行422/412："一，取茹盧（蘆）本，⿱次韭（齏）之，以酒漬之，后（後）日一夜，而以涂（塗）之，巳（已）。""⿱次韭"从"次"省聲，即"䪡"。北大秦簡《醫方雜抄》簡4–16："已雝（癰），取蘞本，洒（洗）去亓（其）土，以鹽盗（齏）之，以沐少和之，即以涂之，壹宿而去之。"[②]"盗"亦即"䪡"，其異體作"齏"。故可知馬王堆帛書《陰陽十一脉灸經》乙本行15"夾資旁"之"資"亦應讀爲"臍"，亦與上述諸例構成平行互證的關係。

文獻中亦見"𠂔"聲與"次"聲音通的例證，《周易·夬》："其行次且。"陸德明《經典釋文》："次，《説文》及鄭作'趀'。"《儀禮·既夕禮》："設床第。"鄭玄注："古文第爲'茨'。"前舉甲骨文"（𠂔）"，讀爲"次"[③]。上博簡《周易·帀（師）》簡7"帀（師）右（左）⿱宀𠂔"，《周易·旅》簡53"遊（旅）其⿱宀𠂔""遊（旅）焚其⿱宀𠂔"，"⿱宀𠂔"，今本《周易·師》六四爻辭，《周易·旅》六二、九三爻辭皆作"次"[④]。簡帛文獻中多見"𠂔"聲與"次"聲音通的例證，不煩舉例[⑤]。此益證上舉"𠂔"聲與"齊"聲、"次"聲與"齊"聲音通。

"漬"从"責"聲，"責"从"朿"聲，上古音"漬"爲從母錫部，其與"臍"的聲母同爲齒頭音，錫部的陰聲韻支部與"臍"所屬的脂部常可通轉。文獻中亦見"朿"聲與"齊"聲音通的例證，《詩經·小雅·大田》："此有不

①參看白於藍（2017:511–512）。
②參看田天（2017:53）。
③參看于省吾（1979:417–418）；黄錫全（1990:86）；李春桃（2016:122–123）。
④參看侯乃峰（2009:452–455）。
⑤參看白於藍（2017:509–510）。

斂穧。”孔穎達疏：“定本集注‘穧’作‘積’。”另外，文獻中亦見“朿”聲與“次”聲音通的例證，《爾雅・釋魚》：“蝤小而橢。”陸德明《經典釋文》：“蝤，本或作鰿，又作資。”《詩經・周頌・良耜》：“積之栗栗。”《説文・禾部》：“穦，積禾也。从禾，資聲。《詩》曰：‘穦之秩秩。’”《説文・禾部》：“秩，積也。从禾，失聲。《詩》曰：‘穦之秩秩。’”又上引文獻已證“次”聲與“齊”聲音通，又“朿”聲與“次”聲音通，故知“朿”聲與“齊”聲亦可相通，馬王堆帛書《陰陽十一脉灸經》甲本行25/59“大漬旁”之“漬”亦可讀爲“臍”。

## 三、釋“夾臍旁”

前引《脉書・下經》“夾佩以上，轂（繫）齊（臍）”，《陰陽十一脉灸經》甲本“夾漬（臍）旁”、乙本“夾資（臍）旁”，《脉書》“夾紨（臍）旁”，其中“夾”見於《説文・大部》：“夾，持也。从大，夾二人。”徐灝注箋：“（夾）从大，夾二人。二人夾持、夾輔之義也。引申爲凡物在左右之稱。”《釋名・釋姿容》：“挾，夾也。在傍也。”“傍”見於《説文・人部》“傍，近也。从人，旁聲”。古書中“夾”可訓爲在左右兩邊。如《書・顧命》：“西夾南嚮。敷重筍席，玄紛純，漆仍几。”汪中《述學・明堂通釋》：“中爲大室，東爲東房，西爲西房；又東爲東夾，又西爲西夾。”《釋名・釋宫室》：“夾室，在堂兩頭，故曰夾也。”又《禮記・雜記》：“門、夾室皆用雞。先門而後夾室。其衈皆于屋下。割雞，門當門，夾室中室。”孔穎達疏：“夾室，東西廂。”“夾室”，亦省稱“夾”，在古代房屋制度中，指内堂兩旁的東西廂。《文選・左思〈魏都賦〉》：“長庭砥平，鐘虡夾陳。”吕向注：“夾，對；陳，布也。言相對布於長庭。”玄應《一切經音義》卷十二“夾道”注、《慧琳音義》卷三十二“夾路”注引顧野王云：“夾，在兩邊也。”今據古代詁訓，上古音“頰”屬見母葉部，指面兩旁；“胠”屬溪母葉部、“脅”屬曉母葉部，皆指胸兩旁；“睞（睫）”屬精母葉部，指目兩旁睫毛；“夾”屬見母葉部，指左右兩旁，以上諸字音近，多屬牙音葉部，且有近旁義，如《廣雅・釋詁三》：“夾，近也。”《集韻・帖韻》：“俠，傍也。”《正字通・人部》：“俠，傍也，竝也。與夾通。”“俠”通“夾”，“俠（夾）”與《説文・人部》“傍”義近，皆訓爲近旁。可知，“夾”“頰”“胠”“脅”“睞（睫）”爲音義皆近的同源詞[①]。

①參看王力（1982:597-598）。

古醫書中描述經脉循行路徑時一般有特定的術語，如“夾”指經脉循行於體表組織器官的旁邊[①]，其字亦作“挾”“俠”，皆从“夾”聲，通“夾”。今舉其與本文相關的“挾（夾）臍”辭例，如下：

> 胃足陽明之脉……還出挾口環脣……其直者，從缺盆下乳内廉，下挾（《針灸甲乙經》卷二第一上作“俠”，通“夾”）臍，入氣街中。（《靈樞·經脉》）
>
> 衝脉者，起於氣衝，並足陽明之經，夾（《針灸甲乙經》卷二第二作“俠”，通“夾”）臍上行，至胸中而散也。（《難經·二十八難》）

以上兩例“挾（夾）臍”指足陽明胃經和衝脉在體表的循行路徑經過臍部近旁。

古醫書中亦見“挾（夾）臍”，指臍部的旁邊，如下：

> 熱病，挾（《針灸甲乙經》卷七第一中作“俠”，通“夾”）臍急痛，胸脅滿。（《靈樞·熱病》）
>
> 其著於陽明之經，則挾（《針灸甲乙經》卷八第二作“俠”，通“夾”）臍而居，飽食則益大，饑則益小。（《靈樞·百病始生》）
>
> 天樞，大腸募也，一名長谿，一名谷門，去肓俞一寸五分，俠（夾）臍兩傍各二寸陷者中，足陽明脉氣所發。（《針灸甲乙經》卷三第二十一）
>
> 腹脹腸鳴，氣上衝胸，不能久立，腹中痛濯濯，冬日重感於寒則泄，當臍而痛。腸胃閒遊氣切痛，食不化，不嗜食，身腫，俠（夾）臍急，天樞主之。……大腸有熱，腸鳴腹滿，俠臍痛，食不化，喘不能久立，巨虚上廉主之。（《針灸甲乙經》卷九第七）
>
> 風入腹中，俠（夾）臍急，胸痛脅榰滿，衄不止，五指端盡痛，足不踐地，涌泉主之。（《針灸甲乙經》卷十第二下）
>
> 女子俠（夾）臍疝，中封主之。（《針灸甲乙經》卷十二第十）

上引《針灸甲乙經》卷九第七“當臍”“俠（夾）臍”對舉，其所指的生理位置正可相對，前者指臍部正中的部位，後者指臍部旁邊的部位。

出土醫學文獻中亦多見用“夾（今案，古醫書多作‘挾’‘俠’）”來描述經脉循行路徑，如馬王堆帛書《足臂十一脉灸經》行1“足泰（太）陽脉”中的“夾脊”，其病症“夾脊痛”；行10“足陽明（明）脉”中的“夾少腹”

①黄龍祥（2022:367）認爲，出土帛書經脉循行術語“夾”是指“行於體表組織器官兩旁”。

“夾口”。馬王堆帛書《陰陽十一脉灸經》甲本行1/35-2/36和乙本行1“鉅陽眽（脉）”中的“夾脊”“夾䯏”；甲本行18/52和乙本行9“齒眽（脉）”中的“夾鼻”；行28/62“少陰眽（脉）”中的“夾舌【本】”。天回醫簡《脉書·下經》簡201-202“足膓脉”中的“夾脊以上”“夾頄”“夾脊痛”；簡208-209“足陽眀（明）脉”中的“夾少腹上廉”“夾矦（喉）以上”“夾鼻而上”；簡216“足少陰脉”中的“夾脊内廉”“夾舌本”；簡219“蹷陰脉”中的“夾佩以上”；簡250“足陽眀（明）脉支者”中的“夾頭外廉”。張家山漢簡《脉書》行17“鉅陽之脉“中的“夾脊”“夾頞”，行31“齒脉“中的“夾鼻”，行37“蹷（厥）陰之脉”中的“夾紼旁”，行39“少陰之脉”中的“夾舌本”等。

古醫書中描述腧穴定位時多見以相近腧穴爲基點，並以“俠……兩傍”“俠……傍”爲其叙述要點，如下：

> 曲差，一名鼻衝，俠神庭兩傍各一寸五分，在髮際，足太陽脉氣所發，正頭取之。……頭維，在額角髮際，俠本神兩傍各一寸五分，足少陽、陽明之會。（《針灸甲乙經》卷三第一）
>
> 玉枕，在絡却後七分，俠腦户傍一寸三分，起肉枕骨上，入髮際三寸，足太陽脉氣所發。（《針灸甲乙經》卷三第三）
>
> 巨窌，在俠鼻孔傍八分，直瞳子，蹻脉、任脉、足陽明之會。……禾窌，一名䪼，在直鼻孔下，俠谿水溝傍五分，手陽明脉氣所發。……地倉，一名胃維，俠口傍四分如近下是，蹻脉、手足陽明之會。（《針灸甲乙經》卷三第十）

上文益證“挾”“俠”通“夾”，其與“傍”義近。天回醫簡《脉書·下經》簡219-220“足蹷（厥）陰脉”中的“【觸少】腹，夾佩以上，毄（繫）齊（臍）”之“夾”亦當訓爲近旁，“佩”可讀爲《説文·人部》中的“傍”，上引出土經脉文獻“夾臍旁”之“旁”亦訓爲近旁。此處承上文“觸少腹”而言，“夾”後蒙前省略賓語“少腹”，“夾佩（傍）”即指夾（少腹）傍。也就是説，足厥陰肝經抵達少腹，並從其近旁向上循行，最終繫於臍部①，對應的《陰陽十一脉灸經》甲乙本、《脉書》則作“夾臍旁”，指足厥陰肝經循行的終點是在臍部近旁。

描述經脉循行路徑的特定術語“毄（繫）”與“夾”相類，此處表示足厥

①拙作《天回醫簡〈脉書·下經〉簡220“夾佩以上，毄（繫）齊（臍）”考》，未刊稿。

陰肝經循行的終點[①]。上古毄聲與系聲音通，《易·坎·上六》：“係用徽墨。”《公羊傳》宣公元年何休注、《後漢書·寇恂傳》皆引“係”作“繫”。《墨子·天志下》：“則係操而歸。”孫詒讓閒詁引畢沅云：“係，一本作‘繫’。”《莊子·應帝王》：“胥易技係，勞形怵心者也。”陸德明《經典釋文》：“係，如字，崔本作‘繫’，或作‘毄’。”《説文·人部》：“係，絜束也。从人从系，系亦聲。”段玉裁注：“按俗通用‘繫’。……蓋古假‘毄’爲‘係’。”可知，古音屬匣母錫部的“繫”與匣母脂部的“係”相通。《玉篇·糸部》“繫，約束”；上引《説文》訓“係”爲“絜束”，故二者音義皆近，皆有連接、關聯義[②]。在描述足厥陰肝經循行路徑的終點時，前舉《陰陽十一脉灸經》甲乙本、《脉書》作“夾臍旁”，天回醫簡《脉書·下經》則作“毄（繫）齊（臍）”，前者指臍部近旁，後者指臍部（近旁）連接處，二者所述肝經的循行部位一致。

另如，出土醫學文獻所述足少陰腎經循行路徑的終點，或作“挾（夾）舌本”，或作“毄（繫）舌本”。馬王堆帛書《陰陽十一脉灸經》甲本行28/62“少陰眽（脉）”循行路徑中的“夾舌本”、乙本行11-12“少陰胏（脉）”中的“挾（夾）舌本”、天回醫簡《脉書·下經》簡216“足少陰脉”中的“夾【舌本】”、張家山漢簡《脉書》行39“少陰之脉”中的“夾舌本”，《靈樞·經脉》“腎足少陰之脉”之直系支脉中的“挾（夾）舌本”，馬王堆帛書《足臂十一脉灸經》行13“足少陰脉”則作“毄（繫）舌本”，《靈樞·經別》“足少陰之正”亦作“繫舌本”。《素問·熱病》論及“（傷寒）五日少陰受之，少陰脉貫腎絡於肺，繫舌本，故口燥舌乾而渴”，“少陰脉”即指足少陰腎經，其循行路徑中亦見“繫舌本”。“繫舌本”一語並非孤例，亦見於《靈樞·經脉》“手少陰之别……繫舌本”、《靈樞·經筋》“手少陽之筋……繫舌本”等。可見，出土醫學文獻中足少陰腎經循行路徑的終點本作“繫舌本”，或因馬王堆帛書《陰陽十一脉灸經》甲本行28/62、乙本行11-12和張家山漢簡《脉書》行39前有“繫於腎”一語，故改“繫舌本”之“繫”作“夾（或作‘挾’，通‘夾’）”，但馬王堆帛書《足臂十一脉灸經》行13前有“入胠”一語，故仍作“毄（繫）舌【本】”。總之，天回醫簡《脉書·下經》“毄（繫）齊（臍）”、《陰陽十一脉灸經》甲乙本和《脉書》“夾臍旁”所述足厥陰肝經循行的終點部位一致；而上舉足少陰腎經循行路徑的終點“挾（夾）舌本”，亦作“毄（繫）舌本”，此二者構成平行互證的關係。

①參看黄龍祥（2002:367）。拙作《天回醫簡〈脉書·下經〉簡220“夾佩以上，毄（繫）齊（臍）”考》，未刊稿。

②參看王力（1982:106-107）。

## 四、結論

天回醫簡《脉書・下經》簡219-221在描述足厥陰肝經的循行路徑時，涉及“夾佩以上，毄（繫）齊（臍）”，與之相對應的馬王堆帛書《陰陽十一脉灸經（甲本）》行24/58-27/61當作“夾漬（臍）旁”、馬王堆帛書《陰陽十一脉灸經（乙本）》行14-16當作“夾資（臍）旁”、張家山漢簡《脉書》簡36-38當作“夾紨（臍）旁”，以上所述肝經的循行部位理當一致。經考證，舊所釋“大”“紨”當改釋爲“夾”“紨（臍）”，“漬”“資”“紨”皆當讀爲“臍”。“夾”與“頰”“胠”“脅”“睞（睫）”爲音義皆近的同源詞，“夾”“旁”皆訓爲近旁。描述經脉循行路徑的特定術語“毄（繫）”與“係”音義皆近，訓爲連接、關聯，上舉天回醫簡《脉書・下經》“毄（繫）齊（臍）”指臍部（近旁）連接處，《陰陽十一脉灸經》甲乙本、《脉書》“夾臍旁”則指臍部近旁，二者所述肝經的循行部位一致。

天回醫簡“髹漆經脉人像”經脉系統中有紅色經脉綫和刻畫經脉綫兩類①，其中所刻繪的足厥陰肝經循行路徑正可與前舉天回醫簡《脉書・下經》、馬王堆帛書《陰陽十一脉灸經》甲乙本、張家山漢簡《脉書》大體對應。今據圖文互證，可知“髹漆經脉人像”中的“紅肆”“刻肆”實指足厥陰肝經的循行路徑②，其在人像體表的循行是止於臍部，此亦可與前引天回醫簡《脉書・下經》“毄（繫）齊（臍）”以及《陰陽十一脉灸經》甲乙本、《脉書》中的“夾臍旁”互證發明。

**參考文獻**

白於藍　2017　《簡帛古書通假字大系》，福建人民出版社。
程　燕　2010　《詩經異文輯考》，安徽大學出版社。
丹波元簡　1984　《聿修堂醫書選・靈樞識》，人民衛生出版社。
高大倫　1992　《張家山漢簡〈脉書〉校釋》，成都出版社。
郭靄春（主編）　2006　《靈樞經校釋（上册）》，人民衛生出版社。
侯乃峰　2009　《〈周易〉文字彙校集釋》，臺灣古籍出版有限公司。
胡平生　韓自强　1988　《阜陽漢簡詩經研究》，上海古籍出版社。
黄德寬（主編）　2007　《古文字譜系疏證》，商務印書館。
黄龍祥　2002　《中國針灸學術史大綱（增修版）》，臺灣知音出版社。
黄錫全　1990　《汗簡注釋》，武漢大學出版社。
季旭昇　2014　《説文新證》，福建人民出版社。
姜　燕　2008　《〈甲乙經〉中醫學用語研究》，中華書局。

①參看天回醫簡整理組：《天回醫簡（下册）》，第161-184頁。
②參看拙作：《圖文互證：天回醫簡“髹漆經脉人像”所刻繪足厥陰肝經考》。

李春桃　2016　《古文異體關係整理與研究》，中華書局。
李家浩　2017　《北大漢簡〈倉頡篇〉中的“秭”字》，《出土文獻研究》（第16輯）。
李學勤（主編）　2012　《字源》，天津古籍出版社。
劉　釗（主編）　2020　《馬王堆漢墓文字全編》，中華書局。
馬繼興　1997　《雙包山西漢墓出土經脉漆木人型的研究》，《新史學》8卷2期。
馬王堆漢墓帛書整理小組　1985　《馬王堆漢墓帛（肆）》，文物出版社。
毛遠明　2014　《漢魏六朝碑刻異體字典》，中華書局。
裘錫圭　2015　《戰國文字中的“市”》，《裘錫圭學術文集》，復旦大學出版社。
裘錫圭（主編）　2014　《長沙馬王堆漢墓簡帛集成（伍）》，中華書局。
天回醫簡整理組　2022　《天回醫簡（下册）》，文物出版社。
田　天　2017　《北大藏秦簡〈醫方雜抄〉初識》，《北京大學學報（哲學社會科學版）》第5期。
王　力　1982　《同源字典》，商務印書館。
王念孫　2019　《廣雅疏證》，中華書局。
王先謙　1987　《詩三家義集疏》，中華書局。
許維遹　2010　《吕氏春秋集解》，中華書局。
于省吾　1979　《甲骨文字釋林》，中華書局。

## Study of *Jiaqipang* (夾臍旁) in the Unearthed Documents about the Channels

Du Feng

**Abstract:** When the course of circulation of Jueyin Liver Channel of Foots (足厥陰肝經) was described in the unearthed documents about the channels, the *Cauterization Canon of the Eleven Yin and Yang Channels* (《陰陽十一脉灸經》) of the Mawangdui bamboo and silk manuscripts wrote *jiaqipang* (大漬旁) in Line 25/59 of its Version A and *jiaqipang* (大資旁) in Line 15 of its Version B, corresponding to *jiabangyishang, xiqi* (夾佩以上，毄齊) in Slip 220 of the *Book of the Channels: Book Two* of the Tianhui Medical Bamboo Slips, and *jiaqipang* (夾紼旁) in Slip 37 of the *Book of the Channels* of the Zhangjiashan Han Bamboo Slips. All the above refer to the same thing. Through textual research, the original interpreted characters *da* (大) and *fei* (紼) should be *jia* (夾) and *ji* (臍) respectively, and *zi* (漬), *zi* (資), *zi* (紼) should be all read as *ji* (臍). *Pang* (旁) is synonymous with *jia* (夾), meaning to be close (to something). From the angles of mutual corroboration between diagrams and texts and comparison between documents, etc., this article argues that the terminal point of circulation of the Liver Channels is close to the umbilicus, namely *xiqi* (毄

齊/繫臍) in the *Book of the Channels* of the Tianhui Medical Bamboo Slips.

**Key words:** *Jia* (夾); *Zi* (漬); *Zi* (資); *Fei* (紼); Mutual corroboration between diagrams and texts

（杜鋒，西南大學漢語言文獻研究所/出土文獻綜合研究中心　重慶　400715）

西北屯戍漢簡所見“貰賣”“貰買”綜論：164-204，2024（01）

# 西北屯戍漢簡所見“貰賣”“貰買”綜論*

張顯成　路　煒

**摘　要**：西北屯戍漢簡中大量出現的諸辭書未收的詞“貰賣”和“貰買”，其意義分别爲“賒賣”和“賒買”。二詞見於兩類文書，一類是貰賣文書和貰買文書，另一類是書有“貰賣”或“貰買”的官文書，其中貰賣文書多於貰買文書，説明當時人們在進行這類交易時多寫成貰賣文書。基層軍官文職小吏是此文書的書寫者、保存者。從事貰賣、貰買活動人員的主體是軍隊基層人員和地方基層人員；軍隊人員中，士卒占了絶大部分。貰賣、貰買活動所涉及的交易貨物最多的是禦寒物品。貰賣、貰買活動一開始可能是個人日用品的交易，但後來無疑已發展爲成規模的經商活動，具有經商謀利的性質。貰賣、貰買商品的最終流向是當地，供當地人使用消費。貰賣、貰買活動的時間，當在昭、宣帝至成帝的西漢中後期，時段爲60年左右。官方在貰賣、貰買活動前期的十多年是允許其存在的，但後來轉而禁止。貰賣、貰買這一貿易活動是絲綢之路多種多樣貿易活動中的一種形式，在助推絲綢之路的商業繁榮方面具有積極的影響，但不能高估其影響。總之，西北屯戍漢簡中的“貰賣”和“貰買”及其相關信息，頗具史學價值，具有重要的研究意義。

**關鍵詞**：西北屯戍漢簡；貰賣；貰買；綜合研究

西北是漢簡出土最豐的地方，西北屯戍漢簡是西漢中期至東漢中期漢朝廷在西北屯軍的遺存檔案，從20世紀30年代至今，已先後發現了10餘批，總數8萬多枚，其巨大的史料價值不言而喻。西北屯戍漢簡中高頻率出現的“貰賣”和“貰買”，諸辭書均未收録，其相關信息頗具史學價值，下面先略述其研究史，再分别進行研究。

自西北屯戍漢簡陸續刊布以來，“貰賣”和“貰買”作爲其中所呈現的一種特殊經濟形式，長期吸引學術界的注意，主要研究成果如下：

*本文爲教育部人文社會科學研究青年基金西部和邊疆地區項目“秦簡法律文獻語義詞典編纂和相關研究”（22XJC740003）、國家社會科學基金重大項目“出土先秦秦漢醫藥文獻與文物綜合研究”（19ZDA195）階段性成果。

陳直（1986）指出，“貰賣”主要交易内容是布帛衣袍，買者均是官吏[①]，“貰賣”並非當下付清錢款，而是長時間賒欠，需要立債券爲信。

李均明（1986）簡要説明了“行道貰賣名籍”與“貰賣契約關係”，認爲所謂“貰賣”，即債權人先行付貨，債務人日後才付款。而這類“貰賣”契約，有的須立契約字據，並設有擔保人或旁證人。

連劭名（1987）按照債務發生、償還程式對居延漢簡中的債務文書進行了考察，並以此爲基礎整理了“貰賣名籍”簡。

高恒（2001）討論了西北漢簡中“貰賣”“貰買”文書的格式，並討論了官署代討債務的三種類型，通過簡文分析，認爲漢廷曾禁止過“貰賣”活動。

李天虹（2003）對居延漢簡所見“貰賣”“貰買”簡進行了分類，指出“貰賣（買）”活動是一種賒貨交易，並歸納了“貰賣（買）名籍”的格式和内容，對“貰賣（買）”的交易主體及活動地點進行了分類。

王子今（2005）結合時代背景和邊塞經濟特點對“貰賣（買）”活動進行考察，指出交易物品主要爲士卒私有衣物、織物，交易形式是賒賬。他認爲官方律法曾一度禁止“貰賣（買）”活動，“貰賣（買）”活動的主體是卒，而非官吏，“貰賣”對象主要爲基層軍官及當地平民。

王玉瑩（2019）吸收上述關於“貰賣”“貰買”的觀點，將居延邊塞地區與中原地區的“貰賣（買）”活動進行比較研究，着重分析了“貰賣（買）”活動對居延邊塞社會生活、經濟生活的影響。

總體看，近40年來有關“貰賣（買）”問題研究取得了重要成果，涉及“貰賣（買）”活動的基本性質、程式、文書格式、交易主體、交易内容、社會影響等内容，爲後續研究奠定了重要基礎。但也要看到，既有研究尚有不足，主要是研究的系統性、全面性不够，如“貰賣”“貰買”的語言學、辭書學價值，“貰賣”“貰買”文書的來源，“貰賣（買）”活動的規模、交易商品的最終流向、交易活動的時段等問題，均尚未涉及或缺乏詳細深入研究。因此，從“貰賣”“貰買”二詞的詞彙意義出發，繼而圍繞“貰賣（買）”經濟現象，進行全面系統、層次分明的綜合研究闡釋，顯然是大有必要的。有鑒於此，本文即擬展開儘可能的有關研究。

## 一、“貰賣”和“貰買”的意義

貰，本義爲“賒”。《説文・貝部》：“貰，貸也。”段玉裁注：“《泉府》以凡賒者與凡民之貸者並言，然則賒與貸有别。賒，貰也，若今人云賒是也；

①此説不確，下文將有述。

貸，借也，若今人云借是也。其事相類，故許渾言之曰貸也。”也就是説，“貰”的本義是賒，“貸”的本義是借，二者是有區别的。《史記·高祖本紀》：“常從王媪、武負貰酒。”裴駰《集解》引韋昭曰：“貰，賒也。”《漢書·汲黯傳》：“縣官亡錢，從民貰馬。”貰馬，即賒馬。賣，即“出售”“賣出”。買，即“購進”“買進”。“貰賣”指“以貰的方式賣”，“貰買”指“以貰的方式買”，二者均爲偏正結構的組合，由其結構可知其意義當分别爲：

貰賣：賒賣，即買賣貨物時，賣方延期收款。亦即出售商品先不結清貨款，按買賣雙方約定，買方在一定的期限内付清貨款的買賣方式。

貰買：賒買，即欠賬購買。亦即購買商品先不結清貨款，按買賣雙方約定，買方在一定的期限内付清貨款的買賣方式。

西北屯戍漢簡中，書有“貰賣”和“貰買”的簡有兩類，一類是“貰賣文書”和“貰買文書”，另一類是書有“貰賣”和“貰買”的官文書①。“貰賣”和“貰買”在西北屯戍漢簡中頗爲常見，下面略舉幾例，先看“貰賣”例②：

（1）《居延新簡》EPT51.125：“第八隧卒魏郡内黄右部里王廣，貰賣莞皁絝橐絮裝一兩，直二百七十，已（已）得二百，少七十，遮虜辟衣功所。”莞（《廣韻》户板切，今音wǎn），通“宛”，莞，匣母、元部，宛，影母、元部，聲同喉音，韻同部。宛，小也。朱駿聲《説文通訓定聲·乾部·莞》：“《論語》‘夫子莞爾而笑’《集解》：‘小笑貌。’按：（莞爾）猶宛爾也。”《詩·小雅·小宛序》孔穎達疏：“政教爲小，故曰‘小宛’，‘宛’是小貌。”③皁絝，黑色套褲，古之褲左右各一，分裹兩脛，故下文言“兩”。橐絮，指絝的夾層中裝滿駱駝毛絮④。莞皁絝橐絮裝⑤，即橐絮裝莞皁絝，“橐絮裝”是“莞皁絝”的修飾語。直，即值。辟，與“里”相對，就聚落地而言，位於城外者

①所謂“貰賣文書”或“貰買文書”，分别指記録貰賣行爲或貰買行爲的合約。關於“貰賣文書”或“貰買文書”文書的定義，以及書有“貰賣”和“貰買”的文書類别，下文將會有專論。

②本文所引簡牘釋文使用的符號及其意義如下：□，表示無法釋出的殘缺字，一個“□”表示一字。☑，表示簡帛殘斷處。字（外加框），表示補出原簡殘損不全的字。如甲，表示“甲”字原簡殘損不全，據上下文或其他文獻補出。⋯，表示殘缺字字數無法確定者。（ ），表示前一字爲通假字、異體字、古字等，相應的本字、正體、今字標於（）内。〈 〉，表示改正訛誤字，相應的正字標於〈 〉内。【 】，表示補出的原簡書寫者脱漏之字，所補之字標於【 】内。

③本簡貰賣物“絝”直二百七十錢，下文所舉“絝”的價值都明顯高於此價，由此也可推知此絝是小絝，應該是小個子或未成年人穿的。另，“莞”和“宛”均有“小”義，很可能是同源詞。

④參看張德芳主編：《居延新簡集釋》三，甘肅文化出版社，2016年，第440頁。

⑤裝，簡文又作“裝”或“壯”。

曰“辟”，位於城内者曰“里”①。衣功，人名，姓衣名功，“衣功所”即衣功的住所②。簡文大意爲：“第八隧的士兵，來自魏郡内黄縣右部里的王廣，賒賣莞皁綺橐絮裝一套，價格爲二百七十錢，已經拿到二百錢，還差七十錢，交易地點是購買人衣功的位於遮虜辟的居所。”可見在“貰賣”這種交易方式中，買方是不需當時結清貨款的。這是一份貰賣文書③。這裏有必要説明的是，統觀西北屯戍漢簡中的全部貰賣文書和貰買文書可知，若是貰賣文書，則所記交易地點就是貰買方所在地，若是貰買文書，則所記交易地點就是貰賣方所在地，故本簡的“遮虜辟衣功所”指：交易地點是貰買方衣功的位於遮虜辟的居所。

（2）《居延漢簡》287. 13：“驚虜隧卒東郡臨邑吕里王廣，卷上字次君，貰賣八稯布一匹，直二百九十，觻得定安里隨方子惠所，舍在上□門第二里三門東入。任者閻少季、薛少卿。”（本簡圖版及隸文見附圖1）卷上字次君，指檔案上登記的字是“次君”。隨方子惠，“隨方”是姓名，“子惠”是字。任者，擔保人。簡文大意爲：“驚虜隧卒東郡臨邑吕里的王廣（檔案上登記的字是‘次君’），賒賣八稯布一匹，價值二百九十錢，交易地點是買方觻得定安里隨方（字子惠）的住所，住所具體地點在上□門第二里三門東入，擔保人閻少季、薛少卿。”在這次交易中，既然出現了擔保人④，結合（1）記載的分期付款的交易形式，很明顯購買人“隨方”是没有當時交清貨款的，自然進一步證明這是一次“賒賣”交易。

（3）《居延新簡》EPT56. 10：“戍卒東郡聊成昌國里繺何齊，貰賣七稯布三匹，直千五十。屋蘭定里石平所，舍在郭東道南。任者屋蘭力田亲功。”稯，

①下文例所舉《居延新簡》所見貰賣文書的範本，説交易地點時，例（40）EPT56. 113説“舍在某辟”，例（41）EPT56.208+233説“舍在某里”，正相對。何雙全先生也持相同觀點，相告曰：“遮虜辟，指居住地，住城裏者曰某某裏，而居住在城外者曰某某辟。”另，王海《河西漢簡所見“辟”及相關問題》（《簡帛研究二〇〇八》）認爲：“辟”是“縣城以下的聚落”。再，從詞彙學的角度來看，“辟”有“幽僻、偏僻”義。《楚辭 • 離騷》：“扈江離與辟芷兮，紉秋蘭以爲佩。”朱熹集注：“辟，幽也。芷亦香草，生于幽僻之處。”《漢書 • 蕭何傳》：“何買田宅必居窮辟處，爲家不治垣屋。”顔師古注：“辟讀如僻，僻，隱也。”所以，這裏指城外的聚落之義應該是從“幽僻、偏僻”義引申來的特指義。

②“衣”姓在傳世文獻中似是中古才見，實際上漢簡中已有明確的記載，如《居延新簡》EPT59.1：“士伍，居延鳴沙里，年卅歲，姓衣氏。”（從簡帛可知，兩漢時姓與氏已開始相混）王海《河西漢簡所見“辟”及相關問題》認爲：“‘衣功所’很可能是爲方便該行爲而設置的專門機構。”此不取，因爲縱觀全部貰賣（貰買）文書，凡言交易地點“某某所”，均是指貰買方或貰買方的居所。此詳下文。

③以下（2）-（7）也是貰賣文書。

④由後面所舉例可知，有不少貰賣或貰買交易都有擔保人或旁證人。

通“緵”，爲計量織物經綫密度的單位。八十縷爲一稯[①]。簡文多見“七稯布”“八稯布”“九稯布”。力田，鄉官名[②]。亲功，姓名，姓亲名功。簡文大意爲：“東郡聊成縣昌國里的緤何齊，賒賣七稯布三匹，價值一千五十錢。交易的地點是購買人蘭定里的石平的居所，該居舍在郭東道的南面。擔保人是屋蘭的力田亲功。”

（4）《肩水金關漢簡》73EJT23:320：“陽夏官成里陳青臂，▭，貰賣皁複袍一領，直二千六百，故箕山隧長氏池□□□趙聖所。又錢廿。凡直二千六百廿。付□□二▭巳（已）入八十，少二千五百卌。畢卩付。”陽夏，縣名，屬淮陽郡。“陳青臂”後模糊不可釋字約五六字，“付□□二”後模糊不可釋字約二字。“畢卩付”，寫於簡末，“畢”表示文書寫完畢，字符“卩”也是表示末了，“付”是表示“八十”已付。簡文大意是：“陽夏縣官成里的陳青臂，賒賣皁複袍一領，價值二千六百錢，買方是故箕山隧長氏池□□□趙聖，交易地點是買方住所。（之前）買方貸錢廿，合計二千六百廿錢。現付錢八十，尚欠錢二千五百卌。完畢。八十錢已付。”賒賣方是陳青臂，買方是趙聖，交易地點在買方住所。

（5）《居延漢簡》282.5：“終古隧卒東郡臨邑高平里召勝，字游翁，貰賣九稯曲布三匹，匹三百卅三，凡直千，觻得富里張公子所，舍在里中二門東入。任者同里徐廣君。”召勝（字游翁）是賒賣人，買方是張公子，交易地點是買方居所，擔保人是同里的徐廣君。

（6）《居延新簡》EPT51.84：“戍卒東郡聊成孔里孔定，貰賣劍一，直八百，觻得長秋里郭穉君所。舍里中東，家南入。任者同里杜長定。”孔定是賒賣人，買方是郭穉君，交易地點是買方居所，擔保人是同里的杜長定。

（7）《居延漢簡》311.20：“戍卒魏郡貝丘珂里楊通，貰賣八稯布八匹，匹直二百卅，并直千八百卌。屋蘭富安里孟子賓，賈知券▨常利里淳于中君▨。”楊通是賒賣人，買方是孟子賓，交易地點是買方居所，還有知券人等在場。所謂“券”，即合同，從出土實物可知，當時的券多是兩面寫上相同或大致相同的内容，從中一剖爲二，交易雙方各持一半，一般寫在木簡上；或是一個大木方，相同的内容書寫三份，當事人雙方和中間人各執一份。“貰賣文書”和“貰買文書”，即屬於“券”。

---

①《説文·禾部》：“稯，布之八十縷爲稯。”段玉裁注：“布八十縷爲稯者，《史記·孝景本紀》：‘令徒隸衣七稯布。’《索隱》《正義》皆云：‘蓋七升布用五百六十縷。’……布縷與禾把皆數也，故同名。”

②《漢書·文帝紀》：“以户口率置三老、孝悌、力田常員，令各率其意以道民焉。”《後漢書·明帝紀》：“其賜天下男子爵，人二級；三老、孝悌、力田人三級。”李賢注：“三老、孝悌、力田，三者皆鄉官之名。”

（8）《懸泉漢簡釋粹》II0314②:302：“五鳳二年四月癸未朔丁未，平望士吏安世敢言之。爰書：戍卒南陽郡山都西平里莊彊友等四人，守候中部司馬丞仁、吏丞德前，得毋貰賣財物敦煌吏，證財物不以實律辨告，迺爰書。彊友等皆對曰：不貰賣財物敦煌吏民所。皆相牽證任。它如爰書。敢言之。”[①]士吏，也作“士史”，官名，爲候官的屬官，任巡羅警戒之職，與候長同秩，月俸一般爲一千二百錢。守候，代理候，此指中部司馬丞代理候。中部司馬，中部都尉下屬之司馬。前，切近，面前，跟前，此當指四人屬仁、德二吏的近身士卒。得毋貰賣財物敦煌吏，有没有貰賣財物給（仁、德兩位）敦煌吏。證財物不以實律辨告，將“證財物不以實律”的有關法律予以辨告。辨告，講明道理，説明情況。迺爰書，這是爰書的（主要）内容。它如爰書，其他並如爰書所述。這是一份法律文書，主要内容是調查“彊友等四人”是否從事了貰賣活動。

以上是“貰賣”的用例，下面看“貰買”的用例：

（9）《居延漢簡》262.29：“七月十日，鄣卒張中功貰買皁布章單衣一領，直三百五十，三堠史張君長所，錢約至十二月盡畢已（已）。旁人臨桐史、解子房知券齒。”張中功是賒買方。張君長是賣方。交易地點是賣方居所。約定到十二月底交清貨款。齒，指簡側有數道刻齒。“旁人臨桐史、解子房知券齒”意即：交易時臨桐史和解子房在旁，知曉交易券據刻齒（亦即二人爲旁證人）。此是一份貰買文書[②]。

（10）《居延新簡》EPT57.72：“元康二年十一月丙申朔壬寅，居延臨仁里耐長卿，貰買上黨潞縣直里常壽，字長孫，青復絝一兩，直五百五十。約至春錢畢已（已）。姚子方▨。”元康，宣帝年號。簡文大意爲：“元康二年十一月丙申朔壬寅，居延臨仁里的耐長卿，賒買上黨潞縣直里的常壽（字長孫）青復絝一兩，價值五百五十錢。約至春天將貨款付完。（證人）姚子方……”

由上兩例的“錢約至十二月盡畢已（已）”和“約至春錢畢已（已）”，可知“貰買”這種交易方式是買方不需當時結清貨款的“賒買”方式。

（11）《肩水金關漢簡》73EJT27:4：“▨□里黄□貰買□□資□里高賞復縑一匹，賈▨□知券齒，古（沽）酒旁二斗。”□里黄□，指□里的黄□，“黄□”是姓名。知券齒，指任者（證人）清楚合同刻齒。旁，共。古（沽）酒旁二斗，指買酒喝，大家一共喝了二斗。《肩水金關漢簡》中不乏同類句式，如73EJT24:275B：“沽酒旁二斗。”又73EJH1:29：“沽酒旁二斗。”

①“四人”後也可不逗。胡平生、張德芳（2001:26）將“爰書：戍卒……迺爰書”此段文字標點爲：“爰書：戍卒南陽郡山都西平里莊彊友等四人守候，中部司馬丞仁、吏丞德，前得毋貰賣財物敦煌吏，證財物不以實，律辨告，迺爰書。”這樣簡文顯然無法卒讀，故不當。關於此份文書的意義，下文例（87）後會有較詳細的解析，可詳見。

②以下例（10）-（13）也是貰買文書。

（12）《懸泉漢簡（壹）》I90DXT0112③:11：“神爵三年十月戊午朔己未，效穀高議里公乘赦之，貰買上黨郡餘吾邑東鄉官□城東里周解襦一領，賈錢千，錦七尺，直四百五十，約及五月錢畢。韓望知券齒，趙中賢皆知齒①。沽酒方（旁）一斗②。”公乘，爵位名。赦之，姓名，姓赦名之。

（13）《肩水金關漢簡》73EJT24:28：“建始二年七月丙戌朔壬寅，觻得□佗里秦俠君貰買沙頭戍卒梁國下邑水陽里孫忠布，值□☑。”第二句意爲：觻得縣□佗里的秦俠君貰買了沙頭之戍卒，籍貫爲梁國下邑縣水陽里的孫忠的布。

（14）又73EJD:139：“自言：十月中貰買☑□陳忘☑。”自言，指當事人的申訴。

（15）《居延新簡》EPT51.329：“觻得厩嗇夫鑾子恩所貰買甲渠鉼庭隧卒兗科毋尊布一匹。”此爲封檢，兩列書寫：右列爲“觻得厩嗇夫鑾子恩所貰買”，左列爲“甲渠鉼庭隧卒兗科毋尊布一匹”，顯然該封檢内記録的是觻得縣厩嗇夫鑾子恩賒買甲渠鉼庭隧卒兗科毋尊布一匹交易的詳細内容。

（16）《居延新簡》EPT56.114+224：“甲渠候官第五隧長公乘趙□，貰買驚虜隧戍卒魏郡軑陽當☑，貰買隧戍卒魏郡軑陽中里李☑，貸隧戍卒魏郡軑陽脩長里☑。”“甲渠候官第五隧長公乘趙□”爲EPT56.114文字，餘爲EPT56.224文字③。

西北屯戍漢簡中不乏同一簡“貰買”和“貰賣”二詞均有者，如：

（17）《肩水金關漢簡》73EJT7:25：“☑□□佐豐移肩水候官□□□□來時長初來時，登山隧長孫君房從萬貰買，執適（敵）隧長丁☑任。府書曰：卒貰賣予吏，及有吏任者，爲收責。有比，書到願令史以時收責，迫，卒且罷。亟報如律令。”收責，收回（貨款）④。有比，指有類似情況比照執行。比，

①齒，此字原簡很不清楚，也可能是“券”，暫依整理者釋。

②方，簡文作，整理者誤釋作“旁”，今據圖版改。方，與“旁”一樣也有“一併”“共”類義，如《墨子·備城門》：“甲兵方起于天下，大攻小，强執弱。”于省吾新證：“方，猶並也。”《尚書·微子》：“小民方興，相爲敵讎。”孫星衍疏：“方者，《漢書·叙傳》注：‘晉灼云：並也。’”故本簡的“方”是可以讀爲本字的。但是，考慮到漢簡的辭例規律（“沽酒旁×斗”），故釋此簡的“沽酒方一斗”爲“沽酒方（旁）一斗”。

③此簡綴合依何雙全先生説（參看何雙全，1996:94）。

④這裏的“收責”不能讀爲“收債”，即不能釋爲收債務。責，索取，求取。《説文·貝部》：“責，求也。”徐鍇繫傳：“責者，迫迮而取之也。”王筠句讀：“責，謂索求負家償物也。”故“收責”是並列連詞，表示“收回、收取、收納、收留、收繳”類義，此詞在秦漢簡和傳世文獻中多見，僅舉數例：

比照，按照。卒且罷，指貰賣糾紛已了結者就作罷。且，即，就。卒，終，完畢。或者釋“卒”指士卒，則“卒且罷”意爲：“士卒爲擔保人者就作罷。”前釋爲佳。

以上文例進一步證明了“貰賣”“貰買”的意義分別爲貰賣，即賒賣，亦即買賣貨物時，賣方延期收款；貰買，即賒買，亦即欠賬購買。

“貰賣”和“貰買”不光在漢簡中的使用頻率很高，而且無論是從詞彙意

---

（接上頁）（1）《睡虎地秦墓竹簡・秦律十八種・金布律》簡77-79：“百姓叚（假）公器及有責（債）未賞（償），其日踐以收責之，而弗收責，其人死亡；及隸臣妾有亡公器、畜生者，以其日月减其衣食，毋過三分取一，其所亡衆，計之，終歲衣食不踐以稍賞（償），令居之，其弗令居之，其人【死】亡，令其官嗇夫及吏主者代賞（償）之。”整理者注：“收責，收回。”“百姓叚（假）公器及有責（債）未賞（償），其日踐以收責之，而弗收責”意爲：百姓借用官府器物和負債未還，時間足够收回，而未加收回。

（2）又簡80-81：“縣、都官坐效、計以負賞（償）者，已論，嗇夫即以其直（值）錢分負其官長及冗吏，而人與參辨券，以效少=内=（少内，少内）以收責之。”收責，收取，收納。簡文意爲：縣、都官在點驗或會計中有罪而應賠償者，經判處後，有關官府嗇夫即將其應償錢數分攤於其官長和群吏，發給每人一份木券，以便於少内驗證，少内憑證收取賠償款。

（3）《居延新簡》EPT52.530：“☐守候塞尉…□□潤□□柴柱等三人□☐到，願令史驗問收責，□□□。”驗問收責，檢驗查問而收納。“驗問收責”在漢簡中已是一個習用語。

（4）《居延漢簡》506.9A：“元延元年十月甲午朔戊午，槖佗守候護移肩水城官：吏自言責嗇夫犖晏如牒。書到，☐驗問收責，報如律令。”

（5）《肩水金關漢簡》73EJT37:166：“☐子小男良，年三，收責槖他界中。”意爲：子小男名良，三歲，收留（接收容留）於槖他界中。

（6）又73EJT37:1105+1315：“關嗇夫居延金城裏公乘李豐卅八，妻大女君信年卌五，子大女疌年十五，子小女倩年□。●送迎收責槖他界【中】。”末句意爲：送往迎來的活動範圍在被收留的槖他界中。（此簡綴合依伊强説，參看伊强：《〈肩水金關漢簡（肆）〉綴合（四）》，簡帛網，2016年1月18日，http://www.bsm.org.cn/?hanjian/6606.html。釋文“【中】”爲本文依簡文多見“收責槖他界中”補。）

以上是簡牘用例，下面舉幾個傳世文獻的例子：

（7）《漢書・昭帝紀》：“三月，遣使者振貸貧民毋種、食者。秋八月，詔曰：‘往年災害多，今年蠶麥傷，所振貸種、食勿收責，毋令民出今年田租。’”“所振貸種、食勿收責”意爲：政府賑賑給百姓的種、食不要收回。

（8）又《元帝紀》：“四年春二月，詔曰：‘朕承至尊之重，不能燭理百姓，婁（屢）遭凶咎。加以邊竟（境）不安，師旅在外，賦斂轉輸，元元騷動，窮困亡聊，犯法抵罪。夫上失其道而繩下以深刑，朕甚痛之。其赦天下，所貸貧民勿收責。’”

（9）《後漢書・光武帝紀》：“九月戊辰，地震裂。制詔曰：‘日者地震，南陽尤甚。夫地者，任物至重，静而不動者也。而今震裂，咎在君上。鬼神不順無德，災殃將及吏人，朕甚懼焉！其令南陽勿輸今年田租芻稿。……賜郡中居人壓死者棺錢，人三千。其口賦、逋税，而廬宅尤破壞者，勿收責。’”

（10）又《孝和帝紀》：“荆州雨水。九月壬子，詔曰：‘荆州比歲不節，今兹淫水爲害，餘雖頗登，二多不均浹，深惟四民農食之本，慘然懷矜。其令天下半入今年田租、芻稿；有宜以實除者，如故事。貧民假種食，皆勿收責。’”

義上看還是從語法意義上講，都説明他們是實實在在的詞，而不是詞組[①]。

西北屯戍漢簡中“貰賣”“貰買”二詞的使用頻率很高，但不光現有中小型辭書均未收録，連大型語文辭書都未收録，現有的有關漢語詞彙史研究的成果也未提及此二詞，其原因可能是人們原來未曾在文獻中發現此二詞。實際上，古文獻中還是可以見到與此二詞有關的信息的，如《説文·貝部》：“賒，貰買也。从貝余聲。”意思是説，賒，就是貰買的意思，“賒”字从貝余聲。許慎這裏就使用了“貰買”一詞。從語言學的聚合理論來説，有“貰買”則當有“貰賣”，也就是説，既然《説文》中已有“貰買”，運用聚合理論則可知，當時也應有“貰賣”，因爲“貰買”和“貰賣”位於同一聚合體内。

許慎在《説文》中使用了“貰買”一詞，但由於文獻材料有限，人們過去未能見到像今天我們所見的漢簡這樣的文獻材料，可能認爲“貰買”是詞組，而不是詞，所以詞彙史和辭書學的研究者未能對《説文》透露出的這一信息加以注意。現在，大量漢簡材料的重現，“貰賣”“貰買”的高頻率出現，讓我們知曉了當時實實在在存在此二詞，這顯然對漢語詞彙史研究具有積極的意義；同時，由於現有語文辭書都未收此二詞，相關辭書特别是《漢語大詞典》類大型語文辭書，自然當補收方是，這自然對漢語語文辭書的編纂和修訂也都具有實實在在的意義。

## 二、貰賣、貰買文書及其來源

通過對現已刊布西北屯戍漢簡的全面統計，發現書有“貰賣”或“貰買”二詞的簡共有94枚，二詞共出現98次。這些書有“貰賣”或“貰買”二詞的簡文從内容上可分爲兩類：

一類是“貰賣文書”和“貰買文書”。所謂“貰賣文書”和“貰買文書”，分别指記録貰賣行爲或貰買行爲的合約。上文説過，統觀西北屯戍漢簡中的全部貰賣文書和貰買文書可知，若是貰賣文書，則所記交易地點就是貰買方所在地；若是貰買文書，則所記交易地點就是貰賣方所在地。關於這類文書的格式，

①從詞彙意義上看，“貰賣”由“貰+賣”組合而成，“貰買”由“貰+買”組合而成，它們的詞彙意義結構分别由“賒+賣”和“賒+買”組合而成，這是合成詞最常見的詞彙意義構成形式。從詞的構成形式來看，二者均屬狀中式合成詞，其修飾語素都是“貰”，“貰賣”的中心語素是“賣”，“貰買”的中心語素是“買”。“貰賣”和“貰買”這兩個組合的結構緊密，中間不可能插入任何語言成分，即其結構是不可分割的，也就是説，其結構完全符合詞的標準。從語法功能來看，“貰賣”和“貰買”二者均是動詞，均可帶賓語，且常帶賓語，句法格式爲：“貰賣”或“貰買”+交易物品。所以，無論是從詞彙意義上看還是從語法意義上講，都説明“貰賣”和“貰買”是地地道道的標準的詞，不是詞組。

下文“五”將有專論。

另一類是書有“貰賣”或“貰買”的官文書，如《居延新簡》EPT51.249：“第卅二隊卒郏邑聚里趙誼，自言：十月中貰賣糸絮二枚，直三百，居延昌里徐子放所。”又EPT56.265：“第廿三部甘露二年卒行道貰買衣物名籍。”

以下是西北屯戍漢簡各批簡中的“貰賣”“貰買”二詞出現統計表：

表1：各批屯戍漢簡中的“貰賣”“貰買”二詞出現統計表

| 屯戍漢簡批次名 | 貰 賣 | | 貰 買 | |
|---|---|---|---|---|
| | 簡數 | 詞頻 | 簡數 | 詞頻 |
| 居延漢簡 | 15 | 16 | 7 | 7 |
| 居延新簡 | 35 | 36 | 10 | 11 |
| 額濟納漢簡 | 1 | 1 | | |
| 肩水金關漢簡 | 15.5 | 16 | 7.5 | 8 |
| 懸泉漢簡（含懸泉漢簡釋粹） | 2 | 2 | 1 | 1 |
| 合　計 | 68.5 | 71 | 25.5 | 27 |
| 説　明 | 共有94枚簡書有“貰賣”或“貰買”，二詞共出現98次。(《肩水金關漢簡》73EJT7:25同時書有“賣賣”和“貰買”各一見〔詳前例(17)〕，以上分開計算時二詞所占簡數各計爲0.5簡。) | | | |

從上表可以看出，“貰賣”和“貰買”二詞分别出現71次和27次，書有“貰賣”的簡爲68.5枚，書有“貰買”的簡爲25.5枚，二詞出現頻率明顯悬殊。其原因有二：一是貰賣文書比貰買文書明顯多，二是書有“貰賣”“貰買”的官文書中“貰賣”一詞出現頻率高些。

不過應該看到，每一筆此類交易都存在貰賣方和貰買方，有多少筆交易，就有相等數量的貰賣人和貰買人，只不過區别在於，寫定文書時是寫成貰賣文書還是寫成貰買文書而已。也就是説，每一筆此類交易寫成貰賣文書還是寫成貰買文書，意義是一樣的，文書内容都包括交易時間、交易雙方信息、交易貨物名稱數量價值、交易地點、擔保人等。另外，通過對現已刊布西北屯戍漢簡的貰賣文書和貰買文書的全面清理可知，其中可確認的貰賣文書爲23份，貰買文書爲12份，比例近於2:1，這説明，當時人們在進行這類交易時多寫成貰賣文書①。

現在需要解決的一個問題是，貰賣文書和貰買文書記録的是商業行爲，西北屯戍漢簡是從地下發掘出來的漢王朝在西北屯軍的檔案，這些檔案應該與軍事有關，那麽，爲什麽會有這些貰賣文書、貰買文書呢？其原因是：

①從下文所論文書範本可知，保存完整的文書範本均是“貰賣文書”範本，這也説明當時進行這類交易活動時，多寫成貰賣文書。

當時的屯戍軍隊中，有文化"能書會計"者顯然是少數，就軍隊基層而言，能識字能計賬能書者往往就是軍隊中的基層軍官文職小吏。進行貰賣、貰買交易，需要書寫交易合約"貰賣文書"或"貰買文書"，這些有文化的基層軍官文職小吏自然就是文書的書寫者。這些基層軍官文職小吏是日常軍事檔案的書寫者、保存者，他們自然也會將爲交易人書寫的貰賣文書或貰買文書順便一併保存。當然，所保存者有可能是買賣雙方其中一方那份，也可能是中間人那份。這就是我們今天能在西北屯戍漢簡中看見商品交易文書貰賣文書、貰賣文書的原因。

下文會談到西北屯戍漢簡中還有貰賣文書範本，即非實際的交易文書，僅是一個文書格式範本，明白了以上原因，也就明白了爲什麽在西北屯戍漢簡中居然有該類文書範本了，很顯然，這類文書範本就是文書書寫者書寫實際交易合同時參考使用的東西。

## 三、從事貰賣、貰買活動人員的主體

從以下官文書簡可以知道，西北屯戍漢簡中對從事貰賣和貰買活動的人員官方統稱爲"吏民"：

（18）《居延新簡》EPT53.25："☑甘露二年五月己丑朔戊戌，候長壽敢言之。謹移戍卒自言貰賣財物☑吏民所定一編。敢言之。"

（19）《居延漢簡》239.115："☑□行禁吏民毋貰賣☑。"

（20）又255.26："☑□平吏民毋貰買□☑。"

從屯戍檔案這一性質來講，這裏的"民"顯然是指軍隊士卒一類基層人員和地方百姓。爲弄清楚從事貰賣和貰買活動的人員組成情況，有必要對貰賣人和貰買人的身份進行統計分析，以弄清楚這些人員是軍隊人員還是地方人員，若是軍隊人員，則需弄清楚是軍官還是士卒，若是地方人員，則需弄清楚是官吏還是百姓。

西北屯戍漢簡的貰賣文書和貰買文書，在涉及人員的個人信息時，一般是貰賣文書會記貰賣方的身份而貰買方則不一定記録，貰買文書會記貰買方身份而貰賣方則不一定記録，這從以上所舉例可以看出。但也有少數文書同時記了貰賣方和貰買方的身份，如《居延漢簡》262.29："七月十日，鄣卒張中功貰買皁布章單衣一領，直三百五十，三堠史張君長所，錢約至十二月盡畢巳（已）。旁人臨桐史、解子房知券齒。"此文書既有貰買方張中功的身份（卒），也有貰賣方張君長的身份（堠史）。另外，一些書有"貰賣"或"貰買"的官文書，也記有貰賣人或貰買人的身份，如上引（18），其"謹移戍卒自言貰賣財物▨吏民所定一編”即記録了貰賣人的身份爲“卒”。

這些貰賣文書簡和貰買文書簡，以及書有“貰賣”或“貰買”的官文書簡，雖然有不少是殘簡，往往造成貰賣人或貰買人身份信息殘脱，但身份信息見在的簡的數量還是比較可觀的。爲了弄清楚參加貰賣、貰買活動人員的身份，下文擬對貰賣、貰買活動人員的身份信息進行全面清理統計並製成統計表（表2—表4）。在出示統計表之前，有必要先説明以下幾個有關問題：

凡不能確認從事了貰賣或貰買活動者不計入統計表。如《額濟納漢簡》2000ES9SF4:19：“▨ ⋯公乘□玄成等廿一人貰賣吏民所，證財物不以【實】▨。”本簡文意不全，無法知曉“公乘□玄成等廿一人”是否從事了貰賣活動，因爲前缺有可能是“狀告”類意义的文字，也有可能本簡屬於上舉（8）《懸泉漢簡釋粹》Ⅱ0314②:302的情況，屬於調查“公乘□玄成等廿一人”是否從事了貰賣活動的法律文書，故此簡不計入統計表。

因爲統計身份信息時首先要確定統計對象是屬於軍隊人員一類還是地方人員一類，故爲保證統計數字的準確，凡無法確定屬於這兩類人員中的何類人員者，不計入統計表，故以下的“故隧長”“故候史”“公乘”均不計入：

故隧長，出現2次。《肩水金關漢簡》73EJT23:320：“陽夏官成里陳青臂，⋯，貰賣皁複袍一領，直二千六百，故箕山隧長氐池□□□趙聖所。又錢廿。凡直二千六百廿。付□□二⋯巳（已）入八十，少二千五百卌。畢马付。”“故箕山隧長”顯然不是現有官職，當時有無職位，是官是卒，是否退役即是軍隊人員還是當地人員，無法確定，故不計入統計表。又73EJT23:963：“▨貰賣布一匹，賈錢二百五十；貸錢百卌，凡直三百九十，故水門隧長尹野所。”本簡的“故水門隧長”同理，也不計入統計表。

故候史，出現2次。《居延新簡》EPT51.122：“▨察微隧戍卒陳留郡傿寶成里蔡㲼子，七月中貰賣縹復袍一領，直錢千一百，故候史鄭武所。”“故候史”顯然不是現有官職，當時有無職位，是官是卒，是否退役即是軍隊人員還是當地人員，無法確定，故不計入統計表；但本簡的貰賣方身份信息“戍卒”自然當計入統計表。《居延漢簡》117.30：“故候史觻得市陽里寧始成，貰買執胡隧卒▨。”本簡的“故候史”同理，也不計入統計表；但本簡貰賣方雖然姓名信息殘，而其身份信息“卒”見在，此信息顯然當計入統計表。

另，以下“表2”“表3”只出記有身份信息簡的簡號，不出釋文，但要説明的是，有少量簡同時記録了兩位相同身份的貰賣人信息，則在該簡號後括注“（2）”，如《居延新簡》EPT56.224：“▨貰買驚虜隧戍卒魏郡軑陽當▨。▨貰買隧戍卒魏郡軑陽中里李▨。”（兩位貰買人身份信息殘，只存兩位貰賣人身份信息）下表中則會在“卒”欄記作“EPT56.224（2）”。

通過對這些簡所記載的買賣雙方身份信息的全面統計，得出以下三個表（表2—表4）。下面先看“表2：軍隊交易活動人員身份信息統計表”。

表2：軍隊交易活動人員身份信息統計表

| 交易人員身份 | 數量/比例 | 出　處 |
|---|---|---|
| 卒（含“卒”“隧卒”“戍卒”“亭卒”“戍田卒”） | 49/83.05% | 《居延漢簡》10.34A；44.23；45.24；112.27；117.30；178.25A；190.12；262.29；271.15A；282.5；287.13；311.20。《居延新簡》EPT3.2；EPT4.66；EPT51.84；EPT51.122；EPT51.125；EPT51.199；EPT51.210A；EPT51.249；EPT51.302；EPT51.329；EPT51.540；EPT53.25；EPC3EPT53.186；EPT53.218；EPT53.221；EPT56.10；EPT56.17；EPT56.224（2）；EPT56.253；EPT56.263；EPT56.265；EPT56.293；EPT58.45A；EPT59.47；EPC3。《肩水金關漢簡》73EJT1:55；73EJT3:104；73EJT7:25；73EJT21:451；73EJT23:925；73EJT23:965；73EJT24:28；73EJT26:213；73EJT33:56A；73EJT37:767；73EJD:231。《懸泉漢簡釋粹》Ⅱ0314②:302。 |
| 隧　長 | 7/11.86% | 《居延漢簡》88.13；112.27；206.3。《居延新簡》EPT56.17；EPS4T1.21。《肩水金關漢簡》73EJT7:25；73EJT23:965。 |
| 候（堠）史 | 2/3.39% | 《居延漢簡》262.29。《居延新簡》EPT51.199。 |
| 令　史 | 1/1.69% | 《居延新簡》EPT51.210A。 |
| 合計（數量/比例） | 59/100% | |

隧長，即燧長。隧，即燧，簡文亦寫作“隊”，即亭燧，爲當時築在邊境上的烽火亭，用作偵伺和舉火報警。隧長是最基層長官，相當於現軍隊的班長[①]。

候史，也写作“堠史”，是候長的文職助理官，其職級等同於或略高於隧長。

①漢代居延邊塞防禦組織系統如下：

（郡）太守——都尉——（障或塞）候——（部）候長——隧長——卒。

太守。爲郡之最高長官，既治政事，也治軍事，故爲該系統的最高長官。太守所治之府稱“太守府”。

都尉。爲軍事系統之長官，屬太守領導。都尉所治之府稱“都尉府”，所駐之地稱“城”。張掖郡下轄兩都尉，即居延都尉和肩水都尉。

候。都尉下一級之長官。都尉下轄若干“候”，或稱“障候”，或稱“塞候”，或稱“守候”。候負責守禦的軍事區域稱“障”，或稱“塞”。候治事之府署稱“候官”，簡稱“官”，所治之城稱“候城”，或也稱“障”。

候長。候下一級之長官。候下轄若干“候長”。候長負責守禦的軍事區域稱“部”。

隧長。候長下一級之長官。候長下轄若干“隧長”。隧長管轄戍卒，所轄少則八九人，多則三十多人。

卒。即士兵，屬隧長直接指揮。

令史，都尉府、候官、部等設置的秘書官，主文書封發、俸禄發放、糾紛調解等，其職級等同於或略高於隧長。

以上統計顯示：軍隊人員中，從事貰賣、貰買活動最多的人員是士卒，占83.05%[①]；然後是隧長，占11.86%；再次是候史、令史，分别占3.39%、1.69%。

西北屯戍漢簡中有大量的貰賣名籍和貰買名籍，即官方對軍隊人員從事貰賣、貰買活動人員進行統計上報的簿籍（屬官文書），這些名籍中，絶大部分是士卒名籍，即所統計上報的人員是士卒。下文將對這些名籍進行專論，這裏僅略舉一二：

（21）《居延新簡》EPT56.263：“甘露三年二月卒貰賣名籍。”

（22）又EPT3.2：“第十七部甘露四年卒行道貰賣名籍。”行道，道路，《詩・大雅・緜》：“柞棫拔矣，行道兑矣。”俞樾平議：“行道連文，行亦道也。”

（23）又EPT59.47：“☐□年戍卒貰賣衣財物名籍。”

（24）又EPT56.293：“☐移卒貰賣【名籍】。”[②]

（25）又EPT56.265：“第廿三部甘露二年卒行道貰買衣物名籍。”

也就是説，既然上報的貰賣名籍和貰買名籍大都是士卒名籍，則説明從事貰賣、貰買活動人員大都是士卒，這與上表統計所得出的結論相符。

下面，我們將地方從事交易活動人員的身份予以統計列表[③]：

表3：地方交易活動人員身份信息統計表

| 交易人員身份 | 數量/比例 | 出　處 |
|---|---|---|
| 嗇　夫 | 1/7.69% | 《居延新簡》EPT51.329。 |
| 無官職者 | 12/92.31% | 《居延漢簡》206.28；282.5；287.13；311.20。<br>《居延新簡》EPT51.84；EPT51.249；EPT56.10；EPT57.72。<br>《肩水金關漢簡》73EJT26:54；73EJT37:767；73EJT24:28。<br>《懸泉漢簡（壹）》I90DXT0112③:11。 |
| 合計（數量/比例） | 13/100% | |

下面，有必要對上表的簡文進行討論，以便弄清楚地方交易活動人員身份的相關信息，先看“嗇夫”所在簡文：

①下文將論及貰賣文書範本，從完整或較完整的範本也可看出，貰賣方也均是“戍卒”，這也從另一個方面説明，軍隊中從事此項交易活動的人員士卒占了絶大部分。

②此簡僅存下端，上面部分殘斷，簡文當爲兩列書寫，“移卒貰賣”四字位於右列末，按辭例，“貰賣”後即左列首當爲“名籍”二字，故據補。

③本文所説的“地方交易活動人員”是與“軍隊交易活動人員”相對的。

（26）《居延新簡》EPT51.329：“觻得厩嗇夫鑾子恩所貰買甲渠鉼庭隧卒兖科毋尊布一匹。”嗇夫，漢代的地方小吏。由簡文可知，這是“厩嗇夫鑾子恩”貰買士卒物品。此文書的買方厩嗇夫鑾子恩是當地人——觻得人。

再看“無官職者”所在簡文：

（27）《居延漢簡》206.28：“自言：五月中，行道貰賣皁復袍一領，直千八百。☐貰賣縑長袍一領，直二千。☐皁綺一兩，直千一百。皁□，直七百五十。凡直六千四百。居延平里男子唐子平所。”此文書的買方男子唐子平是當地人——居延平里人。

（28）又282.5：“終古隧卒東郡臨邑高平里召勝，字游翁，貰賣九稯曲布三匹，匹三百卅三，凡直千，觻得富里張公子所，舍在里中二門東入，任者同里徐廣君。”此文書的買方張公子也是當地人——觻得富里人。

（29）又287.13：“鷩虜隧卒東郡臨邑吕里王廣，卷上字次君，貰賣八稯布一匹，直二百九十，觻得定安里隨方子惠所，舍在上□門第二里三門東入，任者閻少季、薛少卿。”此文書的買方隨方（字子惠）也是當地人——觻得定安里人。

（30）又311.20：“戍卒魏郡貝丘珂里楊通，貰賣八稯布八匹，匹直二百卅，並直千八百卌。屋蘭富安里孟子賓，賈知券☐常利里淳于中君☐。”此文書的買方孟子賓也是當地人——屋蘭富安里人。

（31）《居延新簡》EPT51.84：“戍卒東郡聊成孔里孔定，貰賣劍一，直八百，觻得長秋里郭稚君所。”此文書的買方郭稚君也是當地人——觻得長秋里人。

（32）又EPT51.249：“第卅二隧卒郏邑聚里趙誼，自言：十月中貰賣糸絮二枚，直三百，居延昌里徐子敖所。”此文書的買方徐子敖也是當地人——居延昌里人。

（33）又EPT56.10：“戍卒東郡聊成昌國里繈何齊，貰賣七稯布三匹，直千五十。屋蘭定里石平所，舍在郭東道南。任者屋蘭力田亲功。”此文書的買方石平也是當地人——屋蘭定里人。且任者（擔保人）力田亲功也是當地人——屋蘭人。

（34）又EPT57.72：“元康二年十一月丙申朔壬寅，居延臨仁里耐長卿，貰買上黨潞縣直里常壽，字長孫，青復綺一兩，直五百五十。約至春錢畢巳（已）。姚子方☐。”此文書的買方耐長卿也是當地人——居延臨仁里人。

（35）《肩水金關漢簡》73EJT26:54：“☐自言：廼十二月貰賣菅草袍一領，橐絮裝，賈錢八，觻得壽貴里李長君所，任者執適（敵）隧長。”廼，其。“八”後當有脱文，爲書寫之脱。此文書買方李長君也是當地人——觻得壽貴里人。

（36）又73EJT37:767：“廣地卒趙國邯鄲邑里陽成未央，貰賣大刀一，賈錢二百五十，都倉□□□□男子平所。”此文書的買方男子平也是當地人——都倉人。

（37）又73EJT24:28：“建始二年七月丙戌朔壬寅，觻得□佗里秦俠君貰買沙頭戍卒梁國下邑水陽里孫忠布，值□☐。”此文書的買方秦俠君也是當地人——觻得□佗里人。

（38）《懸泉漢簡（壹）》I90DXT0112③:11：“神爵三年十月戊午朔己未，效穀高議里公乘赦之，貰買上黨郡餘吾邑東鄉官□城東里周解襦一領，賈錢千，錦七尺，直四百五十，約及五月錢畢。韓望知券齒，趙中賢皆知齒。沽酒方（旁）一斗。”公乘，爵位名。赦之，姓名，姓赦名之。此文書的買方赦之也是當地人——效穀高議里人。

以上（26）—（38）這13例，除（26）記録了貰買方的官職爲“嗇夫”外，其餘都没有記録這些當地人有具體的官職，故可推測這些當地人應該屬於當地的基層人員，不是中層或高層官吏。

不過，以上（28）和（38）兩例似乎還透露出另外的信息：

以上（28）的貰買方叫“張公子”，這裏的“公子”好像不是名，更像是尊稱。公子，古代本稱諸侯之庶子，以别於世子，如《儀禮 • 喪服》：“公子爲其母，練冠，麻，麻衣縓緣。”鄭玄注：“公子，君之庶子也。”亦泛稱諸侯之子，如《詩 • 豳風 • 七月》：“殆及公子同歸。”孔穎達疏：“諸侯之子稱公子。”到了漢代，“公子”的意義則多變爲尊稱有權勢地位的人，如《史記 • 貨殖列傳》：“游閑公子，飾冠劍，連車騎，亦爲富貴容也。”[①]如果（28）的貰買方“公子”確是尊稱，買賣合約不寫具體的名，而寫尊稱，顯然説明此人社會地位高社會影響大，自然説明此人雖然没有官職，但却是當地的名人，不是一般的普通百姓。

以上（38）的貰買方赦之是“公乘”。公乘是爵位名，爲二十等爵的第八級。《漢書 • 百官公卿表上》：“爵：一級曰公士，二上造……八公乘。”顔師古注：“言其得乘公家之車也。”《漢書 • 王子侯表上》：“元壽二年五月甲子，侯勳以廣玄孫之孫長安公乘紹封‘千户’。”顔師古注：“公乘，第八爵也。”故“公乘”不是官名，且漢代的爵位甚至是可以買的。這裏説明赦之此人也是當地有社會地位的人。

①當然，文獻中也有以“公子”爲字號的。

以下一簡貰買方的身份值得研究：

（39）《居延漢簡》117.30：“故候史觻得市陽里寧始成，貰買執胡隧卒▨。”上文説過，此簡貰買方寧始成不計入統計表，因爲他是“故候史”，現在有無官職，不得而知，並且是軍隊人員還是地方人員，也無法確定。但是，貰買方的籍貫在當地——觻得市陽里，這顯然透露出一個重要信息：無論他是否爲軍隊人員，都説明其經商活動與當地有緊密聯繫。並且，上文所説的不計入統計表的《居延新簡》EPT51.122的貰買方的身份也值得重視，該文書的交易地點在“故候史鄭武所”，據（38）推測，此簡的貰買人“鄭武”很可能也是當地人，還可能是當地有一定社會地位者。

由以上（26）－（39）可歸納出兩點重要信息：一是貰買方均是當地人，不是軍隊人員。二是當地人從事交易活動的角色均是貰買方，未見爲貰賣方者①。

下面，我們再將從事貰賣、貰買交易活動的軍隊人員和地方人員的數量進行比較。由上“表2”“表3”，可得出以下“軍隊與地方交易人員數量對比表”：

表4：軍隊與地方交易人員數量對比表

| 交易人員歸屬 | 數量 | 比例 |
| --- | --- | --- |
| 軍隊人員 | 59 | 81.94% |
| 地方人員 | 13 | 18.06% |
| 合　　計 | 72 | 100% |

“表4”顯示，從事交易的人員中，軍隊人員所占比例是81.94%，地方人員是18.06%，軍隊人員是地方人員的4倍多。不過我們應該考慮到的情況是，這一比例我們是從屯戍漢簡中得來的，正如上文所説過的，屯戍漢簡的書寫者、保存者是基層軍官文職小吏，他們所記的這些有關貰賣、貰買信息，顯然都是與軍隊人員相關的信息，其中的貰賣、貰買文書，所記的買賣方包括兩類，一類是雙方都是軍隊人員者，另一類是一方是軍隊人員、另一方是地方人員者。而地方人員與軍隊人員進行這類交易産生的買賣文書，應該還有甚至有不少是由地方文化人書寫的，而這部分交易文書顯然不會存於屯戍檔案中，也就是説，實際參與交易的地方人員的比例應該比上表所統計的18.06%大，甚至可能大得多。

至此可以得出結論：從事貰賣、貰買活動人員的主體是軍隊基層人員和地方基層人員，未見軍隊和地方高層人員從事貰賣、貰買活動。

①當然，這兩點信息也可説就是同一信息。

## 四、貰賣、貰買貨物的範圍

西北屯戍漢簡的貰賣、貰買活動所涉及的交易貨物範圍，顯然是值得研究的另一項内容。爲了弄清楚這一問題，下文擬對所有記録貰賣、貰買活動的文書所涉交易貨物進行清理統計。在清理統計之前，有必要説明以下幾個有關問題：

西北屯戍漢簡中所記交易的包括生活生産軍事用品在内的貨物種類較多，但凡不屬貰賣、貰買活動的交易貨物，均不在此統計範圍内。

爲保證統計結果的準確，凡相關簡文不能完全確釋者均不納入本統計範圍，例如：

《肩水金關漢簡》73EJC:252爲正反兩面書寫，正面存文"爲貰賣八百七十五"，反面存文"雞一隻"①，無法確定"雞"是否屬貰賣内容，且一隻雞（若貰賣僅一隻雞的話）的價值不會達八百七十五。基於此，不將"雞"納入貰賣、貰買貨物的範圍。

《肩水金關漢簡》73EJT11:15："肩水候□□施刑屬删（蒯）丹，貧急毋它財物以償責，□☐□令史不禁公令丁君房任賞從萬等貰賣狐☐。""狐"後殘斷，這裏的貰賣物品是"狐"還是"狐皮"，還是其他物品，不得而知，故不將此簡納入貰賣、貰買貨物的範圍。

但以下簡所載物品則納入統計範圍：《肩水金關漢簡》73EJT33:56A："望松隧卒趙山，自言：貰賣官布☐。"這裏的"官布"，應該與《史記》所見"官布"所指相異。《史記·平準書》："初，大農筦鹽鐵官布多，置水衡，欲以主鹽鐵。"司馬貞《索隱》："布，謂泉布。"即"官布"指官府的錢幣。簡文不可能是指錢幣，當是指官府所屬之布（可製衣物的紡織品），故本文視作紡織品"布"統計。

通過對西北屯戍漢簡所有記録貰賣、貰買活動的文書所涉交易貨物的全面清理，得出"貰賣、貰買貨物範圍表"如下②：

①漢簡中"雙"有時也俗省寫作"隻"，因無上下文，故此按原字形釋爲"隻"。

②有必要説明以下兩點：

第一，下表所列貨物名稱，在概念上有大概念也有小概念，如有"袍"，也有"布袍""復袍""白布復袍"等，從邏輯上講，前者已包含後者，但爲了如實反映簡文原貌和便於討論，下表所列悉依原簡名稱。

第二，如上所言，下表統計的範圍是貰賣、貰買活動交易貨物，西北屯戍漢簡中所記交易的包括生活生産軍事用品在内的貨物種類較多，但凡不屬貰賣、貰買活動交易貨物，均不在此統計範圍内。王子今《漢代絲路貿易的一種特殊形式：論"戍卒行道貰賣衣財物"》（2005:233-248）一文，是較早探討這一問題的文章，但該文所統計的範圍似大於貰賣、貰買活動交易貨物的範圍，且又漏掉了一些類别，如漏掉了下表所列的"刀劍類""食品類"。另，王文所引簡文均未標點，有些簡文尚有釋讀不確之處（詳下文）。

表5：貰賣、貰買貨物範圍表

| 大類 | 小類及出處 |
| --- | --- |
| 衣服類 | 袍（《居延新簡》EPT59.923<br>布袍（《肩水金關漢簡》73EJT23:374）<br>復袍（《居延新簡》EPT56.230）<br>白布復袍（《肩水金關漢簡》3EJT3:104）<br>皁複袍（《肩水金關漢簡》73EJT23:320；《居延漢簡》206.28作“皁復袍”）<br>菅草袍（《肩水金關漢簡》73EJT26:54）<br>縹復袍（《居延新簡》EPT51.122）<br>縑長袍（《居延漢簡》206.28）<br>皁練復袍（《居延漢簡》69.1）<br>莞緁袍縣絮裝（《居延新簡》EPT56.17）<br>雒皁復袍縣絮緒（《居延新簡》EPT56.113）<br>雒皁復袍縣絮壯（裝）（《居延新簡》EPT56.208）<br>襲（《居延漢簡》88.13）<br>布襲（《肩水金關漢簡》73EJT1:55）<br>襦（《懸泉漢簡》I90DXT0112③:11）<br>白紬襦（《居延新簡》EPT51.302）<br>布絝（《肩水金關漢簡》73EJT1:55）<br>皁絝（《居延新簡》EPT5.92；《居延漢簡》206.28）<br>青復絝（《居延新簡》EPT57.72）<br>幼百布絝（《肩水金關漢簡》73EJT23:374）<br>莞皁絝橐絮裝（《居延新簡》EPT51.125） |
| 布帛類 | 縹（《肩水金關漢簡》73EJT23:965）<br>復縑（《肩水金關漢簡》73EJT27:4）<br>元赤縑（《居延新簡》EPT51.338）<br>鶉綈（《居延漢簡》112.27）<br>錦（《懸泉漢簡》I90DXT0112③:11）<br>布（《肩水金關漢簡》73EJT23:963；73EJT33:56A；73EJT24:28）<br>皁布（《肩水金關漢簡》73EJT23:925）<br>毋尊布（《居延新簡》EPT51.329）<br>七稯布（《居延新簡》EPT56.10）<br>八稯布（《居延漢簡》287.13；311.20）<br>九稯曲布（《居延漢簡》282.5） |
| 蠶絲類 | 糸（《居延漢簡》206.3）<br>糸絮（《居延新簡》EPT51.249） |
| 刀劍類 | 大刀（《肩水金關漢簡》73EJT37:767）<br>劍（《居延新簡》EPT51.84；《居延漢簡》271.1） |
| 食品類 | 麴（《居延漢簡》206.3；271.1） |
| 因簡殘不可確考者 | 孰□⧄（《居延新簡》EPC3）<br>皁□（《居延漢簡》206.28）<br>布復⧄（《居延新簡》EPT51.540）。疑爲“布復袍”。<br>皁復⧄（《居延新簡》EPT53.221）。疑爲“皁復袍”。<br>皁布⧄（《居延新簡》EPC3） |

上表貨物，可以用西北屯戍漢簡的詞語概括爲“衣物刀劍”。《居延新簡》EPT57.97：“□等言：貰賣衣物刀劍衣物客吏民所。證所言，它如爰書。敢言之。”此簡的後一“衣物”是衍文。簡文中多見“衣物”，指衣服與日用器物（與傳世文獻此詞的所指是一致的），如《居延漢簡》455.2：“□□衣橐，□□兩，白布衣橐一，用錢五百。·右私衣物。”衣物，簡文往往又稱“衣財物”，如《居延新簡》EPT53.218：“甘露三年戍卒行道貰賣衣財物名籍。”

由上表可知，西北屯戍漢簡的貰賣、貰買活動所涉及的交易貨物範圍包括“衣服類”“布帛類”“蠶絲類”“刀劍類”“食品類”等，其中“衣服類”最多，其次是“布帛類”，再次是“蠶絲類”“刀劍類”“食品類”等。

“衣服類”的“袍”最多，除統稱“袍”者外，有布袍、復袍、白布復袍、皁複袍（一作“皁復袍”）、菅草袍、縹復袍、縑長袍、皁練復袍、莞綨袍縣絮裝、雒皁復袍縣絮緒、雒皁復袍縣絮壯（裝），等等。下文“五”將説到西北屯戍漢簡中的貰賣文書範本，即非實際的交易文書，僅是一個文書格式範本，這些範本的交易貨物名稱寫的都是“袍”（復袍），此也可證交易貨物中最多的是袍。除袍以外，其次是“絝”[①]，有布絝、皁絝、青復絝、幼百布絝、莞皁絝橐絮裹，等等。再次是“襲”[②]，分襲、布襲。最少的是“單衣”和“襦”[③]，分别叫“皁布章單衣”和“襦”“白紬襦”。

“布帛類”的“布”最多，除統稱“布”者外，有皁布、毋尊布、七稯布、八稯布、九稯曲布等等。其次是絲織品，有錦、縹[④]、復縑[⑤]、鶉綈[⑥]，等等。

“蠶絲類”和“刀劍類”，前者包括“糸”[⑦]和“糸絮”[⑧]，後者包括“大刀”和“劍”。

“食品類”，僅見“麴”（酒麴）一種。

統觀貰賣、貰買活動所涉及的交易貨物可知，貰賣、貰買交易貨物最多的是禦寒物品，主要是各種類型的“袍”，其中“複袍”（或作“復袍”）最多，還有就是保暖性能良好的絲及絲織品（如“絲絮”，因保暖性好而常作衣被填

---

①袴，指套袴。

②襲，是死者穿的衣服，衣襟在左邊，《説文·衣部》：“襲，左衽袍。”

③襦，指短衣或短襖，有單、複兩種，單襦近乎衫，複襦近襖。

④縹，青白色的絲織品。

⑤縑，絲織的淺黄色細絹。

⑥綈，厚實平滑而有光澤的絲織物。

⑦糸，細絲。《説文·糸部》：“糸，細絲也。”段玉裁注：“絲者蠶所吐也。細者，微也。細絲曰糸。”簡文的“糸”（含“糸絮”的“糸”），很可能是“絲”的省寫俗字。不過，無論讀爲“糸”還是“絲”，對文意的理解都無大礙。

⑧絮，絲綿，即用下脚繭和繭殼表面的浮絲爲原料，經過精練，溶去絲膠，扯鬆纖維而成，其保暖性好，常作衣絮和被絮之用。

充物）。這顯然是由於西北地區寒冷所致。

## 五、貰賣、貰買活動的規模和性質

弄清楚了從事貰賣、貰買活動人員的主體和貰賣、貰買活動交易貨物的範圍，則貰賣、貰買活動是否爲規模性的，這些人員從事貰賣、貰買活動的目的，是將自己的日常生活用品拿出來進行買賣呢，還是爲了謀取經濟利益而進行的商業性買賣呢？即貰賣、貰買行爲的性質是什麽？這些問題顯然也是需要弄清楚的。下面對此進行探討。

西北屯戍漢簡中還有一類表面看起來是貰賣文書，而實際上並非是實際交易中産生的貰賣文書[①]，例如：

（40）《居延新簡》EPT56.113：“戍卒魏郡貝丘某里王甲，貰賣□皂復袍縣絮緒一領，直若干千。居延某里王乙所，【任者】居延某里王丙。舍在某辟。”□皂復袍縣絮緒，“縣絮緒”是“□皂復袍”的修飾語，屬語言上的定語後置現象。

（41）又EPT56.208+233：“☐貰賣雒皁復袍縣絮壯（裝）一領，直若干千。觻得某里王【乙】☐東西南北入，任者某縣某里王丙。舍在某里，若門東西南北☐。”[②]雒皁復袍縣絮壯（裝），“縣絮壯（裝）”是“雒皁復袍”的修飾語。

（42）又EPT56.377+230：“戍卒魏郡貝丘某里王甲，貰賣官復袍若干領，直若干，某所隧長王乙所，☐。”[③]

以上三例的貰賣物品都是“袍”，數量爲“一領”或“若干領”，價值爲“若干（千）”；貰賣方爲“某甲”，身份爲“戍卒”（第二例殘缺）；貰買方爲“王乙”；擔保人（任者）爲“王丙”（第三例殘缺）；三者的姓均用“王”來表示，名均用天干（甲、乙、丙）來表示，貰賣方的原籍所在地均爲“魏郡貝丘某里”（第二例殘缺）；交易地點爲“舍在某辟”或“舍在某里”或“某所”，第二例還説到“某里”從“東西南北入”，房舍的門的朝向是“東西南北”。也就是説，這些都不是實際信息。結合以上所舉的貰賣文書和貰買文書，可知（40）（41）（42）顯然不是交易過程中産生的實際的貰賣文書，而是貰賣文書的範

①關於此點，朱建路、郝良真《漢簡中關於魏郡的貰賣文書程式》一文（《文物春秋》2011年第1期）曾專門論述，可參看。但此文的材料略欠豐，且認爲西北漢簡中這類文書是“魏郡的貰賣文書”，不太妥。

②此簡綴合依何雙全説（參看何雙全，1996:75）。“某里王”後簡殘斷，“王”後一字當是“乙”，爲本文據辭例及文意補。

③此簡綴合參何雙全説（參看何雙全，1996:75）。

本，是記録交易活動的文書的行文書寫格式範本①。如上所説，貰賣文書與貰買文書的實際作用相同，就是賒賣或賒買合同，每一筆此類交易都存在貰賣方和貰買方，寫成貰賣文書還是寫成貰買文書意義是相同的，因爲文書格式是相同的。結合上舉貰賣（買）文書及其範本，可歸納出此類文書的格式：

（時間）+貰賣（買）人姓名及其籍貫（以上往往單行大字書於簡上端中央）+交易標的物+數量+價值+貰買（賣）人+交易及合同簽訂地點+任者（擔保人）姓名②

貰賣、貰買文書範本的出現，説明當時的貰賣、貰買活動已很成熟，規模應該不小。

以下是“貰賣、貰買貨物數量價值情况統計表”。此表收録的標準是簡文中必須物品及數量信息齊全方予以統計，若某物品的價值因殘脱而失見，則價值欄以“殘”表示。若一件文書記録交易的商品有多種，則每一種商品均分開統計，如《居延漢簡》206.28：“自言：五月中，行道貰賣皁復袍一領，直千八百。☐貰賣縑長袍一領，直二千。☐皁絝一兩，直千一百。皁☐，直七百五十。凡直六千四百。居延平里男子唐子平所。”此文書記録的商品有“皁復袍”“縑長袍”“皁絝”三種，下表分開予以統計。

表6：貰賣、貰買貨物數量價值情况統計表

| 物品 | 數量 | 價值（錢） | 出處 |
|---|---|---|---|
| 皁練復袍 | 一領 | 二千五百 | 《居延漢簡》69.1 |
| 縑長袍 | 一領 | 二千 | 《居延漢簡》206.28 |
| 皁復袍 | 一領 | 千八百 | 《居延漢簡》206.28 |
| 莞緤袍縣絮裝 | 一領 | 千二百五十 | 《居延新簡》EPT56.17 |
| 縹復袍 | 一領 | 千一百 | 《居延新簡》EPT51.122 |
| 布復袍 | 一領 | 殘 | 《肩水金關漢簡》73EJT1:61 |
| 皁複袍 | 一領 | 二千六百 | 《肩水金關漢簡》73EJT23:320 |
| 白布復袍 | 一領 | 七百五十 | 《肩水金關漢簡》73EJT3:104 |
| 菅草袍 | 一領 | 八（“八”後有脱文） | 《肩水金關漢簡》73EJT26:54 |
| 袍 | 一領 | 殘 | 《居延新簡》EPT59.923 |
| 白紬襦 | 一領 | 千五百 | 《居延新簡》EPT51.302 |
| 襦 | 一領 | 千 | 《懸泉漢簡》I90DXT0112③:11 |
| 皁絝 | 一兩 | 千一百 | 《居延漢簡》206.28 |
| 皁絝 | 一兩 | 殘 | 《居延新簡》EPT5.92 |
| 皁絝 | 一兩 | 九百 | 《居延新簡》EPS4T1.21 |

①此推之，以下殘簡也應屬此類範本：《肩水金關漢簡》73EJT21:255：“☐☐戍卒梁國睢陽某里公乘王甲，年若干，☐。”

②以上書寫版式，可參上文所舉（2）即《居延漢簡》287.13的圖版。

（續表）

| 物品 | 數量 | 價值（錢） | 出處 |
|---|---|---|---|
| 青復絝 | 一兩 | 五百五十 | 《居延新簡》EPT57.72 |
| 莞皁絝橐絮裝 | 一兩 | 二百七十 | 《居延新簡》EPT51.125 |
| 幼百布絝、布 | 一兩、一領 | 殘 | 《肩水金關漢簡》73EJT23:374 |
| 布襲、布絝 | 一領、一兩 | （并）八百 | 《肩水金關漢簡》73EJT1:55 |
| 官襲 | 一領 | 殘 | 《居延漢簡》88.13 |
| 皁布章單衣 | 一領 | 三百五十 | 《居延漢簡》262.29 |
| 鶉綈 | 一匹 | 千 | 《居延漢簡》112.27 |
| 九稯曲布 | 三匹 | 千 | 《居延漢簡》282.5 |
| 八稯布 | 一匹 | 二百九十 | 《居延漢簡》287.13 |
| 八稯布 | 八匹 | 千八百卌 | 《居延漢簡》311.20 |
| 七稯布 | 三匹 | 千五十 | 《居延新簡》EPT56.10 |
| 毋尊布 | 一匹 | 殘 | 《居延新簡》EPT51.329 |
| 皁布 | 一匹 | 三百 | 《肩水金關漢簡》73EJT23:925 |
| 布 | 一匹 | 二百五十 | 《肩水金關漢簡》73EJT23:963 |
| 糸絮 | 二枚 | 三百 | 《居延新簡》EPT51.249 |
| 錦 | 七尺 | 四百五十 | 《懸泉漢簡》I90DXT0112 |
| 縹 | 一匹 | 殘 | 《肩水金關漢簡》73EJT23:965 |
| 復縑 | 一匹 | 殘 | 《肩水金關漢簡》73EJT27:4 |
| 糸、麴 | 一斤、四斗 | 三百五十、卌八 | 《居延漢簡》206.3 |
| 刀 | 一 | 二百五十 | 《肩水金關漢簡》73EJT37:767 |
| 劍 | 一 | 七百 | 《居延漢簡》271.1 |
| 劍 | 一 | 八百 | 《居延新簡》EPT51.84 |

從上表可知，交易物品中的布帛類的數量至少是“一匹”，多則“八匹”，已超過個人甚至一家人日常使用消耗的數量範圍。這些商品顯然不是自用物品，而是從外地且很可能是從内地販運來的（至於販運來的具體人員和渠道，現還不能詳明），並且有可能被反復販賣。當然，其中的商品也可能有一部分是源自軍官的薪俸，因爲當時也有以布帛類來作爲薪俸發放的，名曰“奉帛”“禄帛”“禄用帛”等①。

從交易的價值來看，單價最貴的是“袍”，價值由低到高分别爲“七百五十”“千一百”“千二百五十”“千八百”“二千”“二千五百”“二千六

①如以下簡文可證明當時有以布帛類來作爲薪俸發放的情況：

《居延漢簡》89.12：“候史靳望，正月奉帛二匹，直九百。”當時的候史一月的薪奉多爲九百錢，故曰“正月奉帛二匹，直九百”。《居延漢簡》139.23：“十二月奉帛二匹，直九百。”《居延漢簡》39.30：“四月禄帛一匹，直四☐錢四百一十。”《居延漢簡》95.7：“不侵隧長高仁，桼月禄帛三丈三尺，八月甲寅自取。”《居延漢簡》210.27：“右庶士士吏、候長十三人，禄用帛十八匹二尺少半寸，直萬三百三十三。”《居延漢簡》266.15：“☐九月禄用帛一匹四寸。”

百”，即最低者也是“七百五十”，最高者達“二千六百”。當時一個隧長的月奉（薪俸）一般是六百錢，有時爲四百錢[①]。即一件商品交易的價值至少也超過了一位隧長的月奉額度，甚至是一位隧長月奉的四倍以上。

在研究貰賣、貰買活動性質時，我們還應該看到以下材料提供的信息：

（43）《居延新簡》EPT58.45A：“☑□丑朔甲寅，居延庫守丞慶敢言之。繕治車卒甯朝自言：貰賣衣財物客民、卒所。各如牒。”從這份官文書可知，士卒甯朝顯然既貰賣衣物給客民，又貰賣給其他士卒，經商規模應該已不小。

（44）又EPT51.210A：“【建】始五年二月，部卒貰賣衣物騎司馬令史所名籍。”看來，這位騎司馬令史從事經商活動規模不小，甚至時間很可能也不短，因爲“部卒貰賣衣物”給他的人員不少，致使將貰賣衣物給他的人員編制成名籍上報[②]。

（45）又EPT51.199：“□□□年六月己巳朔丁丑，甲渠候破胡以私印行事，敢言之。謹移戍卒朱寬等五人貰賣候史鄭武所，貧毋以償，坐論☐。名籍一編。敢言之。”[③]“戍卒朱寬等五人貰賣候史鄭武所”，其性質與上例相同，這是多人貰賣商品給候史鄭武。

由以上（43）（44）（45）可知，參與貰賣、貰買活動的人員有些經商規模已不小，經商的次數是多次，交易的對象也是多人，並且令史、候史類下層軍吏利用權力的便利，所從事的經商規模往往比其他人員大。

西北屯戍漢簡中有大量的“貰賣名籍”和“貰買名籍”，即官方對軍隊人員從事貰賣、貰買活動人員進行統計上報的簿籍，並且還有“不貰賣名籍”

①例如以下簡文可説明隧長的月奉情況：

《居延新簡》EPT52.88A：“陽朔元年七月戊午，當曲隊長譚敢言之，負故止害隊長甯常交錢六百，願以七月奉錢六百償。常以印爲信，敢言之。”陽朔元年，公元前24年。此月奉爲六百。《居延新簡》EPT51.193：“出錢三千六百：萬歲隊【長】刑齊自取。第一隊長王萬年自取。却適（敵）隊長壽自取。第三隊長願之自取。臨之隊長王紋自取。候史李奉自取。初元【元】年三月乙卯，令史延年付第三部吏六人二月奉錢三千六百。”初元元年，公元前86年。此隧長和候史的月奉均爲六百。《居延新簡》EPT52.423：“第卅四隊長王博，七月奉錢六百。”此月奉爲六百。《居延新簡》EPT51.126：“誠北隊長毛仁，十二月奉錢四百。”此月奉爲四百。

②簡首“建”字爲本文補，詳下文（73）注。另，關於上報貰賣名籍的問題下文將有專論。

③“年”前的“□□□”，原整理者釋文作斷簡符“☑”，細核原簡，可知“年”前左側尚存簡寬的三分之一，所缺爲三個字符，故據改。論，原整理者釋文作“詐”，據原簡字形改。坐論，即“論罪”“判罪”。“坐”與“論”皆有“判罪”“定罪”之義，“坐論”屬同義複合詞。西北漢簡中不乏“坐論”用例，如《懸泉漢簡釋粹》Ⅱ215③:83：“護羌使者方行部，有以馬爲盗，長必坐論。過廣至，傳馬見四匹，皆瘦，問厩吏，言十五匹送使者，太守用十匹。”“名籍”前原整理者釋文作“□□”，查檢圖版，該處並無任何字迹，是原簡文的留白，當是留着以後填空用（即留着填寫“坐論”結果用），西北漢簡中此類留白不少。這枚簡應是文書人員預先起草的文件，其中的留白是起草時預留的供官長填寫處理決定之處（參看周艷濤，2017:187-189）。

“不貰賣爰書”和“不貰買名籍”，即官方對軍隊人員中没有從事貰賣、貰買活動人員進行統計上報的簿籍[①]。也就是説，官方不僅要統計從事貰賣、貰買活動人員，也要一併統計没有從事貰賣、貰買活動的人員。這顯然説明當時軍隊内部的貰賣、貰買活動規模的確已不小，已到了無論是否從事了貰賣或貰買活動的人員都要進行統計上報的地步。

上表對交易貨物的統計是按單種商品（即商品類别）來統計的，不是按單次交易（即每一筆交易）來統計的。從以下涉及上文所説當地人從事貰買活動時所舉的例子，也可知有些單次交易的規模已是不小：上文所舉（27），即《居延漢簡》206.28説道，居延平里男子唐子平貰買“復袍一領，直千八百。☑貰賣縑長袍一領，直二千。☑皁絝一兩，直千一百。皁□，直七百五十。凡直六千四百”。上文所舉（28），即《居延漢簡》282.5説道，觻得富里張公子貰買“貰賣九稯曲布三匹，匹三百卌三，凡直千”。上文所舉（30），即《居延漢簡》311.20説道，屋蘭富安里孟子賓貰買“八稯布八匹，匹直二百卅，并直千八百卌”。上文所舉（33），即《居延新簡》EPT56.10説道，屋蘭定里石平貰買“七稯布三匹，直千五十”。這些當地人員所貰買的商品，或一次性貰買多種商品，或一次貰買商品的價值就達上千，甚至高達“六千四百”[②]。上文曾説過，當時一個隧長的月奉（薪俸）一般是六百錢，有時爲四百錢，這些一次交易的價值就是一個隧長數月甚至一年的薪俸，充分説明其交易規模確實不小。所以，無論是從單種商品的交易來看，還是從單次交易來看，均説明其交易規模已是不小。

上文説到貰賣文書範本時，曾舉到過貰買方爲“隧長”的範本，即《居延新簡》EPT56.377+230：“戍卒魏郡貝丘某里王甲，貰賣官復袍若干領，直若干，某所隧長王乙所，☑。”由此範本可知，連範本都將貰買方寫作“某所隧長”，則隧長類下層軍吏參與貰賣、貰買經商活動的人數甚至規模肯定已不小（當然，如前所述，參加的人數不會比士卒多）。

還有一點是必須認識到的，以基層軍隊人員和基層地方人員爲參與主體的經商牟利活動，其交易的實際頻次、數量，肯定比現在我們看到的西北屯戍漢簡中所反映的頻次高、數量大，甚至其實際頻次要高得多、實際數量要大得多，因爲我們現在見到的西北屯戍漢簡檔案，只是當時這批檔案的少部分，甚至是極少部分，更不要説當時實際交易的情況載入屯戍檔案的僅是其中一部分，應該還有不少並没有載入屯戍檔案，例如由地方書手書寫的貰賣、貰買文書，顯

①關於“不貰賣名籍”“不貰賣爰書”和“不貰買名籍”，詳下文“八”。

②關於地方基層人員參與此類交易活動的情況，除上文時有涉及外，下文研究“貰賣、貰買商品的最終流向”時還會有專論。

然不會保存在屯戍檔案中。

由上可以得出結論：貰賣、貰買活動一開始可能是個人日用品的交易，但後來無疑已發展成爲以軍隊基層人員和地方基層人員爲參與主體的成規模的經商活動，屬於經商謀利行爲的性質。

## 六、貰賣、貰買商品的最終流向

有需要有消費才有商品買賣，如上所説，貰賣、貰買活動一開始可能是個人日用品的交易，但後來無疑已發展成爲以基層軍隊人員和基層地方人員爲參與主體的成規模的經商謀利行爲。那現在需要解决的一個問題是，這些商品經過交易甚至有可能反復多次交易，其最終流向是哪里，即最終的消費者是誰？

爲了解决這一問題，我們需要全面掌握買賣雙方的有關信息，特别是分析貰買方的空間構成情况，即這些貰買人源自何處何地，由此則有可能找到商品的最終流向。

因爲西北屯戍漢簡是軍屯檔案，不可能存地方人員檔案，故能見到的有關信息多是軍隊人員的信息，但即使是這樣，我們也會從中看到貰賣、貰買人員中有關地方人員的寶貴信息。我們對貰賣方和貰買方身份信息均有的文書簡進行了全面整理，共得此類文書23份①，對各份文書的貰賣方和貰買方身份進行統計，得出如下“貰賣方、貰買方人員構成表”。

表7：貰賣方、貰買方人員構成表②

| 序號 | 簡號 | 貰賣方 | 貰買方 |
|---|---|---|---|
| 1 | 《居延漢簡》112.27 | 卒 | 隧長 |
| 2 | 《居延漢簡》206.3 | 當爲“卒”③ | 隧長 |
| 3 | 《居延漢簡》206.28 | 當爲“卒” | 當地人：居延平里男子唐子平 |
| 4 | 《居延漢簡》282.5 | 卒 | 當地人：觻得富里張公子 |
| 5 | 《居延漢簡》287.13 | 卒 | 當地人：觻得定安里隨方子惠 |
| 6 | 《居延漢簡》311.20 | 卒 | 當地人：屋蘭富安里孟子實 |

①爲使統計信息儘量準確，以下一簡不計入統計表，即《居延新簡》EPT58.45A：“☐□丑朔甲寅，居延庫守丞慶敢言之。繕治車卒甯朝自言：貰賣衣財物客民、卒所。各如牒。”此簡的買方是“客民、卒”，所指不具體，其“卒”指軍隊人員士卒，而“客民”所指不明，指非軍隊人員是明確的，但是否指當地人員，就無法確定了，故此簡不納入統計表。

②爲節省篇幅，下表不出簡文，僅出簡號。

③《居延漢簡》206.3的簡文爲：“☐自言：貰賣糸一斤，直三百五十；又麴四斗，直卅八，驚虜隧長李故所。”此簡貰賣方殘，但從所有涉及貰賣、貰買的法律文書可知，凡“(自)言”者均爲貰賣人“卒”，由此可確定此簡貰賣方爲“卒”，故曰“當爲‘卒’”。本表下文《居延漢簡》206.28、《居延新簡》EPT57.72、《肩水金關漢簡》73EJT26:54同。

（續表）

| 序號 | 簡號 | 貰賣方 | 貰買方 |
|---|---|---|---|
| 7 | 《居延漢簡》117.30 | 卒 | 當地人：觻得市陽里甯始成 |
| 8 | 《居延漢簡》262.29 | 堠史 | 卒 |
| 9 | 《居延新簡》EPT51.84 | 卒 | 當地人：觻得長秋里郭穉君 |
| 10 | 《居延新簡》EPT51.122 | 卒 | 故候史鄭武① |
| 11 | 《居延新簡》EPT51.125 | 卒 | 軍隊人員② |
| 12 | 《居延新簡》EPT51.249 | 卒 | 當地人：居延昌里徐子敖 |
| 13 | 《居延新簡》EPT56.10 | 卒 | 當地人：屋蘭定里石平 |
| 14 | 《居延新簡》EPT56.17 | 卒 | 隧長 |
| 15 | 《居延新簡》EPT51.329 | 卒 | 當地人：觻得厩嗇夫鑾子恩 |
| 16 | 《居延新簡》EPT57.72 | 軍隊人員 | 軍隊人員③ |
| 17 | 《居延新簡》EPS4T1.21 | 隊長 | 當爲“卒” |
| 18 | 《肩水金關漢簡》73EJT23:320 | 身份不能確定 | 故箕山隧長④ |
| 19 | 《肩水金關漢簡》73EJT23:965 | 卒 | 隧長 |
| 20 | 《肩水金關漢簡》73EJT26:54 | 當爲“卒” | 當地人：觻得壽貴里李長君 |
| 21 | 《肩水金關漢簡》73EJT37:767 | 卒 | 當地人：都倉男子平 |
| 22 | 《肩水金關漢簡》73EJT24:28 | 卒 | 當地人：觻得□佗里秦俠君 |
| 23 | 《懸泉漢簡（壹）》I90DXT0112③:11 | 軍隊人員⑤ | 當地人：效穀高議里公乘赦之 |

以上貰買方23人，除去“10”（故候史鄭武）和“18”（故箕山隧長）無法確定是軍隊人員還是地方人員外，可確定是地方人員還是軍隊人員者共21人。

①此簡原文爲：“察微隧戍卒陳留郡傿寶成里蔡㠯子，七月中貰賣縹復袍一領，直錢千一百，故候史鄭武所。”如前所述，“故候史”顯然不是現有官職，當時有無職位，是官是卒，且是軍隊人員還是地方人員，這些都無法確定，故依簡文稱其爲“故候史”。

②此簡原文爲：“第八隧卒魏郡内黄右部里王廣，貰賣莞皁綺橐絮裝一兩，直二百七十，巳（已）得二百，少七十，遮虜辟衣功所。”遮虜辟的衣功應該是軍隊人員無疑，且很可能是下層軍官，因爲有自己的“所（住所）”，但我們没有材料來證明其準確身份，故暫稱其爲“軍隊人員”。

③此簡原文爲：“元康二年十一月丙申朔壬寅，居延臨仁里耐長卿，貰買上黨潞縣直里常壽，字長孫，青復綺一兩，直五百五十。約至春錢畢巳（已）。姚子方☑。”此文書的貰買方爲“居延臨仁里耐長卿”，貰賣方爲“上黨潞縣直里常壽”。從屯戍檔案的角度來考慮，貰買方當是籍貫爲本地（居延臨仁里）的軍隊人員，但是官是卒無法確定，不過身份爲卒的可能性較大；貰賣方籍貫爲外地（上黨潞縣直里），故當是軍隊人員，但是官是卒無法確定，不過身份爲卒的可能性較大。

④此簡原文爲：“陽夏官成里陳青臂，⋯，貰賣皁複袍一領，直二千六百，故箕山隧長氐池□□□趙聖所。又錢廿。凡直二千六百廿。付□□二⋯巳（已）入八十，少二千五百卌。畢𠃨付。”如前所述，“故箕山隧長”顯然不是現有官職，當時有無職位，是官是卒，且是軍隊人員還是地方人員，這些都無法確定，故依簡文稱其爲“故箕山隧長”。

⑤此簡原文爲：“神爵三年十月戊午朔己未，效穀高議里公乘赦之，貰買上黨郡餘吾邑東鄉官□城東里周解襦一領，賈錢千，錦七尺，直四百五十，約及五月錢畢。韓望知券齒，趙中賢皆知齒。沽酒方（旁）一斗。”貰賣方周解的具體身份不詳，只能知道他應是軍隊人員。

這21人中，當地人員13人，占61.90%，幾近2/3；軍隊人員8人，占38.10%，幾近1/3。特別需注意的是，與這13位當地貰買人相對應的貰賣方，均是軍隊人員；而與8位軍隊貰買人相對應的貰賣方，也均是軍隊人員，而無當地人員。這顯然説明，當地人是以貰買方角色參與這場商品交易活動的，而軍隊人員則同時以貰賣方角色和貰買方角色參與這場商品交易活動。這顯然説明交易貨物的流向是當地。

經全面查檢貰賣文書、貰買文書，和書有“貰賣”或“貰買”的官文書，凡可確定的貰賣人員，均無當地人，即當地人員均是貰買人身份。這顯然也説明交易貨物的流向是當地。

交易貨款達“一千”的大宗交易中貰買方信息見在者凡9宗，爲確保研究結論的可靠，除去無法確定貰買方是軍隊人員還是當地人員者4宗[①]，餘5宗。現將這5宗的交易價值、貰買方歸屬（是軍隊人員還是地方人員）、簡文出處列表如下：

表 8：貰買方信息見在的交易貨款達“一千”的大宗交易表

| 交易價值 | 貰買方歸屬 | 出處 |
|---|---|---|
| 六千四百 | 當地人員 | 《居延漢簡》206.28 |
| 千八百卌 | 當地人員 | 《居延漢簡》311.20 |
| 千二百五十 | 軍隊人員 | 《居延新簡》EPT56.17 |
| 千五十 | 當地人員 | 《居延新簡》EPT56.10 |
| 千 | 當地人員 | 《居延漢簡》282.5 |

由上表可知，5筆大宗交易中當地人占了4筆，占80%；軍隊人員僅有1筆，占20%。上注説過，大宗交易中，《肩水金關漢簡》73EJT23:320（交易價值“千一百”）和《居延新簡》EPT51.122（交易價值“二千六百廿”），不能完

①這4宗分别是：

（1）《居延新簡》EPT51.122：“察微隧戍卒陳留郡傿寶成里蔡㫰子，七月中貰賣縹復袍一領，直錢千一百，故候史鄭武所。”“故候史”顯然不是現有官職，當時有無職位，是官是卒，是否退役即是否爲當地人員，無法確定。不過，正如上文“三”所説，此簡的貰買人很可能也是當地人，還可能是當地有一定社會地位者。

（2）《肩水金關漢簡》73EJT23:320：“陽夏官成里陳青臂，…，貰賣皁複袍一領，直二千六百，故箕山隧長氏池□□□趙聖所。又錢廿。凡直二千六百廿。付□□二…巳（已）入八十，少二千五百卌。畢马付。”如前所述，“故箕山隧長”顯然不是現有官職，當時有無職位，是官是卒，是否退役即是否爲當地人員，無法確定，故不計入。不過，同上例之理，此簡的貰買人很可能也是當地人，還可能是當地有一定社會地位者。

（3）《居延漢簡》69.1：“☐□貰買皁練復袍一領，賈錢二千五百。今子□☐。”此簡的買賣雙方身份信息均殘，故不計入。

（4）《居延新簡》EPT51.302：“第廿五隧卒唐憙自言：貰賣白紬襦一領，直千五百，交錢五百。•凡并直二千。廣地☐。”此簡的貰買方信息殘，故不計入。

全確定貰買方是軍隊人員還是當地人員，但貰買人是當地人的可能性比較大，還可能是當地有一定社會地位者。如果這兩筆大宗交易的貰買人確實是當地人，則大宗交易中當地人所占的比例會大大高於80%。所以，從簡文所反映的大宗交易中貰買方絶大多數是當地人員這一情況來看，也可説明交易貨物的最終流向是當地。

西北屯戍漢簡中有大量的向上級部門匯報戍卒從事貰賣或貰買活動的名籍，即“卒貰賣名籍”或“卒貰買名籍”①，通過清理這些名籍的貰賣人員和貰買人員的比例，也可説明交易貨物的流向問題。下面將這兩類名籍的數量列表對比如下：

表 9：“卒貰賣名籍”與“卒貰買名籍”數量對比表

| 名籍類型 | 數量/比例 | 出　處 |
|---|---|---|
| 卒貰賣名籍 | 11/91.67% | 《居延漢簡》10.34A；44.23。《居延新簡》EPT3.2；EPT51.199；EPT51.210A；EPT53.25；EPT53.218；EPT56.253；EPT56.263；EPT56.293；EPT59.47。 |
| 卒貰買名籍 | 1/8.33% | 《居延新簡》EPT56.265。 |
| 合　計 | 12/100% | |

從上表可以看出，“卒貰賣名籍”遠遠多於“卒貰買名籍”，12份名籍中，前者有11份，後者才1份，這説明戍卒的貰賣者數量遠遠多於貰買者的數量，結合上面談到的參與這場商品交易活動的當地人員均是從事貰買的現象，自然也可以得出結論：貰賣、貰買商品的最終流向是當地，供當地人使用消費。

這也正好説明了貰賣、貰買商品交易活動産生的根本原因：有需求，才會有買賣，西北地區冬天寒冷，有禦寒物品需要，軍隊人員正好以之謀利，將軍隊内的或從内地販來的禦寒等物品賣給當地人。

## 七、貰賣、貰買活動的時間段

西北屯戍漢簡中所反映的貰賣、貰買商業活動的時間段，即此商業活動産生到結束的時間，顯然也是值得研究且應該弄清楚的。通過對西北屯戍漢簡中的貰賣文書、貰買文書，以及書有“貰賣”或“貰買”的官文書中有紀年的簡進行全面清理，則可以解決此問題。通過全面清理有關紀年簡可知，這些有關

①關於“貰賣名籍”和“貰賣名籍”，下文“八”將會有專論。

貰賣、貰買信息的文書簡，未見有東漢紀年簡，只有西漢紀年簡。共18枚，其中紀年文字完整清楚者17枚，另一枚需討論。現先將這17枚紀年簡按時間順序進行排列：

（46）《肩水金關漢簡》73EJT26:213：“☑本始元年十一月戊子朔壬辰，□□君貰賣戍卒□□□☑。”本始，宣帝年號（前73－前70），計4年。

（47）《居延新簡》EPT57.72：“元康二年十一月丙申朔壬寅，居延臨仁里耐長卿，貰買上黨潞縣直里常壽，字長孫，青復絝一兩，直五百五十。約至春錢畢巳（已）。姚子方☑。”元康，宣帝年號（前65—前62），計4年。

（48）《居延漢簡》564.25：“元康二年三月乘胡隧長張常業亭卒不貰買名籍。”

（49）又10.34A：“元康四年六月丁巳朔庚申，左前候長禹敢言之：謹移戍卒貰賣衣財物爰書名籍一編。敢言之。”

（50）《懸泉漢簡》I90DXT0112③:11：“神爵三年十月戊午朔己未，效穀高議里公乘赦之，貰買上黨郡餘吾邑東鄉官□城東里周解襦一領，賈錢千，錦七尺，直四百五十，約及五月錢畢。韓望知券齒，趙中賢皆知齒。沽酒方（旁）一斗。”神爵，宣帝年號（前61—前58），計4年。

（51）《懸泉漢簡釋粹》II0314②:302：“五鳳二年四月癸未朔丁未，平望士吏安世敢言之。爰書：戍卒南陽郡山都西平里莊彊友等四人，守候中部司馬丞仁、史丞德前，得毋貰賣財物敦煌吏，證財物不以實律辨告，迺爰書。彊友等皆對曰：不貰賣財物敦煌吏民所，皆相牽證任。它如爰書。敢言之。”五鳳，宣帝年號（前57—54），計4年。

（52）《居延新簡》EPT56.265：“第廿三部甘露二年卒行道貰買衣物名籍。”甘露，宣帝年號（前53—前50），計4年。

（53）又EPT53.25：“甘露二年五月己丑朔戊戌，候長壽敢言之：謹移戍卒自言貰賣財物吏民所定一編。敢言之。”

（54）又EPT53.186：“甘露三年十一月辛巳朔己酉，臨木候長福敢言之：謹移戍卒呂異衆等行道貰賣衣財物直錢如牒。唯官移書，令觻得、濼涫收責。敢言之。”

（55）又EPT53.218：“甘露三年戍卒行道貰賣衣財物名籍。”

（56）又EPT56.253：“不侵候長尊部甘露三年戍卒行道貰賣衣財物名籍。”

（57）又EPT56.263：“甘露三年二月卒貰賣名籍。”

（58）《肩水金關漢簡》73EJD:102：“甘露三年二月乙卯朔庚午，肩□☑毋所貰買☑。”

（59）《居延新簡》EPT3.2：“第十七部甘露四年卒行道貰賣名籍。”

（60）《肩水金關漢簡》73EJT24:28：“建始二年七月丙戌朔壬寅，觻得

□佗里秦俠君貰買沙頭戍卒梁國下邑水陽里孫忠布，值□▨。”建始，成帝年號（前32—前29），計4年。

（61）《居延新簡》EPT51.210A：“【建】始五年二月，部卒貰賣衣物騎司馬令史所名籍。”如前所述，“建始”共四年（前32—前29），本簡的“建始五年”，即“河平元年”（前28）。

（62）《肩水金關漢簡》73EJD:231：“陽朔三年九月庚辰，莫當隧卒張柱貰買官▨。”陽朔，成帝年號（前24—前21），計4年。陽朔三年，即前22年。

紀年時間值得討論的簡是：

（63）《居延新簡》EPT51.199：“□□□年六月己巳朔丁丑，甲渠候破胡以私印行事，敢言之。謹移戍卒朱寬等五人貰賣候史鄭武所，貧毋以償，坐論⋯。名籍一編。敢言之。”“年”前殘三字位置。與“六月己巳朔”相合的年份有四個，分别是漢宣帝神爵三年、漢成帝河平元年（西北漢簡中有的作“建始五年”）、漢哀帝元壽元年、光武帝建武五年。考慮到EPT51（51號探坑）屬宣帝、元帝、成帝時期的簡，故此簡的年號似可補釋作“【神爵三】年”（前59）或“【河平元】年”（前28）或“【建始五】年”（前28）。張俊民先生認爲：“以EPT57.12‘破胡’在地節三年（前67）任甲渠候的簡文，可佐證本簡紀年是神爵三年。”[①]此説爲是，故當補爲“【神爵三】年”。

由上可知，這些簡的紀年時間跨度是：宣帝本始元年（前73）—成帝陽朔三年（前22），凡52年。考慮到實際的起迄時間很可能比簡文所反映的分别要早些和晚些，故可以得出如下結論：西北屯戍漢簡中的貰賣文書、貰買文書，以及書有“貰賣”“貰買”的官文書的紀年簡的信息顯示，以軍隊基層人員和地方基層人員爲參與主體的貰賣、貰買貿易活動的時間，當在昭、宣帝至成帝的西漢中後期，時段應該爲60年左右。

下文“八”將論及官方對軍隊内的貰賣、貰買活動的態度是先允許後禁止。從紀年簡來看，記載禁止態度的最早時間是“元康二年”[詳（48）]，即前64年（實際時間應該比這早），也就是説，如果以此爲計，則從紀年簡最早的前73年到前64年是9年。而貰賣、貰買活動從萌芽到成規模，到被官方禁止，自然會經歷一段比較長的時間，不應該才9年，故從這點上來看，我們推測貰賣、貰買貿易活動的時間爲60年左右實際上是比較保守的，其實際時間可能更長甚至要長得多。

---

①參看張俊民：《簡牘學論稿》，甘肅教育出版社，2014年，第204頁。張氏所説的《居延新簡》EPT57.12簡文如下：“▨渠候破胡以私印行事，移居延。甲渠候官尉史始至里▨□節三年十二月丁丑除。延年里孫充國補延壽。四年。”“渠”前所殘脱字當爲“甲”，“節”前一字當爲“地”。

## 八、官方對軍隊内的貰賣、貰買活動的態度

上文曾論述到，軍隊中從事貰賣、貰買活動的主體人員是基層軍隊人員，其中士卒占了絶大部分，其次是隧長類下層軍吏。軍隊的任務是抵禦外敵匈奴，現軍隊内發生了這一規模不小的經商活動，則這種貰賣、貰買活動對軍隊内部的影響和官方的態度，顯然是值得研究的。

縱觀有關簡文，可以將此貰賣、貰買活動分爲前後二期。

（一）前期：官方允許貰賣、貰買並出面解决交易糾紛

通過研究發現，此經商活動産生了不少糾紛，以致訴之官方[①]，官方則出面立案解决，這樣的簡很多，僅舉幾例：

（64）《居延新簡》EPT57.116：“☑等告曰：所貸貰賣衣☑。”所貸貰賣衣，指貰賣衣物方面的借貸。這顯然是訴訟案件文書。

（65）又EPT58.45A：“☑□丑朔甲寅，居延庫守丞慶敢言之。繕治車卒甯朝自言：貰賣衣財物客民卒所。各如牒。律⋯□辨，官移書，人在所，在所以次。唯府令甲渠收責，得錢與朝。敢言之。”得錢與朝，將所收款給予甯朝。此簡是居延庫守丞慶要求下級（甲渠候官）爲貰賣人甯朝收回貰賣貨款而得錢與朝，説明官方在出面解决因貰賣産生的糾紛，顯然説明官方是允許貰賣、貰買行爲的。

（66）《肩水金關漢簡》73EJT7:25：“☑□□佐豐移肩水候官□□□□來時長初來時，登山隧長孫君房從萬貰買，執適（敵）隧長丁☑任。府書曰：卒貰賣予吏，及有吏任者，爲收責。有比，書到願令史以時收責，迫，卒且罷。亟報如律令。”“府書”内容是：士卒貰賣物品給吏，並且交易時有吏作擔保者，（若産生了交易糾紛則應該）爲賣方收回未付的貨款。類似情況比照執行。此書下達後希望令史按時幫助收回貨款，此事緊迫，貰賣糾紛已了結者就作罷（或爲“士卒爲擔保人者就作罷”）。有關情況應趕快上報，如律令。

從以上簡文可知，官方對貰賣、貰買糾紛是重視的，並着力解决有關糾紛，幫助賣方收回貨款，目的當然是化解矛盾，維護軍隊穩定。

（二）後期：官方後轉而禁止貰賣、貰買交易

通過全面清理有關簡文可知，由於軍隊人員的貰賣、貰買行爲産生了越來越多的交易糾紛矛盾甚至訴訟案件，這顯然會在一定程度上影響軍隊的穩固，影響戰鬥力，官方於是轉變態度，轉而不支持貰賣、貰買活動甚至予以禁止，

①這些軍隊内部産生的糾紛案件自然是由軍隊内部來處理，因當時的西北防禦系統的指揮機構是軍政合一的，最高長官太守既治政事，也治軍事，故這裏統稱“官方”。

並且要求下級上報有關情況。

以下簡文可明顯説明官方對貰賣、貰買活動予以懲治的態度：

（67）《居延新簡》EPT53.186："甘露三年十一月辛巳朔己酉，臨木候長福敢言之：謹移戍卒吕異衆等行道貰賣衣財物直錢如牒。唯官移書，令觻得、濼涫收責。敢言之。"這是臨木候長下發的文書，將戍卒吕異衆等行道貰賣衣財物的情况封牒通報，要求觻得、濼涫官府收取貰賣貨款，這裏的收取，就是收繳，顯然是没收其貨款[①]。

（68）又EPS4T1.21："☐自言：貰買皁綺一兩，直九百，臨桐隧長解賀所。已收得，臧治所。畢。"臧，即"贓"的古字，指贓物或贓款，亦指貪污受賄或竊取之錢財。簡文當是指貰買人的行爲屬非法，没收其所得，存於治所。此簡顯然説明官方的態度已不是允許貰賣、貰買，而是禁止，没收其所得，"臧治所"。

文書中有大量向上級匯報有關情况的内容可證官方要求下級上報有關貰賣、貰買活動情况這一事實，例如：

（69）又EPT54.2："☐□貰賣衣物及見在身者，各如牒。"這是下級向上級報告有關貰賣情况，且已匯爲牒札形式。

（70）又EPT4.66："☐戍卒貰賣衣財物它官尉史□所，言府。一事集封。"這也是向上級報告有關貰賣情况，且是"集封"形式。

（71）又EPT53.25："甘露二年五月己丑朔戊戌，候長壽敢言之：謹移戍卒自言貰賣財物吏民所定一編。敢言之。"這也是向上級報告有關貰賣情况，且是匯爲一編上報。

（72）《居延漢簡》45.24："☐候長、候史十二月日迹簿。戍卒東郭利等行道貰賣衣財物郡中。移都尉府，二事二封。正月丙子令史齊封。"日迹簿，即有關每日的工作或軍事活動情況記録的簿籍。此簡是將"日迹簿"和貰賣情况匯報一併報送，"二事二封"，可知向上報送貰賣情况如同上報日迹簿一樣，已是常事。

以下"貰賣名籍"和"貰買名籍"更是説明官方是十分重視此事而對有關情况嚴格掌控的，下級按要求向上級報告有關情况已是常規：

（73）《居延新簡》EPT51.210A："【建】始五年二月，部卒貰賣衣物騎司馬令史所名籍。"[②]

---

①上文曾説道，簡文的"收責"表示"收回、收取、收納、收留、收繳"類義，故有必要再次强調，這裏的"收責"，不能釋爲"收債"。

②王子今《漢代絲路貿易的一種特殊形式：論"戍卒行道貰賣衣財物"》（2005:235）説："出土於居延破城子遺址51號探方的（13）至（18），則很可能屬於所謂'始五年二月部卒貰賣衣物騎司馬令史所名籍'（EPT51.2100A）。"此説有不確：

（74）又EPT56.265：“第廿三部甘露二年卒行道貰買衣物名籍。”

文書中還有“不貰賣名籍”“不貰賣爰書”“不貰買名籍”，以下各舉一例：

（75）《肩水金關漢簡》73EJT28:55：“移廣地省卒不貰賣衣財物名籍。”

（76）《居延漢簡》564.25：“元康二年三月乘胡隧長張常業亭卒不貰買名籍。”

（77）《居延新簡》EPT56.82：“甲渠候官卒不貰賣爰書。”

這些“不貰賣名籍”“不貰買名籍”“不貰賣爰書”中的人員，顯然屬於“守法”士卒。以上向上級報送的名籍、爰書，説明官方不僅要求普查並匯總貰賣、貰買人員有關情況並上報，同時也要求普查並匯總不貰賣、不貰買人員並上報，進一步證明官方對貰賣、貰買活動是非常重視且嚴加管控的。

並且，這些“貰賣名籍”“貰買名籍”和“不貰賣名籍”“不貰買名籍”“不貰賣爰書”，有的是月報名籍，有的是年報名籍，有的是不定時報名籍，説明下級部門頻繁向上級部門報告有關貰賣、貰買活動情況，顯然上級部門十分重視此事，否則不會需要下級部門如此頻繁報告，説明官方對貰賣、貰買活

---

（接上頁）一是王文將此名籍簡的編號説錯了，是“EPT51.210A”，不是“EPT51.2100A”，EPT51（51號探坑）共簡753枚，即編號共753個，不會編到“2100”號，自然該簡編號不會是“2100A”（也可能是排印之誤）。

二是王文此簡釋文的“始”前當補“建”字。本簡“始”前殘斷，原整理者釋文作“☐始五年二月部卒貰賣衣物騎司馬令史所名籍”，王文依整理者釋文作“始五年”，不當。理由如次：通過查看EPT51:210A的地層信息可知，其所屬時間爲漢成帝建始年間[參看何雙全：《居延漢簡研究》，《國際簡牘學會刊》（第二號），第12頁]。西北屯戍漢簡中，由於西北地處邊遠，遠離中央朝廷，本已改元，基層還不知道，或習慣性地沿用舊年號，如平帝年號“元始”只有五年（1-5），而《肩水金關漢簡》73EJT23:201A①却有“元始六年”：“元始六年二月庚□☐從關嗇夫貰糴粟☐。”其實際當是“居攝元年”（6）。這種情況在西北漢簡中不少。成帝的“建始”共四年（前32—前29），EPT51：210A簡爲“建始五年”，也屬這類情況，即實爲“河平元年”（前28）。

三是王文説“（13）至（18）”（指王文所舉例的編號，即以下6枚簡：EPT51.122、EPT51.125、EPT51.249、EPT51.302、EPT51.314、EPT51.540），“很可能屬於所謂‘始五年二月部卒貰賣衣物騎司馬令史所名籍’（EPT51.2100A）”，此説也不確，因爲該探坑的貰賣文書簡（書“貰賣”二字簡）和貰買文書簡（書“貰買”二字簡）共有11枚，分别爲9枚和2枚，出處如下：EPT51.54；EPT51.84；EPT51.122；EPT51.125；EPT51.199；EPT51.210A；EPT51.249；EPT51.302；EPT51.540。（以上爲“貰賣”簡，以下爲“貰買”簡：）EPT51.329；EPT51.722。並且，這11枚簡中除EPT51.210A簡外，還有一枚貰賣名籍簡，即《居延新簡》EPT51.199：“□□□年六月己巳朔丁丑，甲渠候破胡以私印行事，敢言之。謹移戍卒朱寬等五人貰賣候史鄭武所，貧毋以償，坐論。名籍一編。敢言之。”所以，是不能説所舉的6枚簡“很可能屬於所謂‘始五年二月部卒貰賣衣物騎司馬令史所名籍’（EPT51.2100A）”的。

另，王文所舉（17）例爲EPT51.314，所舉簡文爲：“自言：五月中富昌隧卒高青爲富賣皁袍一領直千九百甲渠令史單子巽所。”（此釋讀不太確，該簡上端斷損，“自”和“令”分别是第一行和第二行現存首字，故當如是釋：“☐自言：五月中，富昌隧卒高青爲富賣皁袍一領，直千九百，甲渠☐令史單子巽所。”）此簡僅有“賣”字，不能斷定就是“貰賣”，故不能説一定就是貰賣文書。

動是非常重視，且嚴加管控的。

西北屯戍漢簡中還有不少明確禁止貰賣的簡文：

（78）《居延新簡》EPT52.334："▨卒禁貰賣，皆入爲臧，公從▨。"臧，即"贓"的古字，指贓物或贓款，亦指貪污受賄或竊取之錢財。此簡文明確説禁止進行貰賣，若發現則貨款皆視爲贓款收繳。

（79）《居延漢簡》4.1："戍田卒受官袍衣物，貪利貴賈，貰予貧困民，吏不禁止，浸益多。"貴賈，即高價。賈，同"價"。簡文意爲：戍田士卒受官袍衣物，貪利圖高價，將官袍衣物貰賣給貧困百姓來牟利，官吏不禁止，致使浸害益多。從簡文内容看，這裏的"貰"（貰予貧困民），顯然是指"貰賣"，簡文明確指出，對這種貰賣行爲吏不禁止，浸害益多。

（80）又213.15："毋得貰賣衣財物，大守不遣都吏循行▨嚴教受卒官長吏各封臧▨。"此也明確説毋得貰賣衣財物，並采取了嚴厲措施。

（81）又239.115："▨□行，禁吏民毋貰賣▨。"

西北屯戍漢簡中，居然還發現有朝廷因此而下發的有關詔書，雖然該詔書文意不全，但相關信息是很清楚的：

（82）《居延新簡》EPT52.55："▨□屬甲渠候官。詔書：卒行道辟姚（遥），吏私貰賣衣財物，勿爲收責。"姚，通"遥"，遠也。《漢書・禮樂志》："雅聲遠姚。"王先謙補注引王念孫曰："姚讀爲遥，遥亦遠也，古人自有複語耳。"《睡虎地秦墓竹簡・爲吏之道》："地脩城固，民心乃寧。百事既成，民心既寧，既毋後憂，從政之經。不時怒，民將姚去。"姚去，即遠去。收責，收回貨款。詔書的"卒"和"吏"當屬互文，不能僅僅理解爲是"卒""行道辟姚"，僅僅是"吏""私貰賣衣財物"，這樣理解，顯然無法卒讀簡文，"卒行道辟姚（遥），吏私貰賣衣財物"實際上是"卒吏行道辟姚（遥），私貰賣衣財物"。此簡文字書寫工整，毫無草意（自然是詔書的原因），如"爲"寫作，而西北屯戍漢簡中此字草化者多見，如（EPT68・10）、（EPT59・31）、（EPF22・200）、（EPT52・556）。此簡上端殘，下端完整，當是編册中的一枚。詔書文字"卒行道辟姚，吏私貰賣衣財物，勿爲收責"意爲："卒吏於道路或辟遥處私自貰賣衣財物（若發生不能如期付款）不要爲賒賣者收回貨款。"

這裏是以詔書形式下達，顯然貰賣活動已驚動朝廷。所以，上引諸簡明確規定"禁貰賣""毋得貰賣衣財物""吏民毋貰賣"，也就很自然了。

上文"七"曾對西北屯戍漢簡中的貰賣文書、貰買文書和書有"貰賣""貰買"的官文書的紀年簡進行統計研究，發現這些簡的時間段爲宣帝本始元年（前73）—成帝陽朔三年（前22），凡52年，説明以軍隊基層人員和地方基層人員爲參與主體的貰賣、貰買貿易活動的時間爲60年左右。從紀年簡來看，記載官方對貰賣、貰買活動轉而采取禁止態度的最早時間是“元康二年”，即前64年。並且，從元康起，未發現有允許貰賣、貰買活動並調解其交易糾紛的簡文，説明官方轉而采取禁止態度的最早時間應該就在貰賣、貰買經商活動産生後十多年，即官方允許此經商活動的時間大概也就十多年，此後就逐漸轉爲不支持，進而禁止此活動了。當然，從常理上推測，官方轉爲不支持，進而禁止的態度應該是逐漸嚴厲的，其力度也應該是逐漸加大，所以，此交易活動在官方轉變態度的情况下存續的時間也應該比較長。所以我們推測，前期時段大概爲十多年，後期時段大概爲四十多年。

總之，雖然由於有關貰賣、貰買文書簡和記録相關信息的官文書簡的時間信息（年號月份等）大多數都殘損不見了，無法確定貰賣、貰買活動産生及官方態度變化過程的具體時間點，但我們得出的有關貰賣、貰買活動之影響及官方態度的如下結論應該是可靠的：官方在貰賣、貰買活動前期的十多年是允許此活動存在的，但後來由於這一活動産生了不少糾紛甚至訴訟案件，影響了軍隊的穩固和戰鬥力，轉而禁止貰賣、貰買活動，此類活動遂轉入地下進行，最後被迫逐漸終止。

## 九、貰賣、貰買活動對絲路貿易的積極影響

在西北屯戍漢簡没有面世以前，由於材料的限制，過去人們在研究絲綢之路的有關貿易活動時，不知道其貿易活動中還有以軍隊基層人員和地方基層人員爲主的貰賣、貰買活動形式，現在大量的貰賣、貰買文書和有關官文書的面世，讓我們知道了在絲綢之路的貿易活動中，竟然還有這一貿易活動形式，也就是説，以軍隊基層人員和地方基層人員爲主的貰賣、貰買這一貿易活動，是絲綢之路多種多樣貿易活動中的一種未知形式。居延軍事防禦系統雖然不在絲綢之路的主路上，但貰賣、貰買這一貿易活動顯然在助推絲綢之路的商業繁榮方面起到了一定的作用，對絲路貿易具有積極的影響。

這裏有必要説明的是，懸泉漢簡的發現地懸泉置雖然在絲路的主路上，但從現已刊布的懸泉漢簡材料可知，該批簡有關“貰賣”“貰買”活動的材料很少。該批簡的有字簡凡21399枚，正式發掘報告的釋文擬分捌函出版，現刊布了《懸泉漢簡（壹）》（2019）、《懸泉漢簡（貳）》（2020），加上之前刊布的《敦煌懸泉漢簡釋文選》（2000）、《敦煌懸泉漢簡釋粹》（2001），此四種中僅發現以下三枚有關“貰賣”“貰買”信息的材料：

（83）《懸泉漢簡（壹）》I90DXT0112③:11：“神爵三年十月戊午朔己未，

效穀高議里公乘赦之，貰買上黨郡餘吾邑東鄉官□城東里周解襦一領，賈錢千，錦七尺，直四百五十，約及五月錢畢。韓望知券齒，趙中賢皆知齒。沽酒方（旁）一斗。”這是一份貰買文書。效穀縣，是懸泉置所在的縣。所以，所記是當地人敦煌郡效穀縣高議里的公乘赦之（姓赦名之），貰買懸泉置人員周解的襦。

（84）《懸泉漢簡釋粹》Ⅱ0314②:302：“五鳳二年四月癸未朔丁未，平望士吏安世敢言之。爰書：戍卒南陽郡山都西平里莊彊友等四人，守候中部司馬丞仁、史丞德前，得毋貰賣財物敦煌吏，證財物不以實律辨告，迺爰書。彊友等皆對曰：不貰賣財物敦煌吏民所，皆相牽證任。它如爰書。敢言之。”這是平望部士吏安整理上報的一份文書，説平望部接到爰書，要求對莊彊友等四名戍卒有關貰賣財物事進行調查，士吏安按要求處理後並予以匯報。簡文大意是：五鳳二年四月癸未朔丁未，平望部士吏安世敢言之。收到爰書説，戍卒南陽郡山都西平里莊彊友等四人，是守候中部司馬丞仁和史丞德的近身士卒，對於他們是否貰賣財物給仁、德二位敦煌吏一事，已將“證財物不以實律”的相關法律規定對彊友等四人予以了辯告（講明道理説明情況），以上是收到的爰書的主要內容。現對他們進行問詢取證，彊友等都回答説：没有在敦煌吏民所貰賣財物（筆者按：顯然是説根本没有貰賣財物給二位敦煌吏）。四人都相互作證相互擔保。其他並如爰書所述。由此份文書内容可知，文書中所述的貰賣行爲與懸泉置無關，這只是一份上報文書而已。

（85）《懸泉漢簡（貳）》Ⅰ91DXT0309③:257：“毋□□□到□復□書到千人令長丞各□□☐□□□□☐自言長令長丞聽輒見賈錢乃□□□衣物數□閲畢□□狀□□□貰貸賣☐具以衣自言貰賣者課報丞候。”此簡殘損嚴重（雙行書寫，“輒”爲第一行末字），從現存文字可知，這是一份下行文書，並不是貰賣文書。

以上材料顯示，西北屯戍漢簡所反映的貰賣、貰買商業活動，主要是在居延軍事防禦系統所在地，以軍隊基層人員和地方基層人員爲活動主體展開的；在防禦系統所在地以外進行貰賣、貰買活動者少見，當然，也不能説完全没有，因爲無論是從常理來推測，還是從實際材料來看，像懸泉置這樣的機構中的人員存在少量的貰賣、貰買活動也是正常的。

至此可以得出結論：以軍隊基層人員和地方基層人員爲主的貰賣、貰買這一貿易活動，是絲綢之路多種多樣貿易活動中的一種未知形式，居延軍事防禦系統雖然不在絲綢之路的主路上，但貰賣、貰買這一貿易活動，顯然在助推絲綢之路的商業繁榮方面起到了一定的作用，對絲路貿易具有積極的影響。不過，也不能高估其助推作用和影響，因爲貰賣、貰買這一貿易活動的持續時間並不長，時段僅爲60年左右[①]。

## 十、結語

西北屯戍漢簡中大量出現的諸辭書未收的“貰賣”和“貰買”，是標準的詞而不是詞組，其意義分别爲貰賣，即賒賣，亦即買賣貨物時，賣方延期收款；貰買，即賒買，亦即欠賬購買。

“貰賣”和“貰買”二詞見於西北屯戍漢簡中的兩類文書，一類是“貰賣文書”和“貰買文書”，另一類是書有“貰賣”或“貰買”的官文書。漢簡中的“貰賣文書”多於“貰買文書”，説明當時人們在進行這類交易時多寫成貰賣文書。基層軍官文職小吏是漢簡中的貰賣文書或貰買文書的書寫者保存者。

從事貰賣、貰買活動人員的主體是軍隊基層人員和地方基層人員，未見軍隊和地方高層人員從事貰賣、貰買活動。軍隊人員中，士卒占了絶大部分，其次是隧長，再次是候史、令史。

貰賣、貰買活動所涉及的交易貨物最多的是禦寒物品，主要是各種類型的“袍”，其中“復袍”最多，還有就是保暖性能很好的絲及絲織品，這顯然是由於西北地區寒冷所致。

貰賣、貰買活動一開始可能是個人日用品的交易，但後來無疑已發展成爲以軍隊基層人員和地方基層人員爲參與主體的成規模的經商活動，屬於經商牟利行爲的性質。

貰賣、貰買商品的最終流向是當地，供當地人使用消費。

屯戍漢簡所見貰賣、貰買活動多發生在昭、宣帝至成帝的西漢中後期，前後持續60年左右。

官方在貰賣、貰買活動前期的十來年是允許此活動存在的，但後來由於這一活動産生了不少糾紛甚至訴訟案件，影響了軍隊的穩固和戰鬥力，轉而禁止貰賣、貰買活動，此類活動遂轉入地下進行，最後被迫逐漸終止。

貰賣、貰買這一貿易活動是絲綢之路多種多樣貿易活動中的一種未知形式，這一貿易活動在助推絲綢之路的商業繁榮方面起到了一定的作用，對絲路貿易具有積極的影響，但其助推作用和影響不能高估，因爲貰賣、貰買這一貿易活動的時間並不長。

---

①王子今《漢代絲路貿易的一種特殊形式：論“戍卒行道貰賣衣財物”》（2005:233–248）一文，也談到貰賣活動與絲路貿易問題，可參看。不過，王文没有對這一貰賣、貰買活動的時間進行研究。

總之，西北屯戍漢簡中的“貰賣”和“貰買”及其相關信息，頗具史學價值，具有重要的研究意義。

最後補充説明一點，爲保證研究結論的可靠，本文對“貰賣”“貰買”及相關問題的研究材料的範圍僅限於“貰賣文書”“貰買文書”和有關官文書，對這些文書的認定必須是書有“貰賣”或“貰買”二字的文書。但爲防止因文書的書寫者將“貰”字書寫脱漏而本文漏收於研究材料中，我們在搜集研究材料時，對現已刊布的西北屯戍漢簡中的僅有“賣”或“買”的材料進行全面查閲，僅發現以下3條材料可屬疑似“貰賣文書”和“貰買文書”：

（86）《敦煌漢簡》1708：“神爵二年十月廿六日，廣漢縣廿鄭里男子節寬，賣布袍一，陵胡隧長張仲孫所，賈錢千三百。約至正月□□，任者□□□□□□□□正月，責付□□十，時在旁，候史長子仲、戍卒杜忠知券，□沽旁二斗。”

（87）《居延漢簡》26.1：“建昭二年閏月丙戌，甲渠令史董子方買鄣卒□威裘一領，直七百五十。約至春錢畢巳（已），旁人杜君雋。”

（88）又1601：“神爵二年十月廿六日，陵胡隊長張仲【孫】買卒寬惠布袍一領，價錢□⋯。”

由以上3條疑似材料可知，即使將這3條材料分别視爲“貰賣（買）文書”（即視爲書寫時脱了“貰”），也不會對本文的研究結論有任何影響。

附記：感謝匿名審稿專家給本文提出的寶貴意見！

**參考文獻**

陳夢家　1980　《漢簡綴述》，中華書局。

陳　直　1986　《居延漢簡研究》，天津古籍出版社。

初師賓（主編）　中國簡牘集成編輯委員會編　2001　《中國簡牘集成》（1-12册），敦煌文藝出版社。

甘肅簡牘保護研究中心等編　2011-2016　《肩水金關漢簡（壹—伍）》，中西書局。

甘肅簡牘博物館等　2019　《懸泉漢簡（壹）》，中西書局。

甘肅省文物考古研究所等編　1990　《居延新簡——甲渠候官與第四隧》，文物出版社。

甘肅省文物考古研究所等編　1991　《敦煌漢簡》，中華書局。

甘肅省文物考古研究所等編　1994　《居延新簡——甲渠候官》，中華書局。

甘肅省文物考古研究所　2000　《敦煌懸泉漢簡釋文選》，《文物》第5期。

高　恒　2001　《漢簡中的債務文書輯證》，韓延龍，《法律史論集》，北京：法律出版社。

何雙全（主編）　1996　《國際簡牘學會刊》（第二號），蘭臺出版社。

胡平生　張德芳（編撰）　2001　《敦煌懸泉漢簡釋粹》，上海古籍出版社。

簡牘整理小組　2014-2017　《居延漢簡（壹—肆）》，臺灣“中研院”史語所。

李均明　1986　《居延漢簡債務文書述略》，《文物》第11期。

李天虹　2003　《居延漢簡簿籍分類研究》，科學出版社。

連劭名　1987　《漢簡中的債務文書及“貰賣名籍”》，《考古與文物》第3期。

馬　怡　張榮强　2013　《居延新簡釋校》，天津古籍出版社。

王玉瑩　2019　《兩漢時期的居延邊塞貰買（賣）研究》，陝西師範大學碩士學位論文。

王子今　2005　《漢代絲路貿易的一種特殊形式：論“戍卒行道貰賣衣財物”》，《西北史研究》（第3輯），天津古籍出版社。

魏　堅（主編）　2005　《額濟納漢簡》，廣西師範大學出版社。

王　海　2010　《河西漢簡所見“辟”及相關問題》，《簡帛研究二〇〇八》，廣西師範大學出版社。

文物出版社編　2001　《中國歷史年代簡表》，文物出版社。

謝桂華　李均明　朱國照　1987　《居延漢簡釋文合校》，文物出版社。

張德芳（主編）　2016　《居延新簡集釋》，甘肅文化出版社。

中國社會科學院考古研究所　1980　《居延漢簡甲乙編》，中華書局。

周艷濤　2017　《漢代肩水及居延兩都尉轄境出土簡牘釋文校補與相關問題研究》，西南大學博士學位論文。

朱建路　郝良真　2011　《漢簡中關於魏郡的貰賣文書程式》，《文物春秋》第1期。

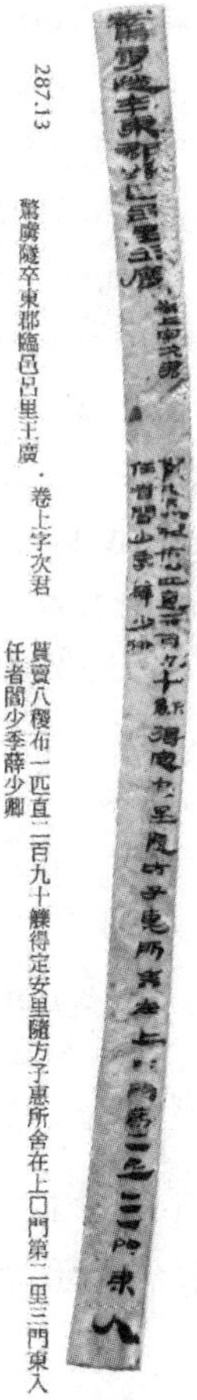

287.13

驚虜隧卒東郡臨邑呂里王廣・卷上字次君

貰賣八稯布一匹直二百九十觻得定安里隨方子惠所舍在上口門第二里三門東入

任者閻少季薛少卿

附圖1

# Comprehensive Study of Credit Sale and Credit Purchase in the Han Bamboo Slips of the Northwestern Garrison

Zhang Xiancheng & Lu Wei

**Abstract:** *Shimai* (貰賣) and *Shimai* (貰買), frequently appearing in the Han bamboo slips of the northwestern garrison, but not included in a dictionary, mean selling and buying on credit respectively. They were found in two types of documents: one is the document of credit sale and purchase, the other is the official document with *shimai* (貰賣) or *shimai* (貰買) written on it. There are more documents of credit sale than those of credit purchase, which indicates that people at that time used to write credit sale documents when they carried out such transactions. Grassroots officers and nonmilitary clerks were the writers and preservers of these documents. People engaged in credit sale and purchase were mainly the military and local personnel at the basic level. Among the military personnel, soldiers accounted for the majority. The most traded goods involved in credit sale and purchase are cold-proof items. Credit sale and purchase may have been transactions of personal daily necessities at the beginning, but they have undoubtedly developed into large-scale commercial activities, in the nature of business for profit. The goods of credit sale and purchase was ultimately circulated to the local market for local people to use and consume. Credit sale and purchase took place in the middle and late Western Han Dynasty from Emperor Zhao and Emperor Xuan to Emperor Cheng, lasting about 60 years. In the first decade or so, credit sale and purchase were allowed by the government, but later were prohibited in turn. Credit sale and purchase were among the forms of various trade activities on the Silk Road, which have a positive impact on boosting the commercial prosperity of the Silk Road, but its impact should not be overestimated. In a word, credit sale and purchase and their related information in the Han bamboo slips of the northwestern garrison are of great historical value and research significance.

**Key words:** Han bamboo slips of the northwestern garrison; credit sale; credit purchase; comprehensive study

（張顯成，西南大學漢語言文獻研究所/出土文獻綜合研究中心　重慶　400715；
路煒，湖北師範大學外國語學院　黄石　435000）

漢印文字考釋（五例）：205-211，2024（01）

# 漢印文字考釋（五例）*

魏宜輝

**摘　要**：本文對漢印文字中“䮫”“艘”“然”“承”“衛”五例疑難字進行了考釋。在研究的過程中，我們發現這些印篆字例與小篆的寫法迴乎不同，都是由隸書改寫而成。據此，我們認識到“由隸改篆”也是印篆研究中一個值得重視的方向。

**關鍵詞**：漢印；篆書；隸書

## 一

《虛無有齋摹輯漢印》3965收録了漢印“䮫長利”（施謝捷，2014:673）。此印在書中置於“姓氏吉語”印系列，可知“䮫”爲姓氏，“長利”爲吉語。

圖1　漢印“䮫長利”

《秦漢印章封泥文字編》也將“䮫”字收録在“䮫”字條下（趙平安、李婧、石小力，2020:886）。《説文·齒部》：“齨，老人齒如臼也。一曰：馬八歲齒臼也。”《集韻·有韻》：“駎，馬八歲謂之駎，通作齨。”《五音集韻·有韻》：“齨，齒齨，亦馬八歲，俗作䮫。”《改併四聲篇海·馬部》引《川篇》：“䮫，馬八歲也。”《字彙補·馬部》：“䮫，同駎。”

古書中有从馬、臼聲的“䮫”字，爲“馬八歲”之義。但在《説文》中以“齨”字來表示“馬八歲”義，而“䮫”字則是到了中古才出現的“齨”之分

*本文爲古文字與中華文明傳承發展工程項目“馬王堆漢墓簡帛資料庫建設”（G1808）階段性成果。

化字。考慮到中古之前的文獻中並未見有“⿱臼馬”字，我們認爲後代字書中的“⿱臼馬”當是一個後起字，與漢印中的“⿱臼馬”字應該不是一回事，二者應該屬於同形字關係。

我們認爲印文中的“⿱臼馬”字可能是“舄”字的變體，其下所从的“馬”旁可能是“舄”下部“与”形的變體。漢隸及印篆中“焉”字及“鳥”字（旁）的局部也出現過類似的字形訛變。

表 1：漢隸文字“与”形寫法比較表①

| | | | |
|---|---|---|---|
| A |  |  | |
| | 焉 馬王堆帛書・老子甲 24 | 焉 北大漢簡・老子 33 | |
| |  |  |  |
| | 鳥 馬王堆帛書・老子甲 36 | 鳴 居延新簡 EPT59:1 | 鴌 馬王堆三號漢墓簽牌 52 |
| B |  |  | |
| | 焉 馬王堆帛書・戰國縱橫家書 25 | 焉 石門頌 | |
| |  |  |  |
| | 鳥 馬王堆一號漢墓遣册305 | 鳴 孔家坡漢簡・日書 352 | 鴌 馬王堆一號漢墓遣册310 |

從上舉漢簡、碑刻、璽印字例來看，不難看出A、B兩類“焉”“鳥”字及“鳴”“鴌”字所从“鳥”旁下部經歷了“与→馬”形的變化。漢印中的“”字，《漢印文字徵》隸定作“騺”，趙平安（2012:150）指出此字應爲“焉”字。其説是非常正確的。據此，我們推斷“⿱臼馬”字也極有可能就是“舄”字的變體，其下部之“馬”也是由“与”形訛變而來。印篆中這種寫法的“焉”應該是從隸書改寫而來的。

①本文表格中所引字例見於于淼編著《漢代隸書異體字表》（中西書局，2021年）；劉釗主編，鄭健飛、李霜潔、程少軒協編《馬王堆漢墓簡帛文字全編》（中華書局，2020年）；張德芳主編《居延新簡集釋（七）》（甘肅文化出版社，2016年）；甘肅省博物館、中國科學院考古研究所編著《武威漢簡》（文物出版社，2005年）；長沙市文物考古研究所等編《長沙五一廣場東漢簡牘（伍）》（中西書局，2020年）。

《廣韻・藥部》："舃，人姓。"《虛無有齋摹輯漢印》1734收録有漢穿帶印"舃右車-舃小青"（施謝捷，2014:294），説明漢代是存在"舃"這一姓氏的。

圖2　漢穿帶印"舃右車-舃小青"

## 二

《中國璽印集粹》1342收録了漢穿帶印"蕫（董）雙-蕫（董）王孫"（菅原石廬，1996年）。

圖3　漢穿帶印"蕫（董）雙-蕫（董）王孫"

印文中的"雙"字，我們認爲可能是"觼"字的變體。而這種變體的印篆應該是從"觼"的隸書形體改寫而來的。漢隸中的"敻"字（旁），上部所從"𠂊"旁或寫作近似"角"形，而中部則或作"曰"形，或作"目"形，"目"或倒伏作"罒"形，下部的"攴"旁或作"又"。

表 2：漢隸"敻"字（旁）示例表

| | | | |
|---|---|---|---|
| 馬王堆帛書・繆和38上 | 張家山漢簡・奏讞書205 | 北大漢簡・蒼頡篇 21 | 張表碑 |

對比這些漢隸字形來看，我們可以發現漢印"雙"字，除了左上角的"角"旁，其他各個偏旁"角""罒""又"與漢隸"敻"字（旁）的變體都有對應吻合之處。據此，我們可以推出"雙"字當爲"觼"字的變體寫法，並將"觼"字的左右結構改爲上中下結構①。

①匿名審稿專家指出，"雙"字右上部的"角"形有可能是受左部"角"類化而成，而兩個"角"形並排置於上部，也可能是刻印者追求印面的變化而刻意做的調整。其説可信。

## 三

《鴨雄緑齋藏中國古璽印精選》358號印爲漢子母套印“趙愊印信>漢陽成紀趙愊稚⿱⿰夕又灬印>⿱⿰夕又灬稚”（菅原石廬，2004:83）。“稚⿱⿰夕又灬”爲“趙愊”之字，亦可知最小子印的印文“⿱⿰夕又灬稚”當讀爲“稚⿱⿰夕又灬”。“⿱⿰夕又灬”字還見於“焦君⿱⿰夕又灬印”（私人藏印），或釋爲“蔡”[①]。

圖4　漢子母印“趙愊印信>漢陽成紀趙愊稚⿱⿰夕又灬印>⿱⿰夕又灬稚”

圖5　漢印“焦君⿱⿰夕又灬印”

我們認爲印文中的“⿱⿰夕又灬”字其實是“然”字的變體，這種寫法的“然”字當由隸書改寫而來。武威漢簡《儀禮・士相見之禮》簡13中同時出現了兩種不同寫法的“然”，其中一種寫作“⿱⿰夕又灬”形。

表 3：漢隸“然”字示例表

| [illegible] | [illegible] |
| --- | --- |
| 武威漢簡・儀禮・士相見之禮 13 | 武威漢簡・儀禮・士相見之禮 13 |

通過觀察兩類“然”字的不同寫法，我們可以發現在字形演變過程中，“[illegible]”字所从“[illegible]”形“犬”旁省去了左下部的一撇，其右上一點又與其下的斜筆黏連，從而形成了“[illegible]”形寫法。印文“⿱⿰夕又灬”字所从的“又”旁，其實就是由隸書“[illegible]”形中的“[illegible]”旁改寫而來[②]。

①此説見於“盛世成馨”微信公衆號“漢印焦姓集萃”帖，2021年4月12日，https://mp.weixin.qq.com/s/EPtEqH6OUgqQIw9opbP4Og。

②匿名審稿專家指出，《訂正六書通》“屈然”印的“然”字作“[illegible]”形的写法也值得关注。從字形上看，“[illegible]”字所从“犬”旁這種寫法確實有可能是從“又”旁進一步訛變而來的。

## 四

“盛世成馨”微信公衆號“漢印温姓集萃”中收録有這樣一方漢印，收録者將印文釋爲“温玄意”①。

圖6　漢印“温承意”

此印中被收録者釋爲“玄”的“”字，我們認爲當爲“承”字。這種寫法的“承”字當由漢隸改寫而來。“承”其實是“丞”字的變體。在下表所列漢隸字例中，A例作“丞”形，其所从“丞”旁與“手”旁尚未黏連在一起；B、C、D例作“承”形，“丞”旁與“手”旁已經黏連在一起，A、B例“丞”旁下端的粗横筆，到C、D例寫法中已經變作一般的横筆。在D例中“承”下“手”旁中的竪筆未向下延伸，在最下端的横筆處即已截斷。

表4：漢隸“丞”“承”字示例表

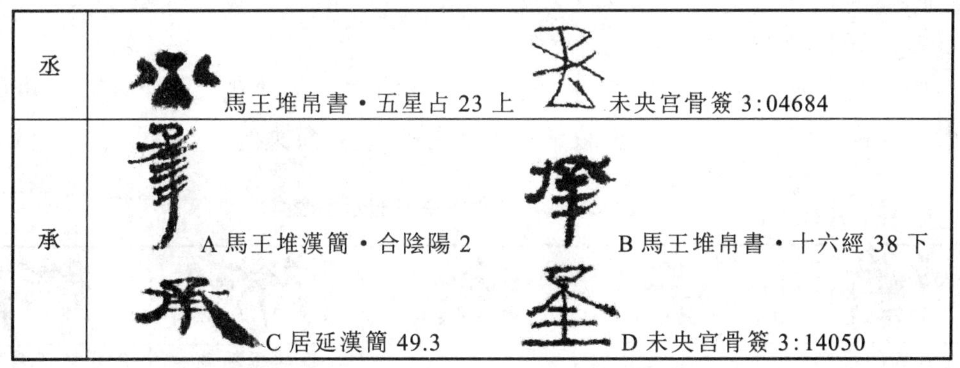

| 丞 | 馬王堆帛書·五星占23上 | 未央宫骨簽3:04684 |
| --- | --- | --- |
| 承 | A 馬王堆漢簡·合陰陽2 | B 馬王堆帛書·十六經38下 |
| | C 居延漢簡49.3 | D 未央宫骨簽3:14050 |

結合上舉諸例，可以發現印文中的“”字應該就是由漢隸“承”字轉寫而來。“”字中的“”旁與表中所舉“丞”字寫法相同。而下端的“手”旁因爲空間過於狹小，從而省變作近似“工”形，與D例的寫法相類似。與此類似的情況還見於漢印中“奉”字所从的“手”旁，如“”“”（康殷、任兆鳳，2002:533-534）。

“承意”之名還見於《金薤留珍》書卷28收録的“繆承意印”（故宫博物

①此印資料見於“盛世成馨”微信公衆號“漢印温姓集萃”帖，2021年5月9日，https://mp.weixin.qq.com/s/mjE6TaeLc4ZiykF7QbeGeg。

院，1971）。

圖7　漢印“繆承意印”

## 五

《二百蘭亭齋古銅印存》收録有這樣一方漢印（吴雲，1983:104）。

圖8　漢印“衞光印信”

此印還收録於《印典》，釋文作“衞光印信”（康殷、任兆鳳，2002:2131）。“衞”字，《秦漢印章封泥文字編》亦收録在“衞”字條下（趙平安、李婧、石小力，2020:184）。

傳世文獻中未見有“衞”字，我們懷疑印文中的“衞”爲“衛”字的變體。“衞”這種寫法的“衛”字應該是從隸書變體改寫而來的。

表 5：漢隸“衛”字異體示例表

| 衛 | 衛 | 衛 | 衛 | 衛 |
|---|---|---|---|---|
| A 銀雀山漢簡 394 | B 熹平石經 | C 孔宙碑陰 | D 居延新簡 EPF22:63A | E 五一廣場東漢簡牘 1842 |

“衛”字早期寫法作“衞”形，在隸書中或省作“衛”“衛”形，而演變至D例“衛”時，字形中部已經變作“朿”形。同樣的寫法還見於北海相景君銘中的“衛”字。而E例“衛”中的“朿”旁寫作“朿”形，這種寫法就已經接近於篆體的“朿”了。據此我們推斷，印文“衞”字應該是由“衛”字隸書變體改寫而來的。

附記：本文蒙匿名審稿專家及李雨萌、李銘鋭、李梓銘同學提出寶貴意見，指出文中存在的問題，在此謹表謝忱！

**參考文獻**

故宫博物院　1971　《金薤留珍》，故宫博物院影印。
菅原石廬　1996　《中國璽印集粹》，日本東京二玄社。
菅原石廬　2004　《鴨雄緑齋藏中國古璽印精選》，日本アートライフ社。
康　殷　任兆鳳　2002　《印典》，中國友誼出版公司。
施謝捷　2014　《虛無有齋摹輯漢印》，日本京都藝文書院。
吴　雲　1983　《二百蘭亭齋古銅印存》，西泠印社出版社。
趙平安　2012　《秦西漢印章研究》，上海古籍出版社。
趙平安　李　婧　石小力　2020　《秦漢印章封泥文字編》，中西書局。

# Five Notes of the Interpretation of Characters on the Han Seals

Wei Yihui

**Abstract:** This article interprets five knotty characters on the Han seals: *xi* (舄), *jue* (䲄), *ran* (然), *cheng* (承), and *wei* (衛). In the process of research, we find that the graphic forms of the seal inscriptions clearly differ from those of the small seal scripts, which were rewritten from clerical scripts instead. Based on this, we recognize that it is also a noteworthy direction of research on the seal scripts to rewrite a graphic form from clerical scripts back to seal scripts.

**Key words:** Han seals; Seal scripts; Clerical scripts

（魏宜輝，南京大學文學院　南京　210023）

# 漢長安城未央宫骨籤釋文校補（十則）*

胡孟强

**摘　要**：《漢長安城未央宫骨籤》一書公布了全部骨籤的釋文和圖版，整理者已經對骨籤文字做了很好的考釋，但仍然存在一些未釋字。本文從人物繫聯和字形對比出發，將相似辭例的骨籤釋文進行對比，從而對未釋或誤釋字進行校訂，如新釋“應”“猜”“足”“收”“冗”“脩”等字，將“廷”字改釋爲“逆”等。

**關鍵詞**：骨籤；漢代文字；字形對比；釋文訂補

20世紀80年代，西漢長安城未央宫遺址出土了數以萬計的骨籤，研究人員由此開始了長達三十餘年的整理。2020年，《漢長安城未央宫骨籤》（以下簡稱《骨籤》）一書出版，皇皇巨著，共90册，公布了全部骨籤的釋文和圖版（中國社會科學院考古研究所，2018—2020年）。近四十年來，有關骨籤的研究涉及其性質用途、名物、漢代工官、文字訓釋、書法等方面，較爲豐富。由於骨籤數量巨大，時間跨度長（幾乎横跨整個西漢時期），其對考古學、文字學、歷史學、書法等領域的研究都有極爲重要的意義①。

正确釋讀文字是開展其他研究工作的基礎，故舊有的骨籤材料發布後，不少學者對其中的未釋或誤釋字進行了研究。針對上世紀公布的零星材料，李均明、張戈、高傑、于淼、高明等對釋文或作訂補，或作新釋，取得了較爲豐富的成果。

李均明（1999:337-348）對骨籤文字的訓釋提出了不少新見，同時糾正了不少整理者之前出現的釋字錯誤，如將《報告》（中國社會科學院考古研究所，1996）所釋“伏”字改釋爲“佐”、1505號骨籤“作府雀”改釋爲“作府産”、8721號骨籤“定主”改釋作“御主”等。

---

*本文完成後得到黄德寬師、程燕師、滕勝霖師兄及匿名審稿專家指正，謹致謝忱！同窗張文成兄、程彪兄亦提出寶貴意見，一併致謝！

①本文所引骨籤釋文和字圖均見於中國社會科學院考古研究所《漢長安城未央宫骨籤・釋文編》（中華書局，2018年）、《漢長安城未央宫骨籤・文字編》（中華書局，2020年）。爲方便説明，釋文均已做處理並標點，其中釋文中加粗的文字均爲改釋後的意見。正文中骨籤字圖下方的（1）（2）等號碼爲同組骨籤的序號，骨籤字圖後的阿拉伯數字爲《骨籤》一書中的編號。

張戈（2012）對舊有骨籤文字加以系統校訂，其在原整理者所作釋文和考釋的基礎上，結合傳世兩漢文獻和尹灣、居延、額濟納漢簡等出土材料對籤文加以校訂，將整理者釋文與《漢長安城骨籤書法》一書進行對比，但多以《漢長安城骨籤書法》一書爲正。

高傑（2013:78-85）以骨籤中的河南工官類爲研究内容，結合張戈的校注又對釋文進行了訂補。于淼（2012:253-261）則另闢蹊徑，以人物繫聯的方式再次補正了部分骨籤文字，糾正了前人的不少誤釋，如改釋相同或相近骨籤辭例中出現的年份、工官名等。高明（2022：142-152）校訂了一些誤釋，頗有參考價值。

上述成果多數以上個世紀公布的零星材料爲研究對象，目前學界還没有對骨籤的全部材料進行系統研究，尤其涉及骨籤文字釋讀方面。于淼（2012:253）認爲“在年代相同或相近的一些工官類骨籤中，往往有相同的格式，且有重複出現的人名和相對固定的人物搭配”。筆者受于文的啓發，對新公布的全部骨籤材料進行研究，發現不少未釋字可以通過骨籤材料的繫聯對比加以解決。不當之處，敬祈方家指正。

## 一

（1）四年，河南工官，令定、丞廣元、作府聖、工應造（11849）

（2）四年，河南工官，令定、丞廣元、作府聖、工應造（10078）

（3）□□，□□□官，令定、丞廣□、□□□、工應造（27280）

（4）四年，河南工官，令定、丞廣□、作府聖、工應造（31756）

（5）四年，河南工官，□□□、□□元、作府聖、工應造（36827）

（6）四年，河南工官，令定、丞廣元、作府聖、工應造（6424）

以上一組，可根據工名繫聯。部分骨籤雖殘損，但根據繫聯部分的内容，可知其年份、工官、令、丞、作府均應是相同的。（2）中作府名圖版作，整理者釋“勝”，應係筆誤，實應釋“聖”，對比骨籤中的“聖”字即知：

4181、4051、6781

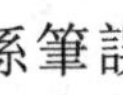

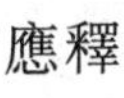

（1）至（5）中工名，整理者均未釋，其圖版分别作：

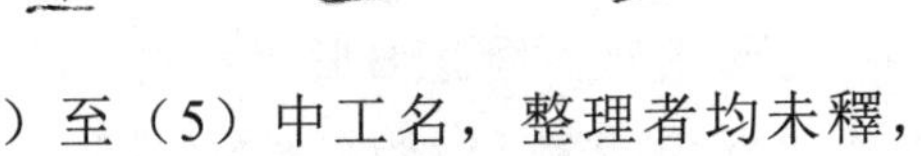

（1）（2）（3）（4）（5）

從工名的圖版來看，其均从“疒”，字形下部所从及繫聯的骨籤辭例也幾乎相同，可知未釋字應爲一字。通過將（1）至（5）與（6）繫聯並考察字形後，即可知（1）至（5）中的工名均應釋“應”。

整理者已釋出的“應”字在骨籤中較爲清晰的寫法如：

1674、1237、28785、15628

“應”字小篆作，《説文·心部》：“當也。从心雁聲。”可知从“雁”的“應”字才是當時的正體，但是骨籤文字中已釋的“應”字上部均从“雁”。未釋字中的“雁”與“心”旁寫法稍顯另類，需要進行説明。

漢代文字中的“广”與“疒”旁常混用無别，故“應”字从“雁”作（銀·貳1082）、（北·老子3）、（馬·經55），或从“雁”作（銀·貳312）、（居新E.P.F22：30）等。骨籤文字中已釋的“應”字，其上部大多从“广”，但也有从“疒”的，如（6424）①。

骨籤文字中的“心”旁常寫作四筆，中部彎筆常向右作拖筆狀，如（1274“忠”）、（1428“惠”）所从，或拉直作一竪筆，如“意”作（2488）等。值得注意的是，“心”旁又因草寫而寫作三筆或兩筆，如（11876“惠”）、（1849“忠”）、（605“意”）所从。上述未釋字，其下部所从有三筆和四筆兩種寫法，其中（1）和（4）作四筆，（2）（3）（5）作三筆，中部均作一竪筆，均能與骨籤中的“心”旁對應。

該字未能釋出的主要原因，在於“隹”旁的寫法甚爲簡省。“隹”旁在骨籤文字中的寫法作：

A“奮”所从：47836

“脽”所从：7007

B“護”所从：138、6440、8934、12820

A形爲“隹”字常規形體，B形是“護”字所从，其所从“隹”旁漸次草寫成左邊一竪筆和右旁的幾個横筆。未釋字“隹”旁寫法正可與B形寫法的“隹”旁對照。如果説A形尚能體現“隹”的象形意味，那麽B形則已經完全符號化，草寫導致的結構省簡劇烈，這也是不少骨籤文字難以被釋讀的原因。

①本文初稿時並未將骨籤中的“應”字寫法搜羅殆盡，此从“疒”旁的“應”字蒙匿名審稿專家的建議而增補，特此感謝！

## 二

（1）始元五年，南陽工官，護工卒史郤[①]、令捐、丞增壽、令史政、作府守嗇夫猜、嗇夫更、工丁猜造。 甲（713）

（2）始元五年，南陽工官，護工卒史郤、令捐、丞增壽、令史▨、作府守嗇夫猜、□▨更、工丁□造。 甲（44907）

該組骨籤可根據年份、工官及主要職官的姓名進行繫聯。（2）中字形極其潦草，整理者已釋讀出絶大多數文字。其中“嗇夫”名圖版作[字形]，整理者未釋，我們認爲是“猜”字的草寫。骨籤中的“猜”字寫法作：

A [字形]8192、[字形]713、[字形]7060、[字形]12094

B [字形]29448、[字形]13476、[字形]34842

C [字形]28748、[字形]10305、[字形]8934、[字形]45176

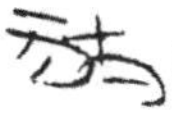

其中A形是“猜”字常規寫法，从“犬”从“青”，“青”上部竪筆往往又與下部“丹”的左側一竪連筆書寫[②]，這種形態的進一步草化，就演變成了C這種草寫的形態。這種寫法的“青”字又見於馬王堆漢墓簡帛文字，其作[字形]（馬•遣三366.19）。未釋字右旁[字形]就是這種草寫的“青”旁，只不過上部竪筆未刻寫出頭。

骨籤中“猜”字所从“犬”旁作[字形]（10305），上部橫筆與第二筆又連寫作[字形]（34880），又進一步草寫成[字形]（11281）、[字形]（13476）、[字形]（7060）等。未釋字的左旁，應是“犬”旁第二、三筆連寫後省去下部撇畫的寫法，8192號骨籤中的“猜”字作[字形]，其左旁即可與之對照。

## 三

（1）元年，河南工官，令定、丞立文、作府逆、工足造 （46611）

---

①該組“郤”字匿名審稿專家懷疑爲“舒”。“郤”與“舒”字在漢代文字中確實常相混用，但“郤”字在骨籤中全部作人名，我們暫且從整理者的意見將其釋爲“郤”。

②《説文》認爲“青”下部从丹，而從古文字來看，金文中“青”字从“井”，學者多認爲“井”爲聲符，後來“井”旁演變成形體相近的“丹”。骨籤中此字下部應从“丹”，此點蒙匿名審稿專家提醒，謹致謝忱。

（2）□□，□□□官，令定、丞立□、□□□、工足造　（36532）
（3）元年，河南工官，令定、丞立文、作府逆、工嬰造　（6276）
（4）元年，河南工官，令定、□立文、作府逆、工嬰造　（8353）
（5）元年，河南工官，令定、丞立文、作府逆、工期造（10076）
（6）元年，河南工官，令□、□立文、作府逆、工充造（30353）
（7）元年，河南工官，令定、丞立文、作府逆、工舜造　（3900）
（8）元年，河南工官，令定、丞□文、作府逆、工舜造　（7485）
（9）元年，河南工官，令定、丞□文、作府逆、工樂造（23679）
（10）元年，河南工官，令定、□□文、作府逆、工土造（14215）
（11）二年，河南工官，令定、丞□立、作府逆、工生造　（2583）
（12）二年，河南工官，□□、□□□、作府逆、工□□（49046）
（13）三年，河南工官，令定、丞立廣、作府逆、工處造（5538）

以上是一組以“河南工官”爲大主題，“作府逆”與“作府廷”爲主的骨籤，其年份相近，工官組合相似，故可繫聯。（11）中的工名，整理者原釋“尘”，此據高明（2023:115）意見改。（1）中工名，整理者未釋，其圖版作，我們懷疑其爲“足”字。“足”字在骨籤中常作上下結構，如：

9737、3799、11254、27201、40006

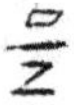

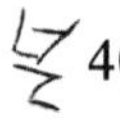

雖然骨籤文字中大部分字的形體結構已經固定下來，但是仍然存在一些偏旁位置不定的字，如：

燥：1725、12633

加：5736、42106

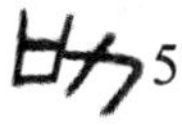

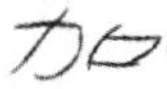

（1）中“足”字大概就是形的左右結構寫法。該工名在同組繫聯的（2）中同樣出現，釋“足”應無誤。

（1）中作府名圖版原有殘泐，可處理作，整理者原釋“産”。骨籤文字中的“産”字作：

1505、9997、2640

與其有明顯差别，此字應與該組的“逆”與“廷”字結合起來一起考察。該組骨籤年份相近，主要職官的姓名應是相同的，但作府名有“廷”與“逆”

兩種釋法。整理者原釋“廷”之字，其圖版清晰者作：

（3）（7）（8）（9）（10）（11）（13）

骨籤中的“逆”字作：

2498、5639、13767、18061、2545

兩字形體極爲相似，部分甚至完全同形。我們認爲整理者可能將二者混同，有必要區分開來。先來看漢代其他文字材料中的“廷”：

北・蒼54、馬・戰54.16、肩・叁73EJT30:210A

居新E.P.F22:1、五一簡・叁805

“廷”字从“廴”“壬”聲，“壬”旁上部均作一撇，其中竪在漢代早期往往不出頭，但到了漢代中晚期的時候，“壬”旁中竪或貫穿底部横畫，但上部仍然作一撇。

再來看“逆”字：

馬・陰甲天地3.24、馬・陰乙天一26.3、馬・經44.28、銀・壹344、肩・伍73EJF3:420、居舊324.9

“逆”本从“屰”，“屰”旁上部兩點在漢代文字中往往連寫成一横，其中竪下部在漢代文字中全部出頭，上部或作三横，或作四横，最上面的横畫没有寫作撇筆的。上部撇畫與下部是否出頭始終是漢代文字中“廷”與“逆”字的主要區别特徵。

知道了漢代文字中“廷”與“逆”字的區别，我們再來看骨籤文字中所謂的“廷”與“逆”。二字的主要區分，在於“壬”與“屰”旁，其在骨籤中作：

“壬”：郢13040、聖4181、望1327

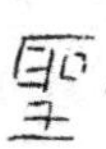

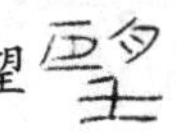

“屰”：朔2604、4463

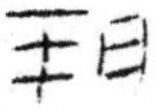

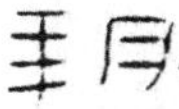

可知“壬”旁在骨籤文字與其他漢代文字中上部均作一撇，撇筆在骨籤文字中或寫作一横，中竪下部不出頭，而“屰”旁或作三横、或作四横，中竪下

部往往貫穿，這是骨籤文字中二者的主要區别。上組繫聯的骨籤中，整理者原釋"廷"之字，其圖版上部全部作横筆，工官組合也極爲相似，應是同一字的不同寫法，故上述作府名均應改釋爲"逆"。骨籤文字中部分"逆"字所从"屰"旁下部不出頭，可能是受到了刻畫書寫方式的影響。

## 四

（1）始元二年，河南工官，令寬郤石、丞尚賜德、護工卒史堯、作府啬夫關、佐☐、冗工充國、工收造 （2008）

（2）始元二年，河南工官，令寬郤石、丞尚賜德、護工卒史堯、作府啬夫關、佐陽、冗工克侈、工收造 （3125）

（3）始元二年，河南工官，令寬郤石、丞尚賜德、護工卒史堯、作府啬夫關、佐石、冗工克柱、工收造 （13493）

以上一組骨籤除"佐""冗工"和工名外，其餘信息基本相同，故可繫聯。（1）中"冗"字，整理者誤釋作"充"，其圖版作，對比骨籤中的"冗"字即知：

9941、2025、2604

（1）中工名整理者未釋，圖版可處理作，當釋"收"。骨籤中其他"收"字如（628）、（39914），可證。

## 五

（1）四年，河南工官，令定、丞廣元、作府满、工賤造 （4296）

（2）四年，河南工官，令定、丞廣元、作府满、工賤造 （5618）

（3）六年，河南工官，令定、丞廣緩、作府棣、工賤造 （1770）

（4）六年，河南工官，令定、丞緩廣、作府棣、工賤造 （6261）

如上四枚骨籤年份相近，工官與令皆相同，故可繫聯考察。（3）中工名整理者未釋，可以將其字形與其他工名對比：

（1） （2） （3） （4）

可知其工名皆爲“賤”。“賤”所从“戔”旁在骨籤文字中作（27546“殘”所从），或連筆作（7744“賤”所从），或省簡作（27216“殘”所从）、（5125“賤”所从），或變形作（7133“賤”所从），草寫情況較爲複雜。

（3）中未釋字右旁作，其中部未刻竪筆，與上述連筆書寫的“戔”旁有異，或是類寫法的進一步省簡①。

## 六

（1）太始元年，河南工官，▨▨▨▨、丞堯猜、作府佐充、▨卯造（2547）

（2）太始元年，河南工官，令曾子醉、丞堯猜、作府佐充、冗工堯年、工九造（3734）

（3）太始元年，河南工官，令曾子醉、丞堯猜、作府佐充、冗工堯嘉足□造（7070）

（4）太始元年，河南工官，令曾子▨、丞堯猜、作府佐充、工堯▨息□造（23612）

（5）太始元年，河南工官，令曾子醉、丞堯猜、作府佐充、冗工堯喜造（38883）

（6）太始元年，河南工官，令曾醉、丞堯猜、作府佐充、冗工堯喜造（85）

（7）太始元年，河南工官，令曾醉子、丞堯猜、作府佐充、工堯斛年成造（21295）②

上組骨籤，主要職官姓名基本相同。（1）和（2）中作府佐名未釋，如此繫聯即可知其爲“充”字。（2）的圖版殘損較重，依其上部筆畫仍能識别其是“充”。（1）中圖版作，可與骨籤中的“充”字進行對比：

2790、4825

①匿名審稿專家認爲該偏旁“似乎是漏刻了竪筆，甲骨中常有這樣的情況”，從字形來看，該偏旁上下分開的兩部分也可以看成是“戈”旁之省。

②“斛”字原釋“斛”，據圖版改，詳另文。

整理者在骨籤文字編中將“充”字括注在“克”後，大概認爲兩字在骨籤文字中同形，實際上兩字還是需要加以區分。

漢代其他文字材料中的“充”字作：

A  馬・十27.61、居舊162.17、居新E.P.S4.T2:40、中山内府鍾一・漢銅205頁

B  銀・壹619、居舊160.15、居新E.P.T52：766

而“克”字作：

C  銀・貳1138、北・老子61、肩・叁73EJT30：7+19

D  馬・周7、馬・經63

E  馬・周54

從字形上來看，漢代文字中的“充”字上部有兩種寫法：一種是作一撇一捺兩筆，如A組；另一種則是將上部撇捺筆畫拉直成一横，如B組。漢代早期的“克”與“充”字形十分相似，只不過“克”字右下角有一類似“刀”形的飾筆，如C形，其變體又作D、E形。上述字，整理者（甘肅簡牘博物館等，2013:167）原釋“充”，已有學者改釋爲“克”（葛丹丹，2019:699），甚是。西漢中晚期的“充”與“克”或存在混同現象，但從上舉字形及時代分布上來看，“克”字右下角的飾筆始終是其與“充”字在西漢早期最重要的區别特徵。

再來看骨籤中整理者釋爲“克（充）”之字，亦存在和漢代文字中“充”字同樣的兩種寫法：

E  395、2684、3143

G  1949、4247、1796

上述字形均能與其他漢代文字中的“充”字對應，故釋“充”較爲妥當，至少整理者在文字編中將“充”與“克”歸爲一字是值得商榷的。

## 七

元鳳元年，潁川工官，擭工卒史春、令狀、守丞福、掾賀、作府

嗇夫友、佐恢、宂工弘、工宊造　　　　　　　　　　（13474）

上列骨籤，其工名圖版作[illegible]，構形清晰，从“宀”从“犬”，當釋“宊”。此工名骨籤中僅此一見，暫未見可繫聯的骨籤。骨籤中的“犬”旁如[illegible]（41579“狐”所从）、[illegible]（2349“狗”所从），可證。

## 八

（1）六年，河南工官，令定、丞緩廣、作府夫、工成造　（4340）
（2）六年，河南工官，令定、丞緩廣、作府夫、工成造　（6330）
（3）六年，河南工官，令定、丞緩廣、作府夫、工成造（11647）
（4）六年，河南工官，令定、丞緩廣、作府夫、工成造（17134）
（5）六年，河南工官，令定、丞緩廣、作府夫、工成造（21848）

此組骨籤，內容完全相同，故可繫聯。（1）中工名整理者未釋，圖版可摹寫作[illegible]，應釋“成”。骨籤中的“成”字作：

A [illegible]6330、[illegible]21848、[illegible]11647

B [illegible]50461、[illegible]48954

C [illegible]20427、[illegible]11286

D [illegible]16256

其中A形是“成”字常規形體，从“戊”“丁”聲。“戊”旁或寫成“戌”旁，“丁”旁或追加一筆，或追加兩筆（如B形）。“丁”旁或徑直簡寫成兩横（如C形）。D形則是以上形體的雜糅。

（1）中未釋字應與上述B形類似，只不過“丁”旁竪筆結尾時作了一個向上的收筆，以致難以識別。

## 九

（1）二年，河南工官，守令它、守丞福、護工卒史直、作府嗇夫

侍樂成、佐憙忠、冗工堯劼、工脩午造　　（1826）

（2）二年，河南工官，守令它、守丞福、護工卒史直、作府嗇夫侍樂成、佐憙忠、冗工堯劼、工脩午造　　（2610）

以上一組骨籤，内容完全相同，故可繫聯。（1）中工名整理者未釋，其圖版左上方有部分殘泐，可摹寫作[字形]，應釋"脩"。此形體與骨籤中"脩"字常規形體不類：

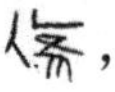

[字形]6549、[字形]11759、[字形]18606、[字形]19719

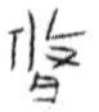

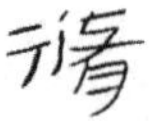

"脩"字本从"肉""攸"聲。但骨籤中此字"肉"旁或與"攸"所从的"攴"旁連筆書寫，如[字形]（33688"脩"），這種寫法與前文"青"字下部寫法類似。同組繫聯的骨籤辭例均能對應，釋"脩"應無誤。

## 十

（1）二年，河南工官，守令它、守丞福、護工卒史直、作府嗇夫侍樂成、佐常利、冗工堯廣、工堯造　　（7837）

（2）二年，河南工官，守令它、守丞福、護工卒史直、作府嗇夫侍樂成、佐▨利、冗工堯廣、工[堯]造　　（18201）

（3）▨▨，▨▨工官，守令它、守丞福、▨▨▨▨直、作府嗇夫侍樂成、佐▨利、冗工堯仁、工堯造。▨　　（18177）

以上三片骨籤可繫聯考察。（1）中工名未釋，應釋"堯"。骨籤中的"堯"字形體可分爲如下幾類：

A [字形]10244、[字形]49748、[字形]3172

B [字形]6350、[字形]131、[字形]1130

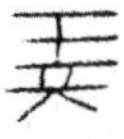

C [字形]1558、[字形]1989、[字形]2978

D [字形]2682、[字形]9642、[字形]3174

"堯"字在其他漢代文字中的寫法如[字形]（馬•陰甲堪表7L.9），可知骨籤中的A類寫法是其正體，其上部从"垚"，只不過"垚"旁下部兩個"土"旁共用横筆。B、C、D類寫法均是由A類寫法稍作變異而來，其區別主要在於上部

土旁的多少及位置變化：B類寫法从“圭”，係“垚”省去了下部的一個“土”旁；C形應是A類的進一步草寫；D形則是“垚”旁省去上部“土”旁的結果。

再來看（1）中的未釋字，其圖版作，應係上述A類寫法的誤書，書手疑將“堯”字中部右側形分開書寫成形。其中部左旁仍保留“堯”字所从的兩個“土”旁，其餘部分的形體均能與骨籤“堯”字形體對應，且繫聯骨籤辭例均能對照，釋“堯”應無誤。

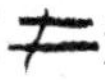

附記：文成後，見高明亦將本文第一節中的工名釋爲“逆”，第三節中的“廷”改釋爲“逆”，唯論證方式有所不同，見高明：《漢長安城未央宫骨籤文字考釋二十則》，第四届跨文化漢字國際學術研討會論文集，2022年；《漢長安城未央宫骨籤文字考釋五則》，第四届文獻語言學青年論壇論文集，2022年。

**引書簡稱表**

| 北·蒼 | 《北京大學藏西漢竹書（壹）·蒼頡篇》 | 北·老子 | 《北京大學藏西漢竹書（貳）·老子》 |
|---|---|---|---|
| 漢銅 | 《漢代銅器銘文文字編》 | 肩·叁 | 《肩水金關漢簡（叁）》 |
| 肩·伍 | 《肩水金關漢簡（伍）》 | 居舊 | 《中國簡牘集成·居延漢簡》 |
| 居新 | 《中國簡牘集成·居延新簡》 | 馬·周 | 《長沙馬王堆漢墓簡帛集成（壹）·周易經傳》 |
| 馬·戰 | 《長沙馬王堆漢墓簡帛集成（壹）·戰國縱横家書》 | 馬·經 | 《長沙馬王堆漢墓簡帛集成（壹）·經法》 |
| 馬·十 | 《長沙馬王堆漢墓簡帛集成（壹）·十六經》 | 馬·遣三 | 《長沙馬王堆漢墓簡帛集成（貳）·三號墓竹簡遣策》 |
| 馬·陰甲 | 《長沙馬王堆漢墓簡帛集成（壹）·陰陽五行甲篇》 | 馬·陰乙 | 《長沙馬王堆漢墓簡帛集成（貳）·陰陽五行乙篇》 |
| 馬·刑丙 | 《長沙馬王堆漢墓簡帛集成（壹）·刑德丙篇》 | 五一簡·叁 | 《長沙五一廣場東漢簡牘（叁）》 |
| 銀·壹 | 《銀雀山漢墓竹簡（壹）》 | 銀·貳 | 《銀雀山漢墓竹簡（貳）》 |
| 張·奏 | 《張家山漢墓竹簡·奏讞書》 | | |

**參考文獻**


甘肅簡牘博物館等 2013 《肩水金關漢簡（叁）》，中西書局。

高 傑 2013 《從漢長安城未央宫骨籤看河南工官的設置》，《華夏考古》第4期。

高 明 2022 《漢長安城未央宫骨籤釋文校訂（八則）》，《出土文獻綜合研究集刊》（第16輯），巴蜀書社。

高 明 2023 《漢長安城未央宫骨籤“生”字考》，《中國文字研究》（第36輯），華東師範大學出版社。

葛丹丹 2019 《〈肩水金關漢簡（貳）（叁）〉文字編》，吉林大學碩士學位論文。

李均明 1999 《漢長安城未央宫遺址出土骨籤瑣議》，《臺大歷史學報》第23期。

于　淼　2015　《漢長安城未央宮骨籤釋文訂補——以人物繫聯方式爲中心》，《簡帛》（第10輯），上海古籍出版社。

張　戈　2012　《漢長安城骨籤校注》，首都師範大學碩士學位論文。

中國社會科學院考古研究所　1996　《漢長安城未央宮：1980—1989年考古發掘報告》，中國大百科全書出版社。

中國社會科學院考古研究所　2018　《漢長安城未央宮骨籤·釋文編》，中華書局。

中國社會科學院考古研究所　2020　《漢長安城未央宮骨籤·文字編》，中華書局。

# Ten Notes of Corrections and Supplements to the Interpretation of the Inscriptions on the Bone Labels of the Weiyang Palace in Chang'an City of the Han Dynasty

Hu Mengqiang

**Abstract:** The *Bone Labels of the Weiyang Palace in Chang'an City of the Han Dynasty* (《漢長安城未央宮骨籤》) has published the interpretation and pictures of all the bone labels. The collators made good interpretation of the inscriptions on the bone labels, but there are still some uninterpreted characters. Starting form the connection of personal names and the comparison of graphic forms, this article compares the interpretation of bone label inscriptions with similar word usage, thus making corrections and supplements to some uninterpreted or misinterpreted characters, such as *ying* (應), *cai* (猜), *zu* (足), *shou* (收), *rong* (宂) and *xiu* (脩). The article also changes the interpretation of character *ting* (廷) into *ni* (逆).

**Key words:** Bone labels; Han Dynasty script; Comparison of graphic forms; Corrections and Supplements to the Interpretation

（胡孟强，清華大學出土文獻研究與保護中心　北京　100084）

# 據秦簡校補《墨子》一則*

周序林

**摘　要**：《墨子·雜守》所載的口糧標準“斗食”與“終歲三十六石”之間、“斗食”與“食五升”之間有脱文，導致這兩組數據內部前後矛盾，今據嶽麓書院藏秦簡《數》簡139-140所載口糧標準及有關計算結果，分別校補爲“斗食，【終歲七十二石；半食，】終歲三十六石”和“斗食，【食十升；半食，】食五升”。

**關鍵詞**：墨子；脱文；口糧標準；秦簡

## 一、問題的提出

《墨子·雜守》載有關於口糧分配的內容如下[我們把引文標注爲（1）（2）（3）三個部分以便討論]：

> （1）斗食，終歲三十六石；參食，終歲二十四石；四食，終歲十八石；五食，終歲十四石四斗；六食，終歲十二石。（2）斗食，食五升；參食，食參升小半；四食，食二升半；五食，食二升；六食，食一升大半。（3）日再食。　　（孫詒讓，2002:220）

其“斗食”《墨子》舊本作“升食”，如茅坤萬曆刻本、四庫本。畢沅認爲舊本“升食”之“升”疑爲“斗”之訛（畢沅，1784:16）。此意見爲後來學者采納。學界普遍認爲“斗食”“參食”“四食”“五食”“六食”與各自對應的全年糧食石數及每餐糧食升數都是一致的，分述如下。

蘇時學認爲（1）提供了“斗食”“參食”“四食”“五食”“六食”各自對應的全年糧食石數，（2）提供了“斗食”“參食”“四食”“五食”“六食”每餐的糧食升數，（3）提供了每日的餐數，則據（2）（3）即可計算出（1）中“斗食”“參食”“四食”“五食”“六食”各自對應的全年糧食石數。例如，據（2）“斗食，食五升”和（3）“日再食”，可計算得到（1）中“斗

*本文爲國家社科基金西部項目“簡牘算書疑難問題研究”（23XTQ005）資助成果。

食”全年糧食數量“三十六石”，即5升/餐×2餐/天×360天/年＝3600升/年＝36石/年；又如，據（2）“四食，食二升半”和（3）“日再食”，可算得（1）中“四食”全年糧食數量“十八石”，即$2\frac{1}{2}$升/餐×2餐/天×360天/年＝1800升/年＝18石/年（參看蘇時學，1867:19-20）①。也就是説，在蘇時學看來，“斗食”“參食”“四食”“五食”“六食”與各自對應的全年糧食石數不矛盾，與各自對應的每餐糧食升數也是一致的。

俞樾補“小半”而將畢沅本“參食食參升”校改爲“參食食參升小半”，並於畢沅本“食終歲十八石”前補“四”字而作“四食終歲十八石”（俞樾，1935:222）②。此校補爲孫詒讓等後來學者所接受。俞樾認爲（1）與（3）結合起來表示正常情况下的糧食數量（“常數”），認爲“斗食”指“日食一斗”，而“參食”“四食”“五食”“六食”分别指“參分斗而日食其二”“四分斗而日食其二”“五分斗而日食其二”“六分斗而日食其二”。此外，俞樾認爲（2）是計算民食不足時期每天的糧食數量，方法是將“常數”減半（俞樾，1935:222）。現依據俞樾的理解，將“斗食”“參食”“四食”“五食”“六食”各自的全年糧食的“常數”計算如下：

斗食：1斗/天×360天/年＝360斗/年＝36石/年

參食：$\frac{1}{3}$斗/餐×2餐/天×360天/年＝240斗/年＝24石/年

四食：$\frac{1}{4}$斗/餐×2餐/天×360天/年＝180斗/年＝18石/年

五食：$\frac{1}{5}$斗/餐×2餐/天×360天/年＝144斗/年＝14石4斗/年

六食：$\frac{1}{6}$斗/餐×2餐/天×360天/年＝120斗/年＝12石/年

將“常數”減半後每天的糧食數量計算如下：

斗食：1斗/天÷2＝5升/天

參食：$\frac{2}{3}$斗/天÷2＝$3\frac{1}{3}$升/天

四食：$\frac{2}{4}$斗/天÷2＝$2\frac{1}{2}$升/天

五食：$\frac{2}{5}$斗/天÷2＝2升/天

六食：$\frac{2}{6}$斗/天÷2＝$1\frac{2}{3}$升/天

①關於“參食”的全年口糧數量，由於蘇時學所據《墨子》畢沅本作“參食食參升”，故蘇計算“參食”的全年口糧數量爲21石6斗/年。後俞樾補“小半”而作“參食食參升小半”，計算結果即爲24石/年。另，蘇時學計算的“五食”對應的全年口糧數量爲“十四石四升”，其“升”字當爲“斗”之誤。

②“食終歲十八石”，《墨子》舊本如萬曆刻本和四庫本作“四食終歲十八石”，畢沅本脱“四”字。

可見，一方面，俞樾對文意的理解和計算的方法都與蘇時學不同，另一方面，同樣認爲“斗食”“參食”“四食”“五食”“六食”與各自對應的數據能够自洽。

孫詒讓認爲俞樾的“減半”之説“非《墨子》之恉”，認爲（2）（3）“申析上文‘斗食’以下日再食每食之升數也，故末又云‘日再食’，以總釋之”（孫詒讓，2002:220-221）。也就是説，孫詒讓認爲（2）是解析（1）中的“斗食”“參食”“四食”“五食”“六食”分别對應的每餐的升數，然後按照（3）就可以計算得到各自對應的（1）中全年糧食石數。這與蘇時學的理解暗合。據此可將“斗食”“參食”“四食”“五食”“六食”各自的全年糧食總量計算如下：

斗食：5升/餐×2餐/天×360天/年＝3600升/年＝36石/年

參食：$3\frac{1}{3}$升/餐×2餐/天×360天/年＝2400升/年＝24石/年

四食：$2\frac{1}{2}$升/餐×2餐/天×360天/年＝1800升/年＝18石/年

五食：2升/餐×2餐/天×360天/年＝1440升/年＝14石4斗/年

六食：$1\frac{2}{3}$升/餐×2餐/天×360天/年＝1200升/年＝12石/年

繼孫詒讓之後的學者，均在蘇時學、俞樾和孫詒讓的意見框架内對（1）（2）（3）進行研究，如吴毓江、汪榕培、方勇等（參看吴毓江、孫啓治，1993:975，987；汪榕培、王宏，2006:604-605；方勇，2018:618），此不贅述。不過，從這些研究可以看出，研究者均認爲“斗食”“參食”“四食”“五食”“六食”與各自對應的全年糧食石數及每餐糧食升數都是一致的。

進一步分析發現，以上諸家對“斗食”和“參食”“四食”“五食”“六食”的理解采用了不同的標準。其中“斗食”之“斗”被理解爲一天的糧食數量。如俞樾認爲“斗食”指“日食一斗”，即1斗/天；孫詒讓引蘇時學認爲：“斗食，食五升，又言日再食，是一食五升，再食則一斗。”即5升/餐×2餐/天＝1斗/天。這顯然都是把“1斗/天”作爲“斗食”的命名理據。而與此不同的是，“參食”“四食”“五食”“六食”之“參”“四”“五”“六”被理解爲每餐的數量。如俞樾分别理解爲：$\frac{1}{3}$斗/餐、$\frac{1}{4}$斗/餐、$\frac{1}{5}$斗/餐、$\frac{1}{6}$斗/餐；孫詒讓分别理解爲：$3\frac{1}{3}$升/餐、$2\frac{1}{2}$升/餐、2升/餐、$1\frac{2}{3}$升/餐。二者的數量表達方式不同，但都是等值的。這顯然都是用每餐的糧食數量來爲“參食”“四食”“五食”“六食”命名的。也就是説，正是因爲采用了“每天”和“每餐”這樣的雙重標準，（1）（2）（3）中的所有數據才得以自洽。這正是以上諸家觀點的問題所在。

## 二、據秦簡校補

爲了更好地理解《雜守》中的這段引文，下面我們利用有關秦簡文獻對相關信息進行解讀。

“斗食”“參食”“四食”“五食”“六食”當指法律規定的口糧標準。睡虎地秦簡“法律十八種”之《倉律》簡55-56：“城旦之垣及它事而勞與垣等者，旦半夕參；其守署及爲它事者，參食之。其病者，稱議食之，令吏主。城旦舂、舂司寇、白粲操土攻（功），參食之；不操土攻（功），以律食之。”《司空》簡133-134：“居官府公食者，男子參，女子駟（四）。”（睡虎地秦墓竹簡整理小組，1990:33、51）簡文“以律食之”指依照法律規定給予某種口糧標準。簡文“參食”即是這樣的口糧標準。簡文“旦半夕參”之“半”“參”及簡文“駟（四）”分別是“半食”“參食”“駟（四）食”之省，也是指口糧標準。由此推知，“斗食”“五食”也屬於口糧標準。

“斗食”“參食”“四食”“五食”“六食”是以每餐的糧食數量命名的口糧標準。上引《倉律》簡55“旦半夕參”，整理者（睡虎地秦墓竹簡整理小組，1990:33）注：“早飯半斗，晚飯三分之一斗。”明確“半”“參”都是一餐的糧食數量。《倉律》簡51“隸臣田者，以二月月稟二石半石”，其中的“月稟二石半石”就是按照“旦半夕參”的標準來計算得到的2月份的口糧總數（詳見下文），可以印證。可推知上引《司空》簡134“駟（四）”和《雜守》“五食”“六食”亦爲每餐的糧食數量。而《雜守》“斗食”與“參食”“四食”“五食”“六食”的語境相同，且爲並列關係，其“斗”當然也應該是表示每餐的糧食數量，而不是每天的糧食數量。同樣的用法還見於嶽麓書院藏秦簡《數》簡139“一人斗食，一人半食，一人參食，一人駟食，一人馱食”（參看朱漢民、陳松長，2011:107），這裏也是“斗食”與“參食”“駟（四）食”“馱（六）食”在同一語境中並列使用。可見，《雜守》“斗食”“參食”“四食”“五食”“六食”都是按照每餐的糧食數量來命名的。

關於如何確定“斗食”“參食”“四食”“五食”“六食”所代表的數量多寡，有兩種意見。我們把第一種意見稱爲“餐數説”，如蕭燦（2010:73）引鄒大海認爲“斗食”“參食”“四食”“五食”“六食”實際上是“以1斗所吃的餐數命名的”。此説大抵是把“斗食”看作“一斗一食”之省，而“參食”“四食”“五食”“六食”則承前省略“一斗”，意即：1斗分1餐食用、1斗分3餐食用、1斗分4餐食用、1斗分5餐食用、1斗分6餐食用，可表示如下：

斗食：1斗÷1餐＝1斗/餐

參食：1斗÷3餐＝$\frac{1}{3}$斗/餐

四食：1斗÷4餐＝$\frac{1}{4}$斗/餐

五食：1斗÷5餐＝$\frac{1}{5}$斗/餐

六食：1斗÷6餐＝$\frac{1}{6}$斗/餐

我們把第二種意見稱爲“量具説”。此説是依據“斗”“參”作爲量具可分别容1斗、$\frac{1}{3}$斗，進而類推，把“四”“五”“六”分别視爲$\frac{1}{4}$斗、$\frac{1}{5}$斗、$\frac{1}{6}$斗，則“斗食”“參食”“四食”“五食”“六食”分别表示1斗/餐、$\frac{1}{3}$斗/餐、$\frac{1}{4}$斗/餐、$\frac{1}{5}$斗/餐、$\frac{1}{6}$斗/餐。如上引《倉律》簡55“旦半夕參”，整理者（睡虎地秦墓竹簡整理小組，1990:33）注：“參，量制單位，三分之一斗。”朱漢民、陳松長（2011:107-108）認爲“參”“駟”“駅”分别指“三分之一斗”“四分之一斗”“六分之一斗”。睡虎地秦簡《效律》簡6-7：“參不正，六分升一以上。”整理者釋“參”爲“三分之一斗”（睡虎地秦墓竹簡整理小組，1990:70）①。其“參”指容積爲$\frac{1}{3}$斗的量具。里耶秦簡簡9-19a第4欄“糲米半四”，及簡9-20a第3欄“食一石一斗二駟”，第4欄“餘米八斗一駟”（里耶秦簡博物館，2016:181-182），其“四”“駟”表示容積爲$\frac{1}{4}$斗的量具，“半四”即$\frac{1}{8}$斗，“二駟”即$\frac{1}{2}$斗，“一駟”即$\frac{1}{4}$斗。不管是“餐數説”還是“量具説”，都認爲“斗食”“參食”“四食”“五食”“六食”分别表示的糧食數量是1斗/餐、$\frac{1}{3}$斗/餐、$\frac{1}{4}$斗/餐、$\frac{1}{5}$斗/餐、$\frac{1}{6}$斗/餐。

“日再食”應該是法律規定的每日兩餐制，即早、晚各一餐的制度，可以是口糧標準相同的兩餐，也可以是口糧標準不同的兩餐。如上引《倉律》簡55“旦半夕參”，整理者注：“早飯半斗，晚飯三分之一斗。”即早餐口糧標準爲“半食”，晚餐口糧標準爲“參食”，是“日再食”中兩餐的口糧標準不同的情形。《倉律》簡55簡文“參食之”，整理者（睡虎地秦墓竹簡整理小組，1990:34）注“參食，早晚兩餐各三分之一斗”，是“日再食”中兩餐的口糧標準相同的情形。而《雜守》的“日再食”是屬於早晚兩餐的口糧標準相同的情況。

法律要求計算不同口糧標準對應的每月口糧總數和每年口糧總數。《倉律》記載了每月口糧總數的例子，如簡49：“隸臣妾其從事公，隸臣月禾二石，隸妾一石半……小城旦、隸臣作者，月禾一石半石；未能作者，月禾一石。”（睡虎地秦墓竹簡整理小組，1990:32）②其中每月口糧總數“二石”“一石半”

①按，簡文文意爲：“量器參不精確，誤差在六分之一升以上。”

②按，簡49簡文文意爲：“隸臣妾如爲官府服役，隸臣每月發糧二石隸妾一石半……小城旦或隸臣勞作的，每月發糧一石半；不能勞作的，每月發糧一石。”

“一石”“二石半石”分别對應的口糧標準當爲“參食”“四食”“六食”“旦半夕參”。即：

參食：$\frac{1}{3}$斗/餐×2餐/天×30天/月＝20斗/月＝2石/月

四食：$\frac{1}{4}$斗/餐×2餐/天×30天/月＝15斗/月＝1石半石/月

六食：$\frac{1}{6}$斗/餐×2餐/天×30天/月＝10斗/月＝1石/月

旦半夕參：($\frac{1}{2}$斗/餐＋$\frac{1}{3}$斗/餐)×1餐/天×30天/月=25斗/月=2石半石/月

睡虎地秦簡“法律十八種”之《金布律》簡77-78：“及隸臣妾有亡公器、畜生者……其所亡衆，計之，終歲衣食不踐以稍賞（償），令居之。”（睡虎地秦墓竹簡整理小組，1990:38）[①]這裏的“終歲”之“食”，顯然是根據隸臣妾的口糧標準算得的全年口糧總數，計算方法當是口糧標準、每日餐數（2餐/天）和全年天數（360天）的乘積。

基於以上認識，我們將《雜守》“斗食”“參食”“四食”“五食”“六食”對應的全年口糧總數分别計算如下：

斗食：1斗/餐×2餐/天×360天/年＝720斗/年＝72石/年

參食：3$\frac{1}{3}$升/餐×2餐/天×360天/年＝2400升/年＝24石/年

四食：2$\frac{1}{2}$升/餐×2餐/天×360天/年＝1800升/年＝18石/年

五食：2升/餐×2餐/天×360天/年＝1440升/年＝14石4斗/年

六食：1$\frac{2}{3}$升/餐×2餐/天×360天/年＝1200升/年＝12石/年

將“斗食”“參食”“四食”“五食”“六食”對應的每餐口糧升數分别計算如下：

斗食：1斗/餐＝10升/餐

參食：$\frac{1}{3}$斗/餐＝3$\frac{1}{3}$升/餐

四食：$\frac{1}{4}$斗/餐＝2$\frac{1}{2}$升/餐

五食：$\frac{1}{5}$斗/餐＝2升/餐

六食：$\frac{1}{6}$斗/餐＝1$\frac{2}{3}$升/餐

如果將此計算結果與《雜守》所載數據進行對比，我們會發現，此計算結果中的“參食”“四食”“五食”“六食”各自對應的全年口糧總數、每餐升數與《雜守》所載的數據一致，而此計算結果中“斗食”的全年口糧總數爲72石，每餐升數爲10升，與《雜守》所載36石、5升不同。也就是説，《雜守》

---

①按，簡文意爲：“隸臣妾有丢失官府器物或牲畜的……若丢失的數量多，且經過計算，他們全年的衣食還不够全部賠償的，應令他們以勞役抵償。”

“斗食”與“終歲三十六石”之間、“斗食”與“食五升”之間是矛盾的。導致這一矛盾的原因是“斗食”與“終歲三十六石”、“斗食”與“食五升”之間有脱文。嶽麓書院藏秦簡《數》簡139–140所載關於口糧分配的算題爲我們校補《雜守》有關脱文提供了思路。我們據《數》簡139–140圖版將此算題簡文整理如下（簡號隨文標注，簡文符號省略）：

> 一人斗食，一人半食，一人參食，一人駟（四）食，一人駃（六）食，凡五人。有米一石，欲以食數分之。問：各得幾可（何）？曰：斗食者得四斗四升139九分升四，半食者得一〈二〉斗二升九分升二，參食者一斗四升廿七分升廿二，駟（四）食者一斗一升九分升一，駃（六）食者七升140〖廿七分升十一。〗（圖版參看朱漢民、陳松長，2011:20）①

此算題有五種口糧標準：斗食、半食、參食、駟（四）食、駃（六）食，現與《雜守》所載口糧標準對比如下表。

《雜守》與《數》所載口糧標準對照表

| 《雜守》 | 斗食 | / | 參食 | 四食 | 五食 | 六食 |
|---|---|---|---|---|---|---|
| 《數》 | 斗食 | 半食 | 參食 | 駟食 | / | 駃食 |

對比發現，《雜守》“四食”“六食”之“四”“六”在《數》中分别作“駟”“駃”，《數》缺“五食”而多“半食”，《雜守》多“五食”而少“半食”。其中，“四”“六”分别作“駟”“駃”，是用字不同，如上引里耶秦簡“半四”“二駟”之“四”“駟”義同，均指量制單位“四分之一斗”；《數》没有“五食”，是因爲算題設計使然；《雜守》在“斗食”與“參食”之間脱“半食”，可據秦簡《數》補。

“半”，即量器“半斗”或“料”。《説文·斗部》：“料，量物分半也。从斗半，半亦聲。”段玉裁注：“量之而分其半，故字从斗半……今按：半即料也……字从半斗，即以五升釋之。”睡虎地秦簡《效律》簡6：“半斗不正，少半升以上。”其“半斗”，整理者注：“二分之一斗。”（睡虎地秦墓竹簡整理小組，1990:70）②“半”由容積爲二分之一斗的量器引申指二分之一斗。

①按：據計算，“一斗二升九分升二”之“一”爲“二”之訛；簡140後當有脱簡，據計算，所脱簡文似可補爲“廿七分升十一”。簡文文意爲：“一人的口糧標準爲斗食，一人爲半食，一人爲三食，一人爲四食，一人爲六食，總共5人。假設有1石糲米，想按照口糧標準來分配。問：各得多少？答案：口糧標準爲斗食的人分得4斗$4\frac{4}{9}$升，半食的分得2斗$2\frac{2}{9}$升，三食的分得1斗$4\frac{22}{27}$升，四食的分得1斗$1\frac{1}{9}$升，六食的分得$7\frac{11}{27}$升。”

②按，簡文文意爲：“量器半斗不精確，誤差在三分之一升以上。”

“半食”，《數》簡整理者注：“每餐二分之一斗。”（參看朱漢民、陳松長，2011:108）①爲了檢驗“半食”作“每餐二分之一斗”是否符合上引《數》算題題意，計算如下：

斗食：$\frac{1斗}{1斗+\frac{1}{2}斗+\frac{1}{3}斗+\frac{1}{4}斗+\frac{1}{6}斗}\times 10斗=\frac{120}{27}斗=4斗4\frac{4}{9}升$

半食：$\frac{\frac{1}{2}斗}{1斗+\frac{1}{2}斗+\frac{1}{3}斗+\frac{1}{4}斗+\frac{1}{6}斗}\times 10斗=\frac{60}{27}斗=2斗2\frac{2}{9}升$

參食：$\frac{\frac{1}{3}斗}{1斗+\frac{1}{2}斗+\frac{1}{3}斗+\frac{1}{4}斗+\frac{1}{6}斗}\times 10斗=\frac{40}{27}斗=1斗4\frac{22}{27}升$

駟食：$\frac{\frac{1}{4}斗}{1斗+\frac{1}{2}斗+\frac{1}{3}斗+\frac{1}{4}斗+\frac{1}{6}斗}\times 10斗=\frac{30}{27}斗=1斗1\frac{1}{9}升$

馱食：$\frac{\frac{1}{6}斗}{1斗+\frac{1}{2}斗+\frac{1}{3}斗+\frac{1}{4}斗+\frac{1}{6}斗}\times 10斗=\frac{20}{27}斗=7\frac{11}{27}升$

另外，《倉律》簡51：“隸臣田者，以二月月稟二石半石，到九月盡而止其半石。”（睡虎地秦墓竹簡整理小組，1990:32）②其每月口糧總數“二石半石”對應的口糧標準當爲“旦半夕參”，即早餐二分之一斗，晚餐三分之一斗，計算如下：

旦半夕參：（$\frac{1}{2}$斗/餐＋$\frac{1}{3}$斗/餐）×1餐/天×30天/月=25斗/月=2石半石/月

以上計算及其結果顯示，“半食”作“每餐二分之一斗”是符合文意的。現將“半食”作“每餐二分之一斗”帶入《雜守》，分别計算“半食”的全年口糧總數和每餐升數如下：

$\frac{1}{2}$斗/餐×2餐/天×360天/年＝360斗/年＝36石/年

$\frac{1}{2}$斗/餐＝5升/餐

可見，“半食”正好與《雜守》“終歲三十六石”和“食五升”相合。

綜上所述，《雜守》“斗食”與“終歲三十六石”之間、“斗食”與“食五升”之間確有脱文，可據《數》及有關計算結果校補如下：

> 斗食，【終歲七十二石；半食，】終歲三十六石；參食，終歲二十四石；四食，終歲十八石；五食，終歲十四石四斗；六食，終歲十二石。斗食，【食十升；半食，】食五升；參食，食參升小半；四食，食

①按，整理者還認爲“斗食”“半食”“參食”“駟食”“馱食”分别表示每餐1斗、$\frac{1}{2}$斗、$\frac{1}{3}$斗、$\frac{1}{4}$斗、$\frac{1}{6}$斗。

②按，簡51簡文文意爲：“隸臣做農業勞動的，從二月起每月發糧二石半，到九月底則停發其中的半石。”

二升半；五食，食二升；六食，食一升大半。日再食。

"斗食""半食""參食""四食""五食""六食"各自對應的全年口糧總數計算如下：

斗食：1斗/餐×2餐/天×360天/年＝7200升/年＝72石/年

半食：$\frac{1}{2}$斗/餐×2餐/天×360天/年＝360斗/年＝36石/年

參食：3$\frac{1}{3}$升/餐×2餐/天×360天/年＝2400升/年＝24石/年

四食：2$\frac{1}{2}$升/餐×2餐/天×360天/年＝1800升/年＝18石/年

五食：2升/餐×2餐/天×360天/年＝1440升/年＝14石4斗/年

六食：1$\frac{2}{3}$升/餐×2餐/天×360天/年＝1200升/年＝12石/年

現將"斗食""半食""參食""四食""五食""六食"各自對應的每餐口糧升數計算如下：

斗食：1斗/餐＝10升/餐

半食：$\frac{1}{2}$斗/餐＝5升/餐

參食：$\frac{1}{3}$斗/餐＝3$\frac{1}{3}$升/餐

四食：$\frac{1}{4}$斗/餐＝2$\frac{1}{2}$升/餐

五食：$\frac{1}{5}$斗/餐＝2升/餐

六食：$\frac{1}{6}$斗/餐＝1$\frac{2}{3}$升/餐

如此，"斗食""半食""參食""四食""五食""六食"才能與各自對應的全年口糧總數、每餐升數吻合。

## 結語

由於歷史原因（參看吴毓江、孫啓治，1993:1-3），從秦漢到清中葉，很少有人整理研究《墨子》或者爲《墨子》作注，導致《墨子》的文字錯訛脱漏較其他先秦諸子之書更甚。乾嘉以來，經諸先哲整理研究後，《墨子》已基本可讀，但仍有諸多訛脱，不利於我們進一步研究。本文運用"二重證據法"和跨學科研究方法，發現並校補了《墨子》中的兩處脱文，爲整理《墨子》做了一次有益的嘗試。

**參考文獻**

畢　沅（校注）　1784　《墨子·雜守》（卷十五），畢氏靈岩山館。

段玉裁　2006　《説文解字注》，浙江古籍出版社。

方　勇（評注）　2018　《墨子》，商務印書館。
里耶秦簡博物館（編著）　2016　《里耶秦簡博物館藏秦簡》，中西書局。
睡虎地秦墓竹簡整理小組（編）　1990　《睡虎地秦墓竹簡·釋文 注釋》，文物出版社。
蘇時學　1867　《墨子刊誤》（卷二），番禺陈氏东塾藏書印。
孫詒讓　2002　《墨子閒詁》（卷十五），《續修四庫全書》編撰委員會編《續修四庫全書》，上海古籍出版社。
吴毓江（撰）　孫啓治（點校）　1993　《墨子校注·點校説明》，中華書局。
蕭　燦　2010　《嶽麓書院藏秦簡〈數〉研究》，湖南大學博士學位論文。
俞　樾　1935　《諸子平議·墨子》，商務印書館。
周才珠　齊瑞瑞（今譯）　汪榕培　王　宏（英譯）　2006　《墨子》，湖南人民出版社。
朱漢民　陳松長（主編）　2011　《嶽麓書院藏秦簡（貳）》，上海辭書出版社。

# A Note of Correction and Supplement to the *Mozi* According to the Qin Bamboo Slips

Zhou Xulin

**Abstract:** In the Chapter “Miscellaneous Defences (雜守)” of the *Mozi*, there are omissions in the texts about criteria for rations between *doushi* (斗食) and *zhongsui sanshiliu dan* (終歲三十六石), and between *doushi* (斗食) and *shi wu sheng* (食五升), which leads to the inconsistency within these two sets of data. Based on the criteria for rations recorded on Slips 139 and 140 of the *Shu* (《數》) of the Qin bamboo slips in the collection of Yuelu Academy and the relevant calculation results, the article makes a supplement to the former texts as *doushi, zhongsui qishi’er dan; banshi, zhongsui sanshiliu dan* (斗食,終歲七十二石;半食,終歲三十六石), and *doushi, shi shi sheng; banshi, shi wu sheng* (斗食，食十升；半食，食五升), respectively.

**Key words:** *Mozi* (《墨子》); omissions; criteria for rations; Qin bamboo slips

（周序林，西南民族大學中國語言文學學院/出土文獻研究中心　成都 610041）

《禮記·儒行》“來者不豫”新證：235-240，2024（01）

# 《禮記·儒行》“來者不豫”新證*

蔣偉男　張　瑩

**摘　要**：《禮記·儒行》“來者不豫”之“豫”舊多訓爲“預備”，安大簡《子貢問孔子》對應文句作“不懌來者”。結合上下文及楚文字用字習慣，“懌”應訓爲悦、樂義。《儒行》“豫”與簡文“懌”是一組音義皆近的異文，在相關文句中均表樂、悦義。

**關鍵詞**：安大簡；子貢問孔子；儒行；來者不豫；懌

《禮記·儒行》借孔子之口，闡述了儒者應具備的各種品行，樹立了儒者的崇高形象，是《禮記》中的名篇。其後世地位雖不及《大學》《中庸》，但亦爲世所重[①]。本文嘗試利用安大簡《子貢問孔子》的一處異文，就《儒行》“來者不豫”句中“豫”字的訓釋略陳淺見，不當之處祈請方家指正。

《儒行》第七章云：

> 儒有委之以貨財，淹之以樂好，見利不虧其義；劫之以衆，沮之以兵，見死不更其守；鷙蟲攫搏，不程勇者；引重鼎，不程其力；往者不悔，來者不豫；過言不再，流言不極；不斷其威，不習其謀。其特立有如此者。

此條言儒者當具備多重“特立”的品質，包括面對利益誘惑、武力威脅能不改初衷、遇到困難則能迎難而上等[②]。這與《孟子·滕文公》“富貴不能淫，貧賤不能移，威武不能屈”之論可謂異曲同工。《大戴禮記·曾子立事》有與“往者不悔，來者不豫”相近的文字：

> 君子不絶人之歡，不盡人之禮。來者不豫，往者不慎也。去之不謗，就之不賂，亦可謂忠矣。

---

*本文是國家社科基金青年項目“秦文字字用綜合研究”（21CYY019）的階段性成果。

①如《宋史·張洎傳》載宋太宗曾“令以《儒行篇》刻於版，印賜近人及新第舉人”。

②此條亦見於《孔子家語·儒行解》，二者文字大體一致（參看高尚舉、張濱鄭、張燕，2021:47-48）。

上引《曾子立事》文句中與《儒行》“悔”對應之字作“慎”。清代學者或訓慎爲“憂”“思”等義，或將“慎”校改爲“嗔”，訓爲“怒”（黄懷信，2004:466-467）。俞樾（2021:593）云：

> 《禮記·儒行篇》“往者不悔，來者不豫”文與此同。此文“慎”字疑即“悔”字之誤，襄二十九年《公羊傳》“尚速有悔於予身”，何休注曰：“悔，咎。”然則往者不悔，言不追咎也。蓋不推度未來，不追咎已往，皆與人相接忠厚之道，故下文曰“亦可謂忠矣”。

俞氏將兩處文句綜合起來考慮，疑“慎”爲“悔”字之誤，當可信從。

鄭玄注“往者不悔，來者不豫”云：

> 雖有負者，後不悔也，其所未見，亦不豫備，平行自若也。

“豫”在文獻中有預先、預備之義。《淮南子·説山》“知者善豫”，高誘注：“豫，備也。”《孫子·軍争》“不能豫交”，杜牧注：“豫，先也。”因此豫、預常通用（高亨，1989:842）。如《禮記·學記》“禁於未發之謂豫”，《説苑·建本》引此句“豫”作“預”。鄭玄注訓“豫”爲“豫備”在文字上較爲順從，因此學者歷來多信從之。如孔穎達疏：

> 往者不悔者，言儒者有過往之事，雖有敗負，不如其意，亦不追悔也。來者不豫者，謂將來之事其所未見，亦不豫前防備。言已往及未來平行自若也。

清孫希旦（1989:1402）《禮記集解》引宋方慤云：

> 往者不悔，非有所吝而不改也，爲其動足以當理而無所悔。來者不豫，非有所忽而不防也，爲其機足以應變而不必豫。

此解則是依鄭、孔注疏加以進一步發揮。

學者對《曾子立事》“來者不豫”句的理解亦多從《儒行》鄭玄之説。如孔廣森（2013:87）《大戴禮記補注》訓“豫”爲“未來而推度之也”。上引俞樾之説亦訓“豫”爲“推度”。不過學者對此亦有不同意見，如王聘珍（1983:72）《大戴禮記解詁》就引《爾雅》將“豫”訓爲“樂”，便與鄭玄注不同。黄懷信（2004:466-467）亦云《曾子立事》中的“來”“往”是就交友而言，大意是“有來者不爲之樂”，亦訓“豫”爲“樂”。

《儒行》與《曾子立事》的語境雖有不同，但“來者不豫”句的本義應當是一致的，然上文提到豫的兩種解釋，即“預備”與“樂”究竟哪個正確呢？

即將出版的安大簡第3輯《子貢問孔子》中的一則材料對我們理解這一問題或有幫助。

《子貢問孔子》主要記子貢與孔子的問對，孔子通過對伯夷、叔齊德行的推崇，闡釋了儒家“仁之爲上”“尊仁安義”等思想觀念。篇中有如下一節文字（文中引出土材料釋文儘量用寬式）：

> 子貢曰：“奚（簡5）若而可以比伯夷、叔齊？”孔子曰：“尊仁而安義，率初而行信，忠恕而順於道。（簡6）……見其前，不顧其後。不悔往者，不㥶來者。不可喜也，不可懼也。難進也，易退也。（簡8）……如是者，可以比伯夷、叔齊矣。（簡9）

簡文記孔子就如何向伯夷、叔齊看齊作了詳細的論述，凸顯了夷、齊的“聖人”之行。篇中“不悔往者，不㥶來者”與《儒行》“往者不悔，來者不豫”表述的內容顯然是一回事，都是對儒者品行的一種肯定描述。除語序上下調整外，兩句的差異便是“㥶”“豫”這一對異文。

“㥶”原篆作，从心臭聲，“臭”即“睪”字異體（下文統作“睪”）。“㥶”即“懌”字，習見於包山簡、郭店簡、新蔡簡、齊陶文等戰國文字資料①。“懌”上古音在喻母鐸部，“豫”在喻母魚部，二字音近。文獻中“予”“睪”二聲的字可相通假（高亨，1989:843-844）。如以《儒行》鄭玄注爲據，將簡文“懌”讀爲“豫”，訓爲“預備”，於文義似亦通順。但結合上下文及楚文字字用情況來看，我們認爲將“懌”如字讀應更爲合理。

傳世文獻中“懌”可訓爲“悦”。《説文·心部》：“懌，説也。”《詩·大雅·板》“辭之懌矣”，鄭箋：“懌，説也。”目前楚簡所見“懌”的用例主要如下：

(1) 長尾（沙）正龏（龔）懌 （《包山》59）

(2) 鄍右司馬彭懌 （《包山》133）

(3) 史懌 （《包山》168）

(4) 小臣成敢用解過懌（釋）忧 （《新蔡》甲三21、61）

(5) 渙乎其如懌（釋） （《郭店·老甲》9）

(6) 君子曰：從允懌（釋）過，則先者余，來者信。 （《郭店·成之聞之》36）

(7)《詩》云：“服之無懌（斁）。” （《郭店·緇衣》41）

①有關字形參看李守奎、賈連翔、馬楠（2012:405）；徐在國（2017:1496）；滕壬生（2008:924）。

（8）公子見君王，尚怡懌，毋見☐　　（《新蔡》乙四110、117）

例（1）至（3）中“懌”用爲人名，例（4）至（6）中讀爲“釋”，例（7）中讀爲“斁”。例（8）則是“懌”訓“悦”的實例。宋華强（2010:371）云：

> 《説文·心部》：“懌，説（悦）也。”“怡”“懌”義近，《爾雅·釋詁》：“怡、懌……樂也。”《史記·五帝本紀》：“舜讓於德不懌”，《集解》引徐廣曰：“怡，懌也。”古書也有“怡懌”並言之例，如《楚辭·大招》：“血氣盛只”，王逸注：“面貌怡懌。”《文選·舞賦》：“嚴顔和而怡懌兮”。

此外，楚文字中“睪”及从“睪”的“䐑”“瘽”等字都有讀爲“懌”的用例：

（9）以君不䐑（懌）之故，就禱陳宗一豬。
（《新蔡》乙一4、10、乙二12）

（10）以君不䐑（懌）之故，就禱三楚先屯一牂。
（《新蔡》乙一17）

（11）以坪夜君不瘽（懌）　　（《新蔡》乙二37）

（12）宰夫無若，雍人孔睪（懌）。　　（《銘圖續》518-519）

例（9）至（11）中的“不懌”即“不樂”，乃墓主人平夜君身體有疾的委婉説法。例（12）曾伯克父簠“雍人孔睪”之“睪”，謝明文（2017:36-44）讀爲“懌”，訓爲“樂”。而楚文字中“懌”以及从“睪”得聲的相關字尚未見讀爲“豫備”之“豫”的用例。因此，從文字使用的實際情況來看，將簡文“懌”訓爲“悦”“樂”是十分合適的。

簡文中，孔子將“見前”與“不顧後”、“不悔往者”與“不懌來者”、“不喜”與“不懼”、“難進”與“易退”四組對立概念並列，作爲儒者應當具備的修養。不難看出，“見”與“不顧”、“難進”與“易退”均爲意義相反的行爲或狀態。“喜”“懼”則是表心理活動的一對反義詞。與之相類，“悔”與“懌”也應是一對表心理活動的反義詞。因此將“懌”訓爲與“悔”相反的“悦”“樂”在文義上十分合適。簡文“不悔往者，不懌來者”是説儒者不要追悔過去，對未來的事也不要樂觀。如從《儒行》鄭玄注出發，將“懌”讀爲“豫”訓爲“預備”的話，“不悔往者，不懌來者”的對比語氣顯然會削弱不少。

既然“不悔往者，不懌來者”本意是説君子不追悔過去、不樂觀未來，那麽《儒行》《曾子立事》對應文句所表達的也應是這一層意思。兩篇中"豫"亦應訓"悦""樂"，而這也正是"豫"的常見義之一（宗福邦、陳世鐃、蕭海波，2003:2167）。簡言之，《儒行》《曾子立事》"來者不豫"與簡文"不懌來者"含義相同，"豫""懌"是一組音義皆近的異文，在相關文句中均表"悦""樂"義。

在先秦文獻尤其是諸子類文獻中，相同或相近的語句往往見於不同的文獻，學者或稱之爲"言公"。而這些語句往往因爲用字以及文本語境的差異而形成不同的解釋。本文所討論的"懌""豫"便是這樣的實例。因"懌""豫"音義皆近，故而在《子貢問孔子》《儒行》中形成異文。而後人已不見"懌"這一較早的用字，便結合語境從"豫"的"預備"義來作訓釋，雖然文字通順，但實際上已經偏離了文句的本義。由此可見，出土文獻的用字情況差異在開展文獻對讀時的價值之一就是能幫助我們還原相關文句的早期面貌及原始含義。

**引書簡稱表**

| 包山 | 包山楚簡 | 郭店 | 郭店楚墓竹簡 |
|---|---|---|---|
| 新蔡 | 新蔡葛陵楚墓竹簡 | | |

**參考文獻**

高　亨（纂）　董治安（整理）　1989　《古字通假會典》，齊魯書社。
高尚舉　張濱鄭　張　燕（校注）　2021　《孔子家語校注》，中華書局。
湖北省荆沙鐵路考古隊　1991　《包山楚簡》，文物出版社。
黄懷信　2004　《大戴禮記彙校集注》，三秦出版社。
孔廣森（撰）　王豐光（點校）　2013　《大戴禮記補注》，中華書局。
李守奎　賈連翔　馬　楠　2012　《包山楚墓文字全編》，上海古籍出版社。
劉　向（撰）　向宗魯（校證）　1987　《説苑校證》，中華書局。
劉　釗（主編）　2020　《馬王堆漢墓簡帛文字全編》，中華書局。
裘錫圭（主編）　2014　《長沙馬王堆漢墓簡帛集成（伍）》，中華書局。
阮　元（校刻）　2009　《十三經註疏：清嘉慶刊本》，中華書局。
宋華强　2010　《新蔡葛陵楚簡初探》，武漢大學出版社。
孫　武（撰）　曹操等（注）　楊丙安（校理）　2018　《十一家注孫子校理》，中華書局。
孫希旦（撰）　沈嘯寰　王星賢（點校）　1989　《禮記集解》，中華書局。
滕壬生　2008　《楚系簡帛文字編（增訂本）》，湖北教育出版社。
武漢大學簡帛研究中心、河南省文物考古研究所（編）　2013　《楚地出土戰國簡册合集（二）·葛陵楚墓竹簡、長臺關楚墓楚簡》，文物出版社。
武漢大學簡帛研究中心、荆門市博物館（編）　2011　《楚地出土戰國簡册合集（一）·郭店楚墓竹書》，文物出版社。
王聘珍（撰）　王文錦（點校）　1983　《大戴禮記解詁》，中華書局。

謝明文　2017　《曾伯克父甘婁簠銘文小考》，《出土文獻》（第11輯），中西書局，第36-44頁。
徐在國　程燕　張振謙　2017　《戰國文字字形表》，上海古籍出版社。
俞　樾（著）　王其和（整理）　2021　《群經平議》，鳳凰出版社。
宗福邦　陳世鐃　蕭海波（主編）　2003　《故訓匯纂》，商務印書館。

# New Explication of *Laizhe Buyu* (來者不豫) in the Chapter "Conduct of the Scholar" of the *Book of Rites*

Jiang Weinan & Zhang Ying

**Abstract:** The character *yu* (豫) in the phrase *laizhe buyu* (來者不豫) in the chapter "Conduct of the Scholar (儒行)" of the *Book of Rites,* was often interpreted as to prepare, but the corresponding phrase was presented as *buyi laizhe* (不懌來者) in the *Zigong Asked Confucius* (《子貢問孔子》) of the Anhui University Bamboo Slips. In combination of the context and the idiomatic usage of characters of the state of Chu, *yi* (懌) should be interpreted as to be joyful or pleased. The character *yu* in the "Conduct of the Scholar" is one of the variants of *yi* in the bamboo manuscript, with similar pronunciations and meanings. In the relevant texts, both of them refer to being joyful or pleased.

**Key words:** Anhui University Bamboo Slips; *Zigong Asked Confucius* (《子貢問孔子》); Conduct of the Scholar (儒行); *Laizhe buyu* (來者不豫); *Yi* (懌)

（蔣偉男、張瑩，安徽大學漢字發展與應用研究中心　合肥　230039）

# 出土文獻《詩經》異文所見漢語上古音中的歷時音變和共時方音特徵*

葉玉英　馬文傑

**摘　要**：出土文獻《詩經》異文由於其時代性、地域性明確的特點，所以可用於上古音的分期分域研究。其上古音研究價值可從共時和歷時兩個方面進行考察。同一時代的《詩經》異文可揭示共時的語音特徵。共時的異文還應重視不同地域的異文所揭示的方音因素；有些不同時代的《詩經》異文則爲我們探索音變提供了寶貴的綫索。

**關鍵詞**：詩經；異文；上古音；方音

《詩經》在兩千多年的流傳中産生了大量的異文。其中有《毛詩》和魯、齊、韓三家《詩》的異文，有《毛詩》各本的異文，有歷代作品引《詩》之間的異文。近二三十年來，隨着出土文獻《詩》類材料的不斷涌現，《詩經》研究進入一個新的階段。其中《詩經》異文再次成爲焦點。目前能用於上古音研究的《詩經》材料除了傳世本《詩經》外，還有商周金文、石鼓文、東漢熹平石經《詩經》殘拓、漢銅鏡、《左傳》《論語》《説文》等傳世典籍中的引《詩》、漢碑引《詩》、楚簡及漢代簡帛中的材料。出土文獻中最引人注目的當屬2019年出版的《安徽大學藏戰國竹簡（一）》中發布的《詩經》。除此之外，還有阜陽漢簡《詩經》、馬王堆帛書《五行》《繆和》引《詩》、郭店楚簡《五行》《緇衣》《性自命出》引《詩》、上博簡《緇衣》《性情論》《民之父母》引《詩》和《曹沫之陳》《孔子詩論》《逸詩》《采風曲目》、清華簡《耆夜》《周公之琴舞》《芮良夫必》逸詩、信陽楚簡引《詩》、香港中文大學文物館藏楚簡引《詩》、武威漢簡《儀禮·燕禮》《泰射》引《詩》、銀雀山漢簡《晏子春秋》引《詩》、尹灣漢簡《神烏賦》引《詩》、定州漢簡《論語》所論《詩經》、北大漢簡《周馴》引《詩》、肩水金關漢簡引《詩》以及戰國中山王器引《詩》等。海昏侯

*本文爲古文字與中華文明傳承發展工程規劃項目“出土文獻及傳世文獻《詩經》異文數據庫建設及上古音分期分域研究”（G3922）的階段性研究成果。

墓出土《詩經》目前尚未公布，但已有學者發表相關研究論文。這些材料中的異文是我們研究上古音的重要資料。

目前關於《詩經》異文的研究成果可謂豐碩，但多爲異文的整理、搜集、考證、文字考釋、文義訓釋等，而很少直接用於上古音研究的。目前所見主要有董婧宸《三家詩異文反映的西漢齊魯方言韻部系統》據三家詩異文指出一些漢代齊魯方音的特徵；朱國祥的碩士論文《〈說文解字〉書證引〈詩〉考》第二章“《說文》引《詩》書證用來表示語音作用”指出19例異文，並討論異文之間音韻地位的異同；鄭張尚芳《從碩人鏡“齊夷”通假談上古精組聲母的取值》據《碩人鏡》中“夷”假借爲“齊”“蠐”推斷南北朝吴音從母讀z-的特點也許可以追溯到漢末甚至上古；孟蓬生《安大簡〈詩經〉“豐”“荒”通假補證——兼論豐聲字的前上古音》、趙彤《讀安大簡〈詩經〉古音劄記（稿）》、俞紹宏《據安大簡考辨〈詩經〉韻讀一例》等文利用安大簡的《詩經》異文討論上古音中的一些問題；黃甜甜的博士論文《清華簡“詩”文獻綜合研究》第七章第一節論及簡本和今本《蟋蟀》的用韻差異。

我們認爲出土文獻《詩經》異文由於其時代性、地域性明確的特點，可用於上古音的分期分域研究。不同時代的《詩經》異文爲我們探索漢語上古音中的歷時音變提供了寶貴的綫索，有的異文揭示的是方言語音特徵。

## 一、出土文獻與今本《詩經》異文所揭示的歷時音變

1.{邇}：埶 *ŋ- — 迩、尔*ȵ-

西周中期番生簋蓋銘文、西周晚期大克鼎銘文和逑盤銘文都有“𩠋遠能埶”一語。孫詒讓《籀高述林・卷七・述七・克鼎釋文》已指出“𩠋遠能埶”猶《詩》《書》言“柔遠能邇”。裘錫圭（2012:173）認爲“埶”是一個从“犬”从“𤜲”省聲的字，“𤜲”是“執”的本來寫法。克鼎和番生簋都假借“埶”字爲“柔遠能邇”的“邇”。楚簡仍多假借“埶”爲“邇”，或作“𢔫”。如郭店簡《緇衣》：“此以𢔫（邇）者不惑，而遠者不疑。”（簡43）上博六《用曰》：“用曰：‘埶（邇）君埶（邇）戾’……少疏於瞉，亦不埶（邇）於賊。”（簡2-3）清華壹《保訓》：“厥有施於上下遠埶（邇），乃易位埶（設）稽。”（簡5）上古音“埶”爲疑母月部字。從甲骨文、西周金文、楚簡的用例來看，“邇”的聲母在商周雅言的讀音當構擬爲*ŋ-。“邇”字最早见於楚簡，作“[illegible]”（上博一・緇衣簡22）、“[illegible]”（上博七・凡物流形甲9），與《說文》“邇”字古文相合。上博四《采風曲目》3號簡“道之遠尔（邇）”，“尔”假借爲“邇”。楚簡“爾”“尔”常常假借“而”爲之（參看白於藍，2012:49），

可知在戰國楚方言裏“尔”“爾”“邇”“而”已經同音。“爾”的聲母已經發生*ŋ->*n-或*ŋ->*n->*ȵ音變。“邇”當爲其發生音變後而造的後起字。

2. {淑}：盄 *t- > *dʑ- — 淑 *dʑ-

《毛詩・國風・鄘風・君子偕老》：“子之不淑，云如之何？”《王風・中谷有蓷》：“中谷有蓷，暵其脩矣。有女仳離，條其嘯矣。條其嘯矣，遇人之不淑矣。”王國維（1961:75）指出“不淑”乃當時的成語，“不淑”意謂“不善”。不善或就品性而言，或指遭際之不幸。西周晚期卯簋蓋銘文：“昔乃祖亦既令乃父死司莽人，不盄（淑），取我家，窠用喪。”這段銘文中“不淑”應指遭際之不幸。銘文中“不淑”之{淑}假借“盄”來記録它。清華壹《祭公之顧命》：“余惟時來視，不沸（淑）疾甚，余畏天之作威。”（簡1）“汝毋縨㛷㥶，厚顔忍恥，時惟大不弔（淑）哉！”（簡18）上博一《緇衣》：“《詩》云：‘弔（淑）人君子，其儀不忒。’”（簡3）郭店簡《五行》：“叜（淑）人君子，其儀一也。”（簡16）馬王堆帛書《五行・經》“叔（淑）人君子，其儀一兮”，“叔”假借爲“淑”。從西周金文的用例來看，{淑善}之{淑}的上古音最初當爲*tiwg，在漢代才顎化，變成禪母字，即發生了*tiwg > *dʑuk音變。

3. {雅}：夏*ŋˤa̱ʔ > *ŋgˤa̱ʔ >*gˤa̱ʔ — 雅*ŋˤa̱ʔ

遷邧鐘銘文“我以夏以南，中鳴媞好”，陳致（1998:373-375）認爲“以夏以南”即《詩經・小雅・鼓鐘》中的“以雅以南”，乃當時的習慣用語。遷邧鐘銘文假借“夏”爲“雅”。上博簡《孔子詩論》《緇衣》中“大雅”“小雅”之“雅”亦假借“夏”爲之。由此可見，“夏”的上古音最初當爲*ŋˤa̱ʔ，後來發生*ŋˤa̱ʔ > *ŋgˤa̱ʔ >*gˤa̱ʔ音變，中古變成匣母字。

4. {樛}：梂*gˤu — 朻*kˤu — 樛*kˤu — 流*g·ru > *ru

《毛詩・國風・周南・樛木》“南有樛木”之“樛”，安大簡《詩經》作“流”（簡8），上博一《孔子詩論》作“梂”（簡10），阜陽漢簡《詩經》作“朻”（簡S002）。

白一平和沙加爾（2015）構擬“流”的上古音爲*ru，“求”爲*[g](r)u，“丩”爲*k-riw（方言：*k-r- > *kr-）。鄭張尚芳（2013:408、383、448）構擬“流”的上古音亦爲*ru，但“梂”爲*gu，“朻”爲*krɯw。潘悟雲構擬“流”的上古音爲*g·ru，“朻”爲*kˤu、“樛”爲*kˤu、“梂”爲*gˤu①。白—沙構擬“求”的聲母爲*[g](r)，在r上加了()表明他們不確定“求”的上古音是否帶-r-。從楚簡《詩經》“流—梂”這組異文來看，潘悟雲的構擬是合理的。

①潘悟雲的擬音采用其未刊稿《漢語古音字表》。

馬王堆帛書《合陰陽》：“一曰虎游，二曰蟬附，三曰尺蠖，四曰麕桷。”（簡15）《天下至道談》“游”作“流”（簡31）。北大漢簡三《周馴》：“今寡人適爲下游（流），而欲勿使從，其可得乎？”（簡137）由此可見，“流”的上古音經歷過*g·ru > *ru 音變，音變時間約在漢初。

5.{雷}：雷*rhūj > *lhwǝ̄j — 離*le

《毛詩·國風·召南·殷其雷》“殷其雷”之“雷”，阜陽漢簡《詩經》作“離”。斯塔羅斯金擬“雷”的遠古音爲*rhūj，古典後期音爲*lhwǝ̄j，與“離”*le音近①。可見“雷”在東漢的語音裏已經發生音變。

## 二、出土文獻《詩經》異文所揭示的共時方音特徵

### （一）戰國出土文獻《詩經》異文所揭示的方音特徵

6.{關}：𨵼*k$^{wr}$oon — 闗 *k$^{r}$oon②

《毛詩·國風·周南·關雎》“關關雎鳩”之“關”，安大簡《詩經》作“”（簡1），字从“門”“𢇍”聲，可隸作“𨵼”。

秦文字“關”作“”（《文博》1998.1），與安大簡用字相合；或作“”（睡虎地秦簡·秦律十八種簡97）、“”（睡虎地秦簡·爲吏之道簡29）、“”（睡虎地秦簡·法律答問簡140）、“”（睡虎地秦簡·爲吏之道簡9）。“”字所从之“”，當爲“”所从之“”隸變的結果。睡虎地秦簡《法律答問》簡11“絲”字作“”可證。“”乃“𨵼”之省變，可分析爲“从門，𢇍省聲。”《説文》“關”字小篆作“”即來自秦簡“”。秦文字本假借“𨵼”來記録{關}這個字，後“𨵼”訛變成“關”，並以“關”記録{關}，“關”和“𨵼”在《説文》裏就變成兩個不同的字了。《説文》：“關，以木横持門户也。从門，𢇍聲。”“𨵼，妄入宫掖也。从門、𢇍聲。讀若闌。”安大簡“𨵼”字與《説文》“𨵼”字乃同形字，不能混爲一談。

安大簡《詩經》和秦文字“關”字皆可假借“𨵼”爲之，表明戰國雅言語音中“關”的讀音爲*k$^{wr}$oon。

楚系文字“關”字作“”（鄂君啓舟節，戰國，《集成》12113），从“串”聲。上博一《孔子詩論》“關雎”之“關”作“”（簡11）。此爲楚人的用字習慣。在戰國楚方音裏，“關”爲*k$^{r}$oon。

①斯塔羅斯金的擬音采自古音小鏡，http://www.kaom.net/ny_word8.php。

②“𨵼”和“闗”都出現在楚簡，从“串”聲的“闗”符合楚人的用字習慣，揭示的是楚方音。安大簡“𨵼”字與秦文字相合，記録的是戰國雅言語音。

7. 好*ŋ̊ - > *h- — 丑*ŋ̊ -①

《毛詩 • 周南 • 關雎》“君子好逑”之“好”，郭店楚簡《緇衣》和安大簡《詩經》亦作“好”，但上博一《緇衣》作“丑”，从“子”“丑”聲。上博一《緇衣》引《詩》“人之丑我”之“丑”與《毛詩 • 小雅 • 鹿鳴》之“好”亦構成一對異文。葉玉英（2020:206-256）認爲戰國楚方言中“好”的聲母是清鼻音*ŋ̊-，但在戰國雅言裏已音變爲*h-。

8. {就}：𩫏 — 逑*sg-②

《毛詩 • 周頌 • 敬之》“日就月將”之“就”，西周史惠鼎作“𩫏”。楚簡引《詩》“就”有兩處異文：一是上博二《民之父母》第11號簡作“逑”；二是清華叁《周公之琴舞》第3號簡作“𩫏”。“𩫏”所从之“亯”乃“就”之古文。《民之父母》引《詩》作“逑”則爲假借。這表明“就”在戰國楚方音裏的聲母爲複聲母*sg-。

9. {比}：卑*-e — 比*-i

《毛詩 • 大雅 • 皇矣》“克順克比”之“比”，戰國中山王鼎引《詩》作“卑”。三家《詩》《禮記 • 樂記》引《詩》和《史記 • 樂書》作“俾”，《左傳》引《詩》作“比”。“卑”“俾”上古爲支部字，“比”爲脂部字；《毛詩 • 小雅 • 漸漸之石》“俾滂沱矣”，《魯詩》作“比”。《論衡 • 説日》引《詩》作“俾”，但《論衡 • 明雩》引《詩》則作“比”。邊田鋼（2018）認爲上古後期齊魯方言中脂、支在開口唇音後合流，都變成i。從中山王鼎引《詩》來看，戰國三晉方言裏脂、支在開口唇音後已合流。

（二）阜陽漢簡《詩經》與海昏侯墓《詩經》異文所揭示的漢初語音現象

10. {永}：柄*p-kraŋ>*praŋ — 永*ɢʳaŋʔ；{泳}：偋*p-kraŋ>*praŋ — 泳*ɢʳaŋs

《毛詩 • 衛風 • 考槃》“永矢弗諼”以及《木瓜》“永以爲好也”之“永”，阜陽漢簡《詩經》皆作“柄”；《毛詩 • 周南 • 漢廣》“不可泳思”之“泳”，海昏侯墓《詩經》作“偋”（簡933-13剖面一243）（參看朱鳳瀚，2020:116），安大簡《詩經》則作“羕”。毛詩中的“永”“泳”，在安大簡《詩經》皆作“羕”（簡7、16-17、82）。禤健聰（2017:392-393）指出戰國時代出現用“羕”表{永}，見於齊系文字和楚系文字。阜陽漢簡《詩經》和海昏侯墓《詩經》用“丙”聲系字表{永}當爲方音用字，鄭張尚芳（2013:280）

---

①“好壞”之{好}，秦文字用“好”字、楚簡和齊文字都有“好”和“丑”兩種寫法。可見“好”記録的是雅言語音，“丑”記録的是方音。

②“𩫏”沿襲自西周金文，故而我們認爲清華叁《周公之琴舞》“𩫏”記録的是雅言語音。上博二《民之父母》作“逑”，揭示的是戰國楚方音。

擬“丙”的上古音爲*p-kraŋ>*praŋ，“柄”爲*praŋ。從出土文獻《詩經》異文“柄—永；㑊—泳”來看，“柄”“㑊”也當爲*p-kraŋ>*praŋ。在漢初的某個方言裏“柄”“㑊”還是*p-kraŋ。

11.{驪}：秜*n- — 驪 *r-；樆*r- — 儺*n-

《毛詩·小雅·六月》“比物四驪”之“驪”，海昏侯墓《詩經》作“秜”（簡226）（參看朱鳳瀚，2020:95）；《毛詩·檜風·隰有萇楚》“猗儺其枝”“猗儺其華”“猗儺其實”之“儺”，海昏侯墓《詩經》作“樆”（簡496、472、332）（參看朱鳳瀚，2020:106）。“秜”“儺”爲泥母字，“驪”“樆”都是來母字。可知在漢初的魯方音裏*n-、*r-不分。

12. 躬*kuŋ — 今*k$^{l}$ɯm>*kuŋ

《毛詩·大雅·抑》“其在於今”之“今”，海昏侯墓《詩經》作“躬”（簡270）（參看朱鳳瀚，2020:90）；《毛詩·邶風·谷風》“我躬不閲”之“躬”，漢熹平石經作“今”，今本《禮記·表記》引詩作“我今不閲”。這三個例子反映的都是齊魯方音，即漢代齊魯方音中“今”與“躬”同音，“今”被讀成*kuŋ，即“今”在漢代齊魯方音裏發生了*klɯm>*kuŋ音變，聲母*kl-中的-l-失落後影響了主元音-ɯ，是主元音發生-ɯ>-u音變，韻尾也因爲逆同化變成-ŋ。

13. 念*m·gl->*n- — 荏*n$^{j}$–

《毛詩·大雅·抑》“荏染柔木”之“荏”，海昏侯墓《詩經》作“念”（簡167）（參看朱鳳瀚，2020:90）。武威漢簡《儀禮·特牲》：“請期，曰：‘羹念（飪）’。”（簡9）“羹念（飪），實鼎，陳於門外。”（簡10）“念”皆假借爲“飪”。“念”从“今”聲，故潘悟雲將“念”的上古音構擬爲*m·glɯ̱ms①。從“念—荏”這組異文來看，“念”在漢初的魯方音裏聲母已經發生*m·gl->*n-音變。

## 三、結語

本文以出土文獻《詩經》異文爲例，對13組異文作歷史的、動態的考察，從而揭示不同時代、不同地域的語音特徵。我們認爲，面對異文資料，既要考察共時的異文之間的語音關係，又要從歷時的角度探尋音變的綫索，還要重視不同地域的異文所揭示的方音因素。本文旨在拋磚引玉，希望有更多的學者能注意到異文之間的時代差異、地域差異，推動上古音的分期分域研究。

①潘悟雲的擬音采用其未刊稿《漢語古音字表》。

## 引書簡稱表

| 安大簡 | 安徽大學藏戰國竹簡 | 北大漢簡 | 北京大學藏西漢竹書 |
|---|---|---|---|
| 郭店楚簡 | 郭店楚墓竹簡 | 清華簡 | 清華大學藏戰國竹簡 |
| 上博簡 | 上海博物館藏戰國楚竹書 | 尹灣漢簡 | 尹灣漢墓簡牘 |

## 參考文獻


白於藍　2012　《戰國秦漢簡帛古書通假字彙纂》，福建人民出版社。

邊田鋼　2018　《上古後期支、脂、之三部關係方言地理類型研究》，《浙江大學學報》第4期。

陳　致　1998　《説南：再論詩經的分類》，《中研院中國文哲研究集刊》第12卷。

陳　致　2009　《〈詩經〉與金文中所見成語》，復旦大學出土文獻與古文字中心網站，3月9日首發，http://www.gwz.fudan.edu.cn/Web/Show/717。

陳　致　2009　《〈周頌〉與金文中成語的運用來看古歌詩之用韻及四言詩體的形成》，復旦大學出土文獻與古文字中心網站，10月9日首發，http://www.gwz.fudan.edu.cn/Web/Show/932。

陳　致　2011　《“日居月諸”與“日就月將”：早期四言詩與祭祀禮辭釋例——詩經與金文中成語（四）》，復旦大學出土文獻與古文字中心網站，2月17日首發，http://www.gwz.fudan.edu.cn/Web/Show/1410。

陳　致　2013　《〈詩經〉與金文中成語零拾——“不顯不承”與“不朁”“不競”》，《簡帛・經典・古史》，上海古籍出版社。

鄧佩玲　2017　《〈雅〉〈頌〉與出土文獻新證》，商務印書館。

蔣　文　2019　《先秦秦漢出土文獻與〈詩經〉文本的校勘和解讀》，中西書局。

裘錫圭　2012　《釋殷墟甲骨文裏的“遠”“𤞷”（邇）及有關諸字》，《裘錫圭學術論集・甲骨文卷》，復旦大學出版社。

王國維　1961　《觀堂集林》（第一册），中華書局。

王國維　1983　《兩周金文韻讀》，《王國维遺書》，上海古籍書店。

禤健聰　2017　《戰國楚系簡帛用字習慣研究》，科學出版社。

葉玉英　2020　《基於古文字資料的上古漢語清鼻流音之歷史考察》，《中國語言學報》（*Journal of Chinese Linguistics*）Vol.48.1。

于　茀　2004　《金石簡帛詩經研究》，北京大學出版社。

于省吾　1982　《澤螺居詩經新證》，中華書局。

鄭張尚芳　2013　《上古音系・古音字表》，上海：上海教育出版社。

朱鳳瀚　2020　《海昏簡牘初論》，北京大學出版社。

BAXTER William H Laurent Sagart 2015 BaxterSagartOCbyMandarinMC2015-10-13,http://ocbaxtersagart.lsait.lsa.umich.edu/BaxterSagartOC2015-10-13.

# Diachronic Sound Changes and Synchronic Dialectal Features of the Old Chinese Phonology Based on the Variant and Borrowed Characters in the Unearthed Versions of the *Classic of Poetry*

Ye Yuying & Ma Wenjie

**Abstract:** Due to its specific temporal and regional characteristics, the variant and borrowed characters in the unearthed versions of the *Classic of Poetry* can be used for the research on the periodization and zonation of the Old Chinese phonology. Its value of research on the Old Chinese phonology can be investigated from both synchronic and diachronic aspects. Variant and borrowed characters in the contemporary versions of *Classic of Poetry* can reveal synchronic phonetic features. As for synchronic variant and borrowed characters, we should also pay attention to the dialectal factor that variant and borrowed characters from different regions can reveal. Some variant and borrowed characters in versions of the *Classic of Poetry* from different time could provide valuable clues for us to explore the sound changes.

**Key words:** *Classic of Poetry*; Variant and borrowed characters; Old Chinese phonology; Dialect

（葉玉英、馬文傑，厦門大學中國語言文學系　厦門　361005）

# 《出土文獻綜合研究集刊》稿約

（2022年啓用）

《出土文獻綜合研究集刊》是由西南大學出土文獻綜合研究中心、漢語言文獻研究所主辦的學術刊物，旨在探賾索隱，推陳出新，宏揚原創，發表海內外有關出土文獻語言研究、文字研究、文獻研究等方面的學術論文和學術評論。本刊2012年开始籌辦，2014年正式創刊（半年刊），由巴蜀書社出版，現爲中文社會科學引文索引（CSSCI）收録集刊和人大複印資料來源刊物，並已收入中國知網和維普中文期刊服務平臺。

## 一、投稿方式

本刊已經開通“騰雲”期刊協同采編系統（知網版），網址爲：https://ctwj.cbpt.cnki.net。所有投稿、查看審稿進度均通過此系統完成。來稿切勿投寄個人，以免延誤審稿進度。

## 二、注意事項

（一）來稿若不屬本刊範疇，或經查證一稿多投，將直接作退稿處理。

（二）來稿字數以不超過3萬字爲宜，請按本刊规定格式用繁體字（一律使用新字形）排印。

（三）來稿若用到特殊字體，請用附件形式把相應的字體文件發送過來；若用到自造字、圖表或其他特殊形式，請做成圖像文件發送過來；將Word文件轉换成PDF文件時，請確認來稿内容（尤其是自造字和生僻字）可以在PDF文件中正確顯示。

（四）來稿引文務請核對原文，確保準確無誤。

（五）來稿請正確使用標點，注意兩個書名號（《》《》）、前後表達對等關係的引號（“”“”）之間不用頓號；單書名號用“〈〉”。

## 三、稿件格式

來稿請按16開（18.5cm×26cm）、每頁34（行）×36（字）排印。稿件内容請按如下順序撰寫：題目、作者、摘要、關鍵詞、正文、（徵引書目）、參考文獻、題目（英文）、作者（英文）、摘要（英文）、關鍵詞（英文）。作者簡介與聯繫方式請另附文檔。

**（一）題目、作者、摘要、關鍵詞**

來稿的中文題目限20字以内，摘要限300字以内，關鍵詞一般在3至6個。題目字體與字號爲宋體二號加粗，加寬0.1磅（副標題仿宋小三號），作者姓名爲仿宋體四號。“摘要”“關鍵詞”爲黑體小五號，摘要、關鍵詞的内容爲宋體小五號（左右縮進2個字符，並且首行縮進2個字符）。

題目、作者、摘要、關鍵詞的英文置於參考文獻後，字體爲Times New Roman。英文題目字號爲小四號加粗，其餘内容字號均爲11號。英文題目與關鍵詞請注意大小寫問題。

**（二）題注**

來稿若有所關涉的項目及需要向有關人員表示感謝等，應以“*”題注的形式標在稿件正文首頁下方，字體與字號爲宋體小五號，左側縮進2個字符，同時括注項目批準編號。

**（三）正文**

1. 正文文字請用宋體11號。

2. 正文中標題編排格式爲：一級小標題用“一”（居中、黑體四號）；二級小標題用“（一）”（左側縮進2個字符，宋體11號加粗）；三級小標題用“1. ……”（左側縮進2個字符，宋體11號）。

3. 正文中徵引的文獻例句用楷體11號（左右縮進2個字符，並且首行縮進2個字符），可於句後括注出處；例句如需排列，請采用（1）（2）（3）……的形式連續編號。例如：

> （1）牧隻羌。（《甲骨文合集》39490/《合集》39490）
> （2）韋橐，大、小十。（《敦煌漢簡》1147）
> （3）躍躍毚兔，遇犬獲之。（《詩經・小雅・巧言》）

引文獨立成段時格式如下：

《風俗通義・過譽》有下面這樣的話：

> 孔子稱：“可寄百里之命，託六尺之孤，臨大節而不可奪。”相與之義，具於此矣。

4. 正文中涉及公元世紀、年代、年、月、日、時刻和計數等，均使用阿拉伯數字。

5. 正文中的圖片一定要清晰（不低於300dpi），達到出版標準；自造字或表外字一律采用圖片格式插入正文（不使用編碼方式造字），未經隸定的原形圖片字應儘量脱去底色。

6. 正文中圖片、表格如超過一個，請分别用"圖1""圖2"……及"表1""表2"……的形式標明序號。表格若跨頁，續表加排表頭，同時要標注"續表"二字。圖表内文字一律用宋體小五號，圖片名位於圖片下端並居中；表格名位於表格上端，居中。

7. 正文中引述文獻標注順序爲：作者（編者）、發表年份、（頁碼），作者（編者）與發表年份中間加逗號，發表年份與頁碼中間加":"號，外加圓括號。例如：（朱德熙，1986）；（裘錫圭，2013:32）。參看文獻格式爲：參看、作者（編者）、發表年份、（頁碼），作者（編者）與發表年份中間加逗號，發表年份與頁碼中間加":"號，外加圓括號。例如：（參看裘錫圭，1992）；（參看李學勤，1995:78）。

如果引述或參看文獻不止一個，中間用分號隔開。例如：（參看朱德熙，1982；裘錫圭，2013:69）。正文中已出現作者姓名時，可在其後括注發表年份。例如：朱德熙（1986）指出；李學勤（1998:75）認爲；可參看裘錫圭（1992）。

8. 注釋

正文中的説明性注釋均采用當頁脚注（左側縮進2個字符，宋體小五號），每頁重新編號，注碼采用①②③……的形式。僅是參考或引述的文獻等内容一般不作爲注釋出現。

（四）參考文獻

排在正文後，空一行。"參考文獻"黑體小五號，頂格。所引文獻、書目等宋體小五號，另起一行，頂格，回行空7個字符。參考文獻格式爲：

1. 期刊、輯刊或論文集中的文章書寫順序爲：作者或編者（2人以上，中間空1個字符）、出版年份（前後各空1個字符）、文題（加書名號）、（編者名）、刊名或論文集名（加書名號）、（出版社）、期數、（頁碼）。例如：

喻遂生　2002　《甲骨文單個祭祀動詞句的轉换和衍生》，《語言研究》第2期。
裘錫圭　1983　《戰國璽印文字考釋三篇》，《古文字研究》（第10輯），中華書局。
李學勤　2016　《清華簡的文獻特色與學術價值》，姚小鷗主編《清華簡與先秦經學文獻研究》，生活•讀書•新知三聯書店。

2. 學位論文書寫順序爲：作者（2人以上，中間空1個字符）、出版年份（前後各空1個字符）、文題（加書名號）、學位授予機構及學位論文類型。例如：

陳　劍　2001　《殷墟卜辭的分期分類對甲骨文字考釋的重要性》，北京大學博士學位論文。

3. 專著書寫順序爲：作者或編者（2人以上，中間空1個字符）、出版年份、書名（加書名號）、有關章節的編號、出版社。例如：

張顯成　2004　《簡帛文獻學通論》，中華書局。
馬承源（主編）　2001　《上海博物館藏戰國楚竹書（一）》，上海古籍出版社。
太田辰夫　2003　《中國語歷史文法》（修訂譯本），蔣紹愚、徐昌華譯，北京大學出版社。

4. 報紙上的文章書寫順序爲：作者（2人以上，中間空1個字符）、出版年份（前後各空1個字符）、文題（加書名號）、報紙名（加書名號）、日期。例如：

黄德寬　2017　《漢語史研究要避免落入新材料的陷阱》，《文匯報》2月3日。

5. 外文參考文獻等書寫順序同中文。文章、書名排斜體。例如：

鷹取祐司　2017《肩水金関遺址出土の通行証》，鷹取祐司編《古代中世東アジアの関所と交通制度》，汲古書院。
William H. Baxter, Laurent Sagart 2014 *Old Chinese: A New Reconstruction*, New York: Oxford University Press.

6. 其他。

非正式出版的論著或非紙質媒體發表的論著，可以當頁脚注的形式注明。

同一作者（編者）如有數條文獻的，逐條分行排列，按文章发表年份順序排列。作者（編者）在三人以上時，可在第一作者（編者）後加"等"字。

中文目録的編排順序以作者（編者）姓氏的音序排列；譯著按中文目録格式寫。外文目録一律排在中文目録後，順序先日文（文獻順序按作者姓氏中文讀音排序）後西文。

（五）作者簡介與聯繫方式

宋體五號。作者簡介包括：作者姓名、出生年月、籍貫、單位、職稱、學位、研究方向等。作者聯繫方式包括：通訊地址、郵政編碼、電子郵箱、聯繫電話等。

## 四、來稿處理

本刊采用雙向匿名審稿制度。編輯部一般在收到來稿後三個月内將審稿結果通過電子郵件告知作者。若編輯部未能如期處理稿件，作者可在三個月後來信咨詢。若需撤稿，請及時告知編輯部。

本刊不向作者收取版面費、審稿費等。稿件一經發表，本刊將贈送樣書兩册並支付薄酬。

## 五、聯繫方式

通訊地址：重慶市北碚區天生路2號西南大學漢語言文獻研究所《出土文獻綜合研究集刊》編輯部（400715）

電子郵箱：ctwxzhyj@163.com

聯繫電話：023-68252385

圖書在版編目（CIP）數據

出土文獻綜合研究集刊. 第十九輯/西南大學出土文獻綜合研究中心、西南大學漢語言文獻研究所編. —成都：巴蜀書社，2024.6

ISBN 978-7-5531-2255-7

I.K877.04-55

中國國家版本館CIP數據核字第2024A4M458號

出土文獻綜合研究集刊（第十九輯） 西南大學出土文獻綜合研究中心 西南大學漢語言文獻研究所 編

CHUTU WENXIAN ZONGHE YANJIU JIKAN

| | |
|---|---|
| 責任編輯 | 周昱岐 |
| 責任印製 | 田東洋 谷雨婷 |
| 封面設計 | 冀帥吉 |
| 出版發行 | 巴蜀書社<br>四川省成都市錦江區三色路238號新華之星A座36樓<br>郵編：610023<br>總編室電話：（028）86361843 發行科電話：（028）86361847 |
| 網 址 | www.bsbook.com |
| 經 銷 | 新華書店 |
| 印 刷 | 成都蜀通印務有限責任公司<br>電話：（028）64715762 |
| 版 次 | 2024年6月第1版 |
| 印 次 | 2024年6月第1次印刷 |
| 成品尺寸 | 260mmx185mm |
| 印 張 | 16.25 |
| 字 數 | 310千 |
| 書 號 | ISBN 978-7-5531-2255-7 |
| 定 價 | 80.00圓 |

本書如有印裝質量問題，請與本社發行科聯繫調換